U0477030

本书系国家社会科学基金“十三五”规划2018年度教育学重大课题“建设教育强国的国际经验与中国路径研究”（VGA180002）、教育部人文社会科学研究资助项目“教育强国的内涵、指标和实现路径研究”（20220808JSWT）的研究成果。

新人文教育丛书

主编 周洪宇

梦山书系

The Historical Writing of Contemporary Chinese Education Reform

当代中国教育改革的历史书写

胡佳新 著

海峡出版发行集团
THE STRAITS PUBLISHING & DISTRIBUTING GROUP
福建教育出版社

图书在版编目（CIP）数据

当代中国教育改革的历史书写/胡佳新著．—福州：福建教育出版社，2025.1.—(新人文教育丛书/周洪宇主编)．—ISBN 978-7-5758-0289-5

Ⅰ.G521

中国国家版本馆 CIP 数据核字第 2024U2N775 号

新人文教育丛书

主编 周洪宇

Dangdai Zhongguo Jiaoyu Gaige De Lishi Shuxie

当代中国教育改革的历史书写

胡佳新 著

出版发行 福建教育出版社
（福州市梦山路 27 号 邮编：350025 网址：www.fep.com.cn
编辑部电话：0591-83779615 83726908
发行部电话：0591-83721876 87115073 010-62024258）
出 版 人 江金辉
印　　刷 福建新华联合印务集团有限公司
（福州市晋安区福兴大道 42 号 邮编：350014）
开　　本 710 毫米×1000 毫米 1/16
印　　张 20.75
字　　数 318 千字
版　　次 2025 年 1 月第 1 版 2025 年 1 月第 1 次印刷
书　　号 ISBN 978-7-5758-0289-5
定　　价 59.00 元

序

以新人文主义引领未来教育

周洪宇

有人认为，随着科技的发展，未来可以不用去学校上学了，在家就可以通过一台“超级教师”的机器终端进行一切知识教育；有人则对此表示反对，理由是在学校里与老师同学面对面交流更好，这种面对面的知识交流和情感互动是任何冷冰冰的机器所无法取代的。前者的依据是：机器终端将使人的学习效率大大提高，有了更多自主安排活动的时间，非但不影响人的行为交往，还能按照个人兴趣与需要，开展主动学习与交流。

以上观点分别代表了对教育科技取向的不同态度。我认为，科技变迁不会是教育的根本所在，无论机器教学怎么先进，受教育者都需要有天然的情感交流，而培养这种人类所需要的、充满活力的健全心灵，不正是当下教育要回归到人的本真的价值取向吗？

毋庸置疑，教育的科技取向思潮是任何教育改革的现代国家都不能也不敢忽视的。21 世纪以来，信息技术更是渗透到经济发展和社会生活的各个方面，人们的生产方式、生活方式以及学习方式正在发生深刻的变化，全民教育、优质教育、个性化学习和终身学习已成为信息时代教育发展的重要特征。现在借助“慕课”平台（“翻转课堂”）实现的全新教学方式，已经使学习不再仅仅在校园里。不久的将来，也许在家里靠机器学习成为普遍现实。随着第三次工业革命的到来，教育已经站在人类文明的十字路口，需要我们冷静思考未来教育的变革将走向何方，我们教育人的使命又何在。我想就此问题谈三个观点。

一、教育要回归到人的本真存在

对教育的科技取向的看法，实则反映了科技与人文的关系状况。在人类文化中，科学与人文并不是相反甚至对立的，它们实际是人类发展中互补的两方面，它们之间完全能够而且事实上也是富有建设性地共存的。科技可以带来教育方式的重大变化，但始终改变不了人们对人文的需要。正如英国哲学家和教育理论家阿弗烈·诺夫·怀特海在其《教育的目的》一书中所言："文化是思想活动，是对美和高尚情感的接受。支离破碎的信息或知识与文化毫不相干。一个人仅仅见多识广，他不过是这个世界上最无用而令人讨厌的人。我们要造就的是既有文化又掌握专门知识的人才。专业知识为他们奠定起步的基础，而文化则像哲学和艺术一样将他们引向深奥高远之境。"

审视当下的社会文化可以发现，价值理性的"缺位"与"让步"，表现为市场化、功利化教育倾向增强增多，城乡之间、区域之间、群体之间教育的差距增大。应试教育愈演愈烈，小学生的目标在进重点中学，中学生的目标在进名牌大学，大学生的目标在获得高薪工作，形成了一种马拉松比赛式的教育，学生和教师都沦为比赛机器，人的主体性与整体性在逐渐被侵蚀。正如德国哲学家卡尔·雅斯贝尔斯在《新人道主义的条件与可能》一文中所言，现代人陷入了可怕的处境："现代的人，切断了他们与过去之间的桥梁。现代人只顾眼前，让自己纯然听命于一时的处境与偶然遭遇的摆布。"现代人的生活背景或场面，"看起来好像是一个堆积破烂的摊子"。这首先是因为现代技术及其对劳动方式、劳动组织和社会秩序所催生的后果。

在当今人被技术异化为物的时代，教育比任何时候都更有必要成为人的教育。因为"教育的目的是努力使青年用其心灵的天然力量和天赋，以及其理性天然的直觉能力去把握真理和美，这些天然的直觉能力是由其全部的感觉、想象力及情绪方面的动力支撑着的"。为了塑造"自由全面的人"的教育，教育的本质必须保持完整。雅斯贝尔斯提出"真正的教育应先是获得自身的本质”，而“对终极价值和绝对真理的虔敬是一切教育的本质”。对个体而言，如果缺少对教育的“终极”或“绝对”的热情，连生存都成问题，又何谈教育的意义？从这个角度出发，教育的本质是要去最大限度地发挥个体的潜力，把人的内部潜能与可能性充分调动起来并加以实现。教育的宗旨应该是教会人如何把握自己的命运，成为理想中的人。愈演愈烈的个人主义竞赛式教育，使人丧失了对终极价值（人性的自我完善）和绝对真理的“虔敬”态度。中国古典人文世界是有“敬”的宗教意识和“诚”的人文取向的，如周朝的祭祀与请求内化为敬德保民，不是基于苦业意识以求救赎解脱，而是基于忧患意识和对上天的敬畏感，这种忧患意识转出的道德意识，无一例外要归于自我的生命主体——人。在严肃的祭拜活动中，最后必然落实于“敬德”“恪遵天命”的自我修养上。这种“敬”的观念，表示了主动内发自觉的精神状态，故而建立了与“敬”相傍依的“敬德”“明德”的人文世界。我认为，这种被严重摧毁了的中国古典人文“道统”，其核心价值应该重拾起来，这样教育才能立足人性，陶冶人的灵魂，实现教育对人格和灵魂的最大完善。

二、新人文精神是古典人文精神和近现代人文精神演进的必然结果

近代以来，人文精神的争论就一直不绝于耳。以海外当代新儒家和国内庞朴先生等人为代表的古典人文派坚持认为，在以孔孟儒学和老庄道学互补的中国传统文化中，存在强烈的人民性倾向与人文精神。而西方近代人文派则认为“人文主义”是一个西方近代词汇，与“人道主义”“人本主义”等类似并常相通用，他们推崇文艺复兴以来反对中世纪神学主义、宗教禁欲主义的思潮，从而在根本上否定中国古代存在人文精神。为论述问题的方便，这里我想采用一个宽泛意义上的“人文精神”概念来取代严格意义上的“人文主义”概念，鸟瞰式地考察人文精神的历史演变，说明新人文精神是古典人文精神和近现代人文精神演进的必然结果。

人是历史活动的主体，历史的进化本质上就是人的进化，而人的进化不仅是体质的进化，更是精神的进化。人文精神就是随着人的进化而演进的，它大致经历了“轴心时代”的古典人文精神和“后轴心时代”的近现代人文精神阶段，并正在进入“新轴心时代”新人文精神阶段。

由于物质生活的匮乏和人类认识水平的低下，早期的人类处于一个主客不分的“泛灵论”时代，原始思维状态中，大自然的很多现象常被体现为多元人格神而主宰人类精神。维柯称这是人的“神话时代”，中国的女娲补天、盘古开天辟地、燧人氏钻木取火等，西方的赫西俄德《神谱》和荷马史诗等，都是这个时代的产物。这些神话折射着神的伟大与人的渺小，人类匍匐在神的脚下，臣服于神。古典人文精神就是针对这种颠倒的人与自然（神）的关系而产生的。雅斯贝尔斯曾在其《历史的起源与目标》一书中提出了一个著名的“轴心时代”理论。依其见，在人类历史的早期发展中，有一个对人类以后的发展产生根本性影响的所谓“轴心时代”，也就是在公元前800年至公元200年，在世界上不同的地区产生了极不寻常的大事件。在中国，孔子、老子、墨子以及其他哲学流派都产生了。在印度，出现了印度教的《奥义书》，也出现了佛教的创始人佛陀。在伊朗，出现了琐罗亚斯德和他创立的宗教祆教。在巴勒斯坦，出现了各位犹太教的先知。在希腊，则贤哲如云，有荷马、巴门尼德、赫拉克利特、柏拉图以及修昔底德和阿基米德。他认为，希腊、中国和印度几乎同时出现了伟大的思想家，他们都对人类关切的根本问题提出了独到的看法，形成了各自不同的文化传统。

中国古典人文精神的核心观念是“仁本主义”，它起源于周公的“敬天保民”、子产的“天道远，人道迩”，奠基于孔子发端，孟子、荀子等人传承并扩展的以“仁”为核心的儒学。“凡人之所以为人者，礼义也”，“亲亲、尊尊、长长、男女之有别，人道之大者也”。这就把诸神的地位彻底动摇了，人类由此成为宇宙天地的中心。以“仁本主义”为核心的古典人文精神，表现在人与宇宙、人与自然关系上，是“天人合一”观念，人、天、地并立而称“三才”，人居于核心地位；表现在人与社会关系上，就是“民本主义”，“民为贵，社稷次之，君为轻”。国学大师钱穆认为，中国传统文化源于五经，它首先包含了终极信仰的人文精神。中国人文精神是人与人、族与族、文与文相接相处的精神，是“天下一家”的崇高文化理想。中国文化是“一本相生”的，其全部体系只有一个核心，即以人为本位，以人文为中心，传统礼乐教化代替了宗教的功能，但不与宗教相敌对，因此不妨称之为“人文教”。这种“人文教”的好处是使中国人避免陷于宗教狂热，注重实用理性。但这种古典人文精神只是人类精神进化的初级阶段，是与当时自给自足的农业宗法社会相适应的，在操作层面往往容易与其形而上的理想目标相背离，“仁本”型的集体主义背离为“人伦”型的自我主义，“天人合一”背离为“天伦合一”及“天君合一”，“民本精神”背离为“王权主义”，“内圣外王”背离为道德功利主义、道德专制主义，由于这种内在背离使得中国古典人文精神走向衰退。

西方古典人文精神肇始于公元前 5 世纪的古希腊思想，普罗泰格拉的“人是万物的尺度，是存在者存在的尺度，也是不存在者不存在的尺度”观点，第一次把人作为研究对象和标准，强调人的主观能动性，标志着希腊人的思想开始从神秘浩瀚的宇宙转向人类社会的探索，从对物质世界的研究转变为人类自身的研究。而苏格拉底的“人啊，认识你自己”，则将人的思考切入更高的境界。古希腊思想最吸引人的地方之一是，它是以人为中心，而不是以上帝为中心的。苏格拉底之所以受到特别尊敬，正如西塞罗所说，他把哲学从天上带到地上。与之相适应的教育最早可以追溯到古希腊时期的雅典教育。雅典教育实行以“七艺”为主要内容的博雅教育，目标是培养“身心既善且美的人”。古罗马教育比起古希腊人文教育，更加注重文化陶冶对人精神培养的作用。不幸的是，西方在中世纪（公元 476 年—公元 1453 年）阶段，即西罗马帝国灭亡到东罗马帝国灭亡这段时期，由于基督教宗教力量的过度发展与强大，神权压倒王权，从而步入了一个长达上千年的“黑暗时代”，我称之跌入“千年宗教陷阱”。

“后轴心时代”的近现代人文精神是人文精神演进的第二个阶段。它发端于文艺复兴时期的人文主义。这种与西方中世纪神学和宗教异化相抗衡的人文精神，复活了古希腊、古罗马的“人性”内在精神，并赋予了新的内涵，被称为“人的重新发现”。它将中世纪给予神的尊严还给了人自身，反对中世纪“黑暗时代”禁欲主义，转而尊重人的感性生活；反对中世纪教会的思想禁锢，转而肯定每一个人都有自由地运用其理性的权利，肯定每一个人都有自由地怀疑、探索和思考的权利，肯定人人生而自由平等，人人都必须互相承认并尊重他人自由的权利。此时，“humanism”主要指以人为中心，通过文学、艺术等形式体现人性和人文精神，可称为“人文主义”。这一时期的“人”，是相对于神的“人”，是抽象概念的“人”，普遍性的“人”，而非活生生的具有个性特征的“人”。

此后的启蒙时期，西方人文主义开始出现分化。伴随着自然科学的重大发展，人们强调科学理性的作用，从理论高度论证人的主体性和自然性，如培根说“人是自己命运的建筑师”。在理性世界的光芒照耀下，一系列关于人的学说纷纷脱离宗教的神秘启示。从笛卡尔式的完美人文主义者强调“我思故我在”，到康德实践理性中强调人的自由意志，再到费希特提出的“自在的人”，人的使命的最终目标是实现自由地按照自己固有规律驾驭一切非理性的东西。更为重要的是，他们从“天赋人权”论证人的自由、平等、博爱的天然本性。这一时期的“humanism”一般被视为“人道主义”。

19 世纪后半叶以来的现代人文主义进一步发生转折。美国学者欧文·白璧德在其《文学与美国大学》《新拉奥孔》等著作中，在抨击泛情人道主义、科学人道主义和批评想象的过度放纵以及道德上的不负责任的同时，提出了节制情感、恢复人文秩序的要求，这些成为西方新人文主义的基本倾向。在他看来，西方文艺复兴以来，过于强调“物的原则”而损害了人文艺术的“人的原则”，因此，应回到人的本原立场上，崇尚人的道德想象和人文理性，反对功利主义的审美观。美国科学史家乔治·萨顿则强调“新人文主义”应包括人文主义和科学两个方面，而且应注重两者的有机结合。他把科学史作为联结科学文化和人文文化之间的重要桥梁。在他看来，“只有当我们成功地把历史精神和科学精神结合起来的时候，我们才将是一个真正的人文主义者”。西方新人文主义的核心是尊重人性，关注的是人的潜能、人的思想境界的提升。新人文主义更为关注人与文化的协调发展，注重从人的生存、发展、自由和解放的高度来理解和把握“人”的概念。但是，西方新人文主义只是从人性论来立论，而不是从“现实的人”立论，这就不可避免有其严重的局限性。马克思主义主张，应从唯物主义史观“现实的人”来理解“人文”的“人”，进而建构新人文主义，这就进入了“新轴心时代”新人文精神阶段。

“新轴心时代”理论是美国哈佛大学中国历史和哲学教授、东亚语言和文明系主任（现北京大学人文高等研究院院长）杜维明与北京大学哲学系汤一介教授等人受雅斯贝尔斯“轴心时代论”启发而提出的一种观点，认为当今世界人类正进入一个与 2000 多年前的“轴心时代”既类似又有所不同的“新轴心时代”。“新轴心时代”与“旧轴心时代”相比新在何处？汤一介教授认为至少有以下三点：1. 在“新轴心时代”，世界文化发展的状况将不是各自独立发展，而是在相互影响下形成文化多元共存的局面。2. “新轴心时代”将是一个多元对话的世纪，是一个学科之间互相渗透的世纪。3. “新轴心时代”的文化将不可能像公元前500年前后那样由少数几个伟大思想家来主导，而将是由众多的“通天人之际，达古今之变，会东西之学”的思想群体来导演。汤先生对“新轴心时代”的看法与法国历史学家布罗代尔的观点虽有所差异，但大致相同。布罗代尔认为，真正对文明史产生决定性影响的人，他们就像一艘战胜了一系列狂风暴雨继续行进的船只一样。伟大的思想体系的创建者就是文明的缔造者。然而，在“新轴心时代”，世界不可能再有柏拉图、孔子等这样“独来独往”的精神导师，所以汤先生认为“新轴心时代”是由一个思想家群体来共同主导的时代。

我不这么看。文化是一盏人类冲破黑暗野蛮的油灯，教育就是一根看似微小而异常重要的灯芯。教育让人心中灯火不灭。今日中国正在实现两个一百年宏伟蓝图的伟大征程上，需要有更多的文化拨灯人。传统“再生性创造”的主体也一定要放到每一个人身上。“处处是创造之地，天天是创造之时，人人是创造之人。”我认为，新人文精神应以唯物主义史观“现实的人”为理论基点来理解“人文”的“人”，应回答现实的问题，解决当下中国乃至世界普遍遇到的难题。这是“新轴心时代”新人文精神产生的最根本的原因。

北京大学乐黛云教授认为，文艺复兴以来人文主义被极度扩张，带来诸多弊端。人类陷入了一个史无前例的贫富两极急剧分化的世界，无休止地追求发展成为人本身存在的唯一意义。金钱对人性的束缚代替了早期资本主义对人性的解放的许诺。过度的物化造成了人的异化，也就是对人性的窒息和泯没。因此，今天需要对人性的过度膨胀进行深刻反思和修正，由此她针对性地提出了建构“21世纪新人文主义”，这种新人文主义是一种新的历史观，根据这种历史观，以物质增值、破坏生态和无限消费为基础的“现代发展”本身即将受到修正，新人文主义将超越人类中心主义，高扬生态意识。“新轴心时代”的新人文主义，应回答时代的挑战，它包括对科学的挑战、工业社会的挑战、全球化的挑战。要破除对科学万能的崇拜，破除对工业革命所带来的丛林法则的信奉，破除对文化绝对主义的迷信。“新轴心时代”的新人文主义要建立全球视野，形成全球意识和全球观念，要在张扬个性的基础上建构人类整体性意识，要在“求同存异”的基础上“求同尊异”进而“聚同化异”。李道湘教授认为，21世纪新人文主义是一种可持续的文明，是以人为核心的和谐共生的文明，是充满道德意识的文明，应该承继西方人文主义的历史传统和精神，应该融入中华文化的人文价值和精神。这种新人文主义将是超越地域和国度的一种新的理论体系，一种以人为核心，既能张扬个体、崇尚人性自由和人的价值尊严，又注重道德自律和追求和谐共生的新的文明。它将促使每个人都能得到自由而全面的发展，成为“完整的人”“真正的人”“自由的人”。

三、以新人文精神引领教育未来

21世纪的信息化时代，教育必然会更加普及，人们的教育程度必然会进一步提高。由于知识更新加快，工作和社会需求不断变化，终身教育将成为普遍诉求，人的自由全面发展成为可能。由于劳动时间缩短，人们的休闲时间将增多，因而有了足够时间与精力最大限度地拓展自我价值，发展自身潜能，对于文化提出空前丰富的、高水准的要求。

教育上的错误，是任何措施都无法弥补的。“因为教育上的错误比别的错误更不可轻犯。教育上的错误正和错配了药一样，第一次弄错了，决不能借第二次第三次去补救，它们的影响是终身洗刷不掉的。”全球化时代、信息化时代和高科技时代的来临，教育的现代化困境将更加困扰我们。我们迫切需要一种新人文精神来引领教育未来。

不可否认，在这个人类突飞猛进的现代化进程中，科学所代表的工具理性比情感所代表的价值理性发挥了更重要的作用。“人类总是梦想黄金时代，但只有现代科学的巨大成就，人类才能在未来寻求黄金时代，而不是在过去。正如勒南谈到的，新旧时代的分界线在于，人性观念及其成就的崇拜。”在高度工业化的城市社会里，“随着传统信仰的衰退，对人性的崇拜会越来越成为我们真正的信仰”，只要人的主体性存在，新人文精神的使命就远未结束。

教育是指向人的实践活动的，自人类精神进化过程始，教育就与人文主义和人文精神密切相关。自希腊滥觞、经文艺复兴而勃发的人文主义教育，主张按照人文主义的精神弘扬人性，实行一种“全面”的教育，并根据学生的爱好与兴趣进行教学，促进个人的才能得到最大限度的发展。从古希腊的“七艺课程”、博雅教育到近代的绅士教育，直至当代的通才教育、通识教育，其源流一脉相承。这种培养高贵的、有教养的、无所不能的、全面发展的人的理想，也成为马克思主义教育学的精髓。马克思的“人学宣言”包括了“全面发展”和“自由发展”两个基本方面：“每个人的自由发展是一切人的自由发展的条件”，“人以一种全面的方式，也就是说，作为一个完整的人，把自己全面的本质据为己有”，“人终于成为自己的社会结合的主人，从而也就成为自然界的主人，成为自己本身的人——自由的人”。新人文精神应该引领教育未来。

教育的最高目标在于培养自由全面发展的人，而现实阶段人类这一崇高目标只有通过 21 世纪新人文教育来实现，通过加强新人文精神引领，逐步消除教育的弊病，最终使教育的近期目标与人类的终极理想融为一体。教育是围绕珍爱人的生命、增长人的智慧、培养人的信仰而展开的。因此，教育始终是引领人类文明进步的灯塔。教育彰显了人的主体性和完整性，使人成其为人，使人成为有价值的人、幸福的人。

我认为，教育对社会的引领价值高于其他一切导向作用，而新人文精神对教育的指引作用高于任何其他力量。“新轴心时代”新人文精神必然同样以人性为根柢。不同信仰的人们会相信：上帝之爱是人之爱的不可分离的部分，佛陀之善是人之善的不可分离的部分，上天之仁是人之仁的不可分离的部分。三个不可分离恰好体现了新人文主义的三个维度（自然、社会、个体），它须是整体的人文主义，开放的人文主义，延伸的人文主义。对无论是持悲观疑惑还是乐观态度的人而言，“人文主义态度并不能保证大家都会作出好的选择，正确地预见到结果，或者避开灾祸，而只保证，如果我们能找到勇气和意愿来作选择，那么仍有许多选择供我们去作”。

从新人文精神出发并与之相配合，我提倡一种新人文教育。新人文教育是一种建立在全球视野、全球意识和全球观念上的新教育，是以人为核心的和谐共生的新教育，是在张扬个性的基础上又具备人类整体性意识的新教育，是一种注重绿色生态可持续的新教育，是继承西方人文主义历史传统和精神，同时又融入中华文化人文价值和精神的新教育。

我在这里提出个人对新人文教育的十点主张。

1. 新人文教育应以人为本，充满人文关怀。

2. 新人文教育应注重个性发展，丰富情感，健全人格。

3. 新人文教育应培养人类整体意识，做有全球观、中国心、正义感的现代公民。

4. 新人文教育应培养科学精神，善于思辨，掌握技能，适应未来生活。

5. 新人文教育应师生平等，合作共享，因材施教，教学相长。

6. 新人文教育应尊重和保持文化的丰富性和多元性，提供选择的多样性，求同存异，和谐共生。

7. 新人文教育应融汇本土和域外优良教育传统，传承和发展文明。

8. 新人文教育应开放，创新，勇于探索。

9. 新人文教育应重视终身教育和终身学习，具有可持续性。

10. 新人文教育应注重绿色生态和环境教育，养成同理心。

这十条是近期个人思考的初步成果，还不够成熟，先提出来供大家讨论。

萨顿的《一个人文主义者的信念》中的一段话可以给我们以极大启示："为了走向未来，我们需要全部过去的高贵的东西，就像需要今天的专门的知识一样。我们的知识本身必须是仁慈慷慨的，必须是美的，否则它就是不足取的。我们建造雄伟的桥梁、飞艇、摩天大楼。如果我们因此而失去了快乐的技巧和谦逊的生活，那么这一切对于我们人类又有什么用处呢？我们注定要死于疲于奔命的单调生活。"

本丛书的各部著作正是基于以上理念，从不同侧面来展示"新人文教育"的价值取向和文化意义的。通过不同的研究和比较，以期验证"新人文教育"的研究方法并获取可通达新高地的研究路径。

是为序。

目　录

绪　论

第二章 从“计划”到“市场”：教育改革逐步拓展（1993—2002 年）

第三章 从“效率”走向“公平”：教育改革走向深化（2003—2012 年）

第四章 从“管理”到“治理”：教育改革全面深化（2013—2020 年）

第五章 中国教育改革进程的影响因素与逻辑理路

第六章　当代中国教育改革进程的域外对照

第七章　当代中国教育改革进程的经验总结与未来展望

结　语

图目录

表目录

绪 论

当代教育改革肇始于思想解放，依赖于理论创新，成长于体制改革。改革开放是推进中国教育现代化进程的根本动力。自恢复高考制度到确立新时代教育改革方向，中国教育改革从确立教育优先发展战略，到把实施科教兴国作为基本国策，再到人才强国战略，机遇与挑战同时存在于教育改革进程中，这背后折射了唯物史观的历史哲学。马克思主义唯物史观是当代教育改革史的一把钥匙，教育改革的复杂性、阶段性和矛盾性最终还要归结于生产力与生产关系、经济基础与上层建筑之间的矛盾运动。研究当代教育改革的历史历程，是为了“总结历史经验、把握历史规律，增强开拓前进的勇气和力量”[①]。近代以来的教育改革围绕着教育制度进行，其目的就是为了提升教育的现代性，以教育法治、科学知识与教育、教育正规化和制度化等为切入点，不断推进教育现代化，这是一项没有休止符的事业，为实现工业、农业、国防、科学技术的现代化提供了人才保障和智力支持，推进了教育改革从工具论转向服务论。1978 年的中国，刚从“文革”的动荡中走出来，国内的民生所需催动着国家机器恢复良性运转，从教育制度到教学实践都需要一场彻

① 习近平：《习近平谈治国理政·第二卷》，外文出版社 2017 年版，第 32 页。

底的改革来实现，逐渐走上内生性的渐变式教育改革之路。改革开放四十多年来，中国特色社会主义教育体系萌发于社会变革浪潮、诞生于教育文脉基因、发展于制度创新实践、完善于教育道路抉择。坚持中国特色社会主义教育发展道路，我们必须深刻回顾并总结过去四十年的教育改革经验。将这些经验放置于宏大的历史背景中加以审视，有助于我们更清晰地认识中国教育的发展历程、当前状况以及未来的发展方向。

当前，世界正经历着“百年未有之大变局”，中国在这一局势中扮演着日益重要的大国角色。无论是内部还是外部的需求，都迫切要求我们通过全面深化改革来适应这一变局。2017 年，中共十九大做出了中国特色社会主义“进入新时代”的重大判断，明确指出社会主要矛盾已经发生转变。这意味着，由新矛盾引发的各类冲突和调适也必须做出相应的反应，于是全面深化教育改革的序幕由此拉开。新时代不仅带来了新的问题，也对旧有问题进行了更为深入的剖析，从而为教育改革开辟了新的局面。2018 年 9 月 10 日，第五次全国教育大会在北京召开，这是改革开放以来的又一次重要会议。大会将全面深化教育体制改革确立为教育改革的核心任务，并总结了“九个坚持”作为顺利推进教育改革的“法宝”，同时强调了人的发展是教育改革的基本规律。2019 年 2 月，《中国教育现代化 2035》的出台，成为新时代中国教育改革的纲领和指南。2020 年，既是国家中长期教育改革和发展规划纲要的收官之年，也是“十三五”规划的结束之年，具有承前启后的重要意义。从 1977 年恢复高考制度到 2018 年的全国教育大会和改革开放四十周年大会，再到 2020 年“十三五”规划的收官，这些关键的时间节点都表明，中国教育改革正处于一个历史性的转折点。我们需要在回顾与总结中展望未来，明确未来教育的发展方向。在教育管理体制、办学体制、考试招生体制、现代学校制度、政府教育职能以及教育对外开放等多个方面，教育改革者都进行了深入的改革和创新，努力恢复和重建教育的正常轨道。2019 年 10 月召开的中共十九届四中全会作出了坚持发挥制度优势和完善制度体系的决定，并将推进国家治理体系和治理能力现代化作为未来深化改革的主体任务。将这些任务延伸至教育领域的改革，同样具有深远的意义。教育改革者致力于构建中国特色社会主义教育体系，发挥教育制度的优势，办好大国教育，建设教育强国，以回应2020年10月中共十九届五中全会所提出的“建设高质量教育体系”的号召。教育改革者可以充分利用制度优势进行逆向思考，探讨教育制度的存续与创新之道；同时，从新格局、新模式、新工业革命和新全球问题的角度出发，考量国家教育治理体系和教育治理能力现代化的实现路径。

一、研究缘由

教育改革进程是一个多层次的系统工程，它涵盖了宏观层面的制度安排，中观层面的体制衔接以及微观层面的教学实践等多个维度。立德树人作为教育的核心使命，贯穿于教育改革的每一个环节之中。因此，“教育具有一种道德上的目标”①，将立德树人与国家发展相衔接，在集体成长中彰显个人价值，以期统合工具理性与价值理性。本研究的时间段为1977年至2020年这段时期，属于当代中国教育改革史研究领域。以中共十九大、全国教育大会和中共十九届四中全会的精神作为本研究的指导思想，坚定从教育大国迈向教育强国的行动方向。站在历史拐点，需要从历史和教育的双重视域检视教育改革进程，探寻更加公平、更有特色、更高质量、更可持续发展的教育改革路径。

（一）中国教育改革进程研究是时代发展所需

1977年恢复高考制度成为中国改革的“报春花”，象征着教育领域的复苏与重生。接着1978年12月十一届三中全会胜利召开，坚决停止了“以阶级斗争为纲”的政治导向，将经济发展重置于国家建设的中心位置，包括教育在内的其他社会子系统都要回到正常轨道，理性地看待“教育必须为社会主义建设服务，社会主义建设必须依靠教育”双向服务论。经过改革开放之初的稳定与恢复工作，到了1985年，教育体制改革成为我国实现教育发展战略凭借的根本手段。2018年是中国改革开放的第四十个年头，正处于新的历史关节点，各方面改革依旧在继续。2017年中共中央做出“中国特色社会主义进入了新时代”的历史定位，这是对中国改革开放历程的实践性反思，是

① ［加］迈克尔·富兰著，中央教育科学研究所加拿大多伦多国际学院译：《变革的力量：透视教育改革》，教育科学出版社2000年版，第11页。

几代中国人奋斗的结果。新时代的教育改革不再只是摸着石头过河，需要梳理改革开放以来的教育历史演进过程，探讨其内在逻辑，在此基础上探索继续全面深化教育改革的举措。在概念上，教育体制改革不同于教育改革，“教育改革”是一个总体概念，教育体制改革是教育改革的部分内容，两者不能画等号。中国的教育改革经历了 1983 年确立的“面向现代化”，到 2007 年中共十七大提出的“提高现代化水平”，再到 2017 年中共十九大明确要“加快现代化进程”，在此过程中完成从教育大国向教育强国的转变。[①] 当代中国教育改革史为今后的教育改革奠定了基础，需要对教育改革的演进脉络和阶段特征进行梳理，总结出今后教育改革坚持和改进的经验，厘清中国特色社会主义教育发展道路的变迁过程，为建设教育强国探寻中国路径。在世界各地，改革和革新都是教育界最迫切关心的问题。[②] 20 世纪六七十年代后，全球范围内的教育改革浪潮迭起，各国都在争相听取各类改革建议，制定教育改革方案或规划。例如，日本政府于 1984 年设置临时教育审议会，组织相关人员探讨适合其自身发展的教育改革方案；苏联在着手学制改革，联邦德国、法国等国致力于学校改革。中国从动荡岁月中走出来后，也迅速加入到教育改革的世界潮流中，教育从恢复走向重建乃至创建，并以教育体制机制作为中国教育改革的主体架构。“中国教育改革进程已迈入由教育大国转向教育强国的阶段”，关于改革的内容、价值、策略等需要基于时代发展作总结性或是建设性的研究，以便为教育改革决策服务。

（二）中国教育改革进程研究是社会转型研究的重要领域

教育作为社会建设的重要组成部分，关乎千家万户的切身利益，是民生之基。社会进步包括教育发展，社会需要教育人才，社会影响着教育的人才培养目标；教育反过来需要社会力量的支持，积蓄更多的力量采用多渠道筹措经费、多种形式办教育。正规化的教育对改善社会民生起到积极的推动作用。例如，现今的高等教育、职业教育等都是在为人类社会培养着能够推动

---

① 曾天山：《加快教育现代化的时代主题与路径创新》，《中国教育学刊》2018 年第 9 期，第 1 页。

② ［瑞士］查尔斯·赫梅尔著，王静、赵穗生译：《今日的教育为了明日的世界》，中国对外翻译出版公司 1983 年版，第 1 页。

本国发展乃至人类文明演进的各类专业人才。而在社会转型关头，产生矛盾则不可避免，但正是由于矛盾冲突的产生与解决形成了推动社会发展的动力。中国教育进程中存在“共时现象”，当代中国教育改革中一些问题或许在晚清或是民国时期的教育改革中也有，马克思提出“螺旋式发展”，就如同同样的视角看不同的纬度，角度发生了变化。例如，在不同历史时期可能都要面临解决学制问题，或是延长或是缩短。其折射的问题最终还要回到大的社会改革中，需要以大教育观去审视推进教育改革进程对于社会改革与发展的意义。改革开放以来，社会基本矛盾对教育改革有着直接影响，教育改革要正视和回应社会基本矛盾。当前社会基本矛盾已转变，破解教育改革的难题自然绕不开这一事实。一方面，如果不进行改革，中国教育就没有出路；另一方面，并非所有教育改革都是有效的教育改革。这就需要结合中国教育改革进程中的社会要求和因素加以考量，分析社会转型之于教育转型的意义，立足中国教育问题，寻找教育本身之外的问题归因与改革举措。

（三）中国教育改革进程研究是教育改革自身的发展需要

经过四十多年的演变，不同层级不同类别的教育改革渐入“深水地带”。当前，以体制机制为中心的教育制度体系基本形成：建立起分级管理、交互合作的教育管理体制，有效提升了教育管理效率和质量；采取政府办学为主、社会积极参与、公办民办结合的办学体制，促进了教育资源的优化配置；政府机构在“放管服”与“管办评”上的力度更大；现代学校制度的多元化趋势形成；教育对外开放从双向传输走向交互合作的全球教育治理，面向人类命运共同体建设。换言之，教育改革自身发展到面临转型的程度，就需要新的研究融入，进行新条件与新目标下的教育改革实践研究，以连接两者，完成推进任务。推进教育改革依靠的还是制度，以制度改革制度是中国教育改革的特征之一。[①] 这些体制机制的改变，使得对教育改革的研究需要进一步深入，用整体史观去看待这当代中国教育改革史，探究其在理论建构和实践探索中的学理价值，这是当前教育学术研究领域的一项任务，不仅是为了认识四十多年的教育改革研究，更是为了推动教育改革的学术研究，增强教育

① 范国睿：《教育变革的制度逻辑》，《探索与争鸣》2018 年第 8 期，第 19 页。

改革研究学术性和系统性，从学术层面推进教育改革从自为走向自觉。教育改革进程作为一种历史研究，能够更好地梳理出教育改革学术研究的实然状态，对过去的教育改革进程作出诠释，继而更好地继往开来，做出今后的教育改革规划和实施。作为教育史研究者，对教育改革进程研究不应仅限于对过去的追溯，而应提出一个对过去教育改革的诠释框架，继而理解当代中国教育改革的制度安排与路径依赖。

（四）教育改革进程对教育现代化升级的实践推动

改革开放以来，教育改革进程涵盖技术、制度和文化三个层面，最终仍聚焦于人的发展。在此过程中，中国教育现代化逐渐走向价值理性和工具理性的融合。教育改革的主题或长远目标是推进教育现代化，两者紧密相连，相辅相成。教育改革从规模增长转为质量提升，“其主体责任需要从宏观领域下沉到微观领域，实现改革回归学校、课堂、教师和学生”。[①] 教育在不断改革的过程中，越来越具有现代性，继而提升现代化。从过去到现在，教育改革未曾停止，教育现代化也渐入加速阶段，教育改革与教育现代化同向而行，并行不悖。教育改革是如何推进教育现代化的，两者之间是否存在不协调之处，且相互关系如何，这些问题的厘清既是现实教育事业发展的需要，也是教育改革与教育现代化研究的学术追求。那么，在实现教育现代化 2035 新时代目标的过程中，教育改革进程、质量如何，以及人与制度如何搭配等问题关乎教育现代化转型升级，有必要从教育改革的进程中总结推进教育现代化的经验举措和根源性规律，面向未来，走向世界。

（五）基于教育改革进程考量其对教育学学科建设的影响

改革开放走过四十个春秋，中国教育改革在教育政策、教育管理、体制机制设置等方面打开了思路、拓宽了路径。同时，教育改革解放了教育学学术研究的思想。正如叶澜教授所言，“学术风气的重新活跃，始于 1978 年中国共产党第十一届三中全会的‘决定’发表之后”[②]，各行各业人们头上的

---

① 高书国：《新时代中国教育改革内在逻辑与政策建议》，《国家教育行政学院学报》2018 年第 1 期，第 11 页。

② 叶澜：《“生命·实践”教育学派——在回归与突破中生成》，《教育学报》2013 年第 5 期，第 4 页。

“紧箍”被摘下，思想观念得以解放，从人到社会的整个精神面貌随之一新，迎来大转型、大改革、大发展的时期。教育改革是破开改革开放局面的先手棋，与经济、政治、文化等融合在一起，共同促进了国家发展和社会进步。在此过程中，教育学学科建设有了长足发展，从苏联的教育学体系中走出来，兼容并包，博采众长。那么，教育改革对教育学学科建设的影响体现在哪些方面，各项改革决议和措施同教育学学科又有什么关联，教育研究中的政治性与学术性关系如何摆正，这些问题都包含在教育改革进程中，需要加以厘清并继续探索，找寻教育事业发展的路径，探究教育改革研究在揭示教育改革规律、指导教育实践、支撑科学决策、提高育人水平等方面的作用。同时，做好教育改革史研究也是教育研究的应有之义，教育改革史是教育史研究的重要领域之一，连接着教育的过去、现在以及未来。更进一步说，改革开放以来，教育学学科的恢复、发展和完善与教育改革进程息息相关，教育改革进程研究承载着教育学术研究和教育学科建设。

二、研究意义

当代中国教育改革的进程是中国教育现代性提升的过程，涵盖教育改革的科学性、合理性、公正性和人本性，以及内部人与制度、人与社会、人与教育之间的关系升级。教育改革的总体逻辑是从国家发展需求逐步下移到个体发展需求，逐步实现国家发展、社会发展、个体发展的三者统一。教育改革是一项系统性的整体规划和实践，自改革开放之初由内在发展需要出发，眼观世界格局，在当代中国教育改革进程中形成了中国教育道路并付诸教育振兴的中国行动，以此探索教育与个人、社会、国家的关系。教育制度的“废”与“立”是源于客观条件和具体问题的抉择。没有持续不断的教育改革，则很难保证教育健康发展。在审视“好的”制度时，一方面要保证实践活动的有序性，立足于为人民服务的改革基本原则，基本制度体系要能够在实践中全面彰显现代价值理念；另一方面，制度的制定、实施与反馈应当是公正的，教育体制机制也是要遵循制度伦理的。中国教育改革进程研究属于宏观研究范畴，是在中国场域内进行教育改革检视，并在国际比较视域中定位中国教育改革。厘清中国特色社会主义教育发展道路确立的过程，既是对历史的回应，也是对现在和未来的发展提供参照。

具体而言，本研究的理论意义体现在以下三方面。

首先，教育改革史是教育史研究的重要领域，本研究希望以理论、方法、材料等方面的新发现来丰富中国教育史学科体系。自 1977 年以来对中国教育改革的研究呈现上升趋势，但是关于中国教育改革进程的系统研究还略显单薄。本研究基于制度变迁理论来探究教育制度变革，并以马克思主义唯物史观考察教育改革进程所蕴含的历史哲学，以历史制度主义检视教育改革的历史维度和制度变迁。

其次，本研究力图厘清当代中国教育改革制度演进、总体概观和表征类型，基于史实总述教育改革理论。通过教育改革重要文献和史料，总结四十多年来我国教育改革的成败得失，找出不同历史阶段教育改革的体制机制改革侧重点，探究教育改革演变的历史逻辑、实践逻辑和理论逻辑，总结教育改革的经验和不足，厘清教育改革与教育现代化、教育治理、教育强国的耦合关系，明晰“国家主导的内生性渐进改革”这一总特征，探究推进教育改革进程所遵循的规律。

最后，加强教育改革研究与教育现实的结合，实现教育改革史的交叉研究，形成教育改革史研究的跨学科视野。从多维度多学科的角度审视教育改革，总结实践经验和预判可能趋势，重申以教育体制机制为中心的教育改革的必要性和可行性，从人与制度、事与制度的角度界定教育改革的边界与外延，在教育改革的实践知识和能力结构中使得教育改革研究趋于专业化。另外，在中外教育改革比较视域中定位中国教育改革的中国基因，继而组建各类教育智库，为各级政府制定教育政策提供可参考的理论依据或调研报告。

中国教育改革的进程研究，除了“就史论史”外，更多是总结教育改革的经验和规律，为今后教育改革提供合理借鉴，寻求坚实的历史依据，并作出宏观政策建议，这也是本研究的现实意义所在。建设教育强国和推进教育现代化都离不开教育改革，以先进的教育理论作为思想引领，教育制度和政策随着教育利益博弈而做出相应调适，经历不同历史时期的重大会议和决策部署的加持，教育从一开始作为重要事业上升到国家现代化的决定性事业，从注重人力资本开发到成为关乎民生的首要问题，从国家富强促进教育发展转向教育强盛助力强国建设。对当代中国教育改革进程进行研究，可深入认知中国教育的历史、现在和未来，增强自觉参与教育改革的意识，为教育决策者和管理者提供可行性建议，包括如何保障教育优先发展的制度安排，如何完善全面覆盖城乡区域的基本公共教育体系，如何应对新工业革命的挑战，如何对接教育治理体系现代化的新任务，等等。同时，在放眼世界、立足中国的开放思路下，国外先进的教育思潮与改革经验为中国教育改革提供了一扇窗口。比较中外教育改革实践的特点，有助于建立具有中国特色的教育体系，解决教育的“中国问题”，并逐步探究教育的“世界问题”，参与全球教育治理。

三、核心概念界定

本研究的主题是中国教育改革进程，以教育体制机制为主线，将改革开放以来的教育改革史以时期阶段的形式呈现出来，基本构建起具有现代性的教育体制机制结构体系。本研究中的“当代”是指自 1977 年恢复高考至今这段时期，是当代教育改革史研究。教育现代化是教育改革的主题，现代性是教育现代化的核心。因此，教育改革进程也是教育现代性增长过程，关键在于要“建立同现代化相适宜的教育制度框架问题，而教育制度变革的成效往往直接决定着中国教育现代化建设的兴衰成败”①。教育改革的前进方向是实现教育现代化转型升级，围绕着现代性提升而不断演进，达成数量和质量的双增长。在教育改革的实施过程中，教育管理逐渐向教育治理转变，教育治理成为教育改革的演绎概念，侧重于交互协作，打通教育改革的上下通道，使得制度与政策能够顺利下达执行，又能有效将基层经验和民间智慧传至上层管理组织。在本研究中，中国教育改革、教育体制机制、教育治理和教育现代化有着内在的同一性，彼此之间有着共性。

（一）教育改革进程

本研究是围绕教育改革进程这一主题展开的，所要探讨的历史时期是

---

① 田正平、李江源：《教育制度变迁与中国教育现代化进程》，《华东师范大学学报（教育科学版）》2002 年第 1 期。

1977年至2020年。说到“进程”，其本义是某事物发展或变化的过程。而关于教育改革进程这一概念并未有明确的界定，它同经济改革、社会改革等被约定俗成地运用于政策文本和学术阐述中。可以从教育改革的概念界定中窥探教育改革进程的内核。改革本就是纵横交错的体系结构，包括有形的组织机构和无形的制度规则。“改”与“革”都有改变之义，“改革”可以被理解为改变旧秩序中不合理的部分使之重新变得合理，适应客观情况的变化。因此，教育改革进程是一个动态概念，承载着教育制度与组织的功能变迁过程。在教育改革进程中，政府机构、社会组织、个体成员、企业机构等在同一位面能够共存的方式，将解决各类利益冲突而引发的现实问题作为切入点，形成多方力量参与的持续性联合行动。在教育辞典中，教育改革被解释为根据一定的目的要求，去除已有教育管理活动和教学活动中的不合理成分，直接定义为“改变旧方针和制度或革除陈旧的内容、方法的一种社会活动”①。教育改革本身就是破旧立新，处在不断调整、适应的过程中，其“重点主要在教育制度改进”②。有学者将教育改革进程界定为根据目标来改进实践活动的过程，包括制定独立于旧结构的新目标、新制度和政策，或是赋予教育组织新职能和新任务，是对未来教育的一种回应。③

那么，“教育改革进程”可以理解为以教育体制机制为中心的教育改革在时间和空间上的演变过程，为适应社会和人的发展需要而变革旧的教育制度和教育组织结构，并通过教育政策、重要会议决议等形成战略或战术目标，以此作为教育改革历史演进的分界线，厘出其历史脉络、原因归析、价值导向等。亦可看作是教育改革活动的个体和群体形态，既受超越它们的制度约束，又面临着教育制度必然性与偶然性的结合所催生的演变，在此过程中存在着规制与赋能两种要求。在起承转合中呈现过程性，例如教育改革的启动、拓展或是深化，在不同的历史时期有制度、政策的侧重安排以及基层组织的教育实践探索。在宏观层面上，把握以教育体制机制为中心的教育制度变迁

---

① 顾明远编：《教育大辞典》，上海教育出版社1990年版，第25页。

② ［日］平塚益德编，黄德诚、夏凤鸾等译：《世界教育辞典》，湖南教育出版社1989年版，第230页。

③ 袁振国：《教育改革论》，江苏教育出版社1993年版，第24页。

和战略推进；在中观层面上，透视现代学校管理体制更替或是学校治理，以人的现代性提升作为管治出发点；在微观层面，检视课程与教学规划的教学变化和课程演进，积累基层育人成长的实践经验。教育改革进程是分级推进和分类实施的系统整改，也是交互合作的协同项目推进过程，在分层与交互中完成制度与人、教育与历史的融合。教育改革历史进程的本质还是对人的实践活动在教育领域的延展与探索，这个“进程”既是制度建构过程，也是制度生成过程。教育改革进程研究要承接于马克思主义唯物史观，基于教育改革实践来考察教育主体与客体之间的关系，反思教育改革的进程及其规律。教育改革进程既要明确外在环境，也需总结内在规律。如果教育内在规律受到抑制，教育无法满足社会和个体发展需求，教育改革行动便会产生。① 由此可看出，这一进一出即为将阻碍教育发展的因素剔除的过程，调整或是创新制度设计和政策导向，以适应外在发展所需，为了教育能够更好地适应新生活，面向的是现在与未来。

（二）教育体制机制

体制机制与行政化管理联系密切，四十多年的教育改革围绕着“行政化”的命题讨论与研究，针对的就是政府、学校、社会之间构成的体制机制问题。自上而下的行政制度使得教育行政化管理并非被弱化，而是被强化或者说是优化。一方面，从政体来说，政府对学校的管理是一种制度化、程序化和行政化的必然存在；另一方面，从教育本身来说，管制化的教育改革难以处理人本化的教育事业中存在的政校关系。由此形成的学校办学活动就难以具备活力，封闭的教育生态系统也不能吸纳其他社会力量参与办学，这就是四十多年来中国教育改革一直在打破和重建的教育使命。体制机制是中国国体和政体所衍生出的管理规范集合体，教育改革不能跨越这道门槛，唯有不断改革，加强开放，中国教育才更具包容性和未来性。本书对集中于当代中国教育改革历史和制度的探索，主要是以教育体制机制为中心进行考察，教育体制机制涵盖了教育体制和教育机制两层含义。“体制”是国家机关、企事业单位等在组织机构、管理层级与权限等方面的制度体系、运行形式等的总和。

---

① 吴忠魁、张俊洪：《教育变革的理论模式》，四川教育出版社 1988 年版，第 9 页。

不同的组织结构、制度理论、管理规范相结合便形成了不同的体制。[①] 教育发展到一定规模便需要通过制度化的设计，才能确保教育活动的有序性。教育体制也是教育组织机构同教育规范的结合，若分不同层级的教育和不同类型的教育，就衍生出不同的教育体制。“机制”本来指的是机制的内部零件结构和运行原理，包含有结构、功能等含义。教育机制是教育管理活动中教育现象各部分之间的相互关系以及组合在一起的运行方式，分为层次、形式和功能三种类型。[②] 教育体制与教育机制是相辅相成的，共同作用于教育改革实践。一方面，教育体制决定教育机制，也包含着教育机制，教育体制是教育机制发挥作用的前提条件；另一方面，一定的教育体制只有依赖与之相适应的教育机制才能实现，两者是“秤”与“砣”。一般来说，教育体制是影响教育发展的部分要素，也是关键因素，教育改革包含了教育改革活动过程中的各种关系。在教育改革的实践过程中，教育体制作用会渗透在教育机制作用的运行中，教育机制的作用直接决定着教育改革实践活动开展的顺利与否，是一种微观的整合机制。教育体制对教育活动所产生的功能影响都得转化为教育机制的实践作用。所以，姑且将教育体制机制视为教育体制和教育机制的合体，是教育组织机构及其运行规范的共同体，使教育制度和教育政策等发挥实质性作用。

教育体制机制是教育制度的重要成分，可以说，教育体制机制构成了教育制度框架的基石。何谓教育制度？顾明远先生解释为：“一个国家中各种教育机构的体系，包括学校制度（即学制）和管理学校的教育行政机构体系。”[③] 教育体制机制作为机构与规范结合体，本为教育制度范畴。教育制度关涉各方主体，教育与个人、社会、国家之间的应然状态是“同频共振”，也彰显出教育改革要从嵌入的“客体”变为交互的“主体”。因此，本研究偏于

---

① 孙绵涛、康翠萍：《教育体制理论的新诠释》，《教育研究》2004 年第 12 期，第 17 页。

② 孙绵涛、康翠萍：《教育机制理论的新诠释》，《教育研究》2006 年第 12 期，第 22 页。

③ 顾明远编：《教育大辞典（增订合编本）》，上海教育出版社 1998 年版，第 1887 页。

将教育体制机制狭义地理解为教育制度的一部分，两者不作明显区分。基于历史制度主义检视教育体制机制为中心的教育改革，其历史观与制度观的要义在于明确“教育服务于人的自由而全面的发展”，既是教育改革的总体目标，也是教育改革所要遵从的实施原则。

（三）教育治理

“治理”（Governance）原是一个社会科学的术语，中共十八届三中全会定出国家治理体系现代化和治理能力现代化作为深化改革的总目标后，“治理”一词成为学术界的热词。“治理并非是由某一个人提出的理念，也不是某个专门学科的理念，而是一种集体产物，或多或少带有协商和混杂的特征。”[①] 治理概念代表了理解世界的新取向，它提醒我们关注现代社会体制赖以生存的多种关系、多种网络（既有国家的也有非国家的，既有正式的也有非正式的），以及如何实现各方的协调。治理研究延伸至教育领域，掀起了教育治理研究热潮。中国已置身于第四次工业革命主导的全球化、智能化、数据化、信息化、生态化时代，教育治理理念也将升级换代。教育治理是整个国家改革开放走向治理的表征和行动之一，并非跳出国家治理以自说自话。教育治理是教育改革进程进入新阶段的重要标志，即教育改革从管理思维转向治理思维，更加注重上下联动，形成全社会参与教育改革的整体行动，政府、社会、学校、个人、家庭等主体都应被纳入教育治理体系中。教育治理与教育管理并非对立关系，两者在背景、范围、功能等方面都有同质性。关于教育治理的概念，有学者认为，“教育治理是多元主体共同管理教育公共事务的过程”[②]；也有学者认为，教育治理是资源配置和权力分配的方式，依托于教育法治将理念、制度与政策糅合成的系统行动框架，最终实现多元治理格局[③]。教育治理就是将治理的三大核心概念，即多元主体、多层系统和功能协调应用到教育系统的研究之中，从而实现控制层次的总体多元化。基于

---

① ［法］让-皮埃尔·戈丹著，钟震宇译：《何谓治理》，社会科学文献出版社 2010 年版，第 19 页。

② 褚宏启：《教育治理：以共治求善治》，《教育研究》2014 年第 10 期，第 4 页。

③ 袁本涛、孙霄兵主编：《教育治理现代化：理念、制度与政策》，经济科学出版社 2018 年版，第 5 页。

既定相关研究，本研究将教育治理界定为政府通过正式的制度和非正式安排，协同社会组织、市场、学校和公民个人等行为主体，运用参与、对话、协商、谈判等形式，在自愿平等互利的前提下，共同管理教育公共事务，以应对共同面临的挑战，达到好的治理效果。[①] 而全球教育治理是指主权国家、国际组织、跨国公司等行为主体，通过正式的制度和非正式的安排，运用参与、对话、协商、谈判等形式，在自愿平等互利的前提下，共同管理国际教育公共事务，以应对共同面临的时代挑战，达到全球范围内的好的治理效果。[②]

治理、教育治理和全球教育治理在概念上是内核统一、涵盖全面、逐层递进、各有所指的，它们都包括了六个基本要素：一是治理主体的多元性，不仅仅有政府，还有社会组织、市场、利益群体和公民个人等，这与传统的政府一家包办各种公共事务的管理性质与方式都完全不同，也与排斥政府主体的治理观不同，这是“治理”中“共治”的基础；二是治理方式的多样性，既有正式的制度设计，也有非正式的安排，既有参与、对话，又有协商、谈判等，这与只强调正式的制度安排的治理观也不同，这是“共治”的特征；三是治理对象的平等性，各方参与者之间的关系是自愿平等互利的，不是为了某一方的私利，这是“共治”的前提；四是治理过程的协作性，在参与过程中各方都要协同行动，不能各自行动，这是“共治”的过程；五是治理内容的公共性，各方参与管理的是“公共事务”，不是“私人事务”，这是“共治”的内容；六是治理结果的价值性，即是为了应对共同面临的挑战、达到好的治理效果，也即“善治”。在国家治理的总目标下，教育作为重要组成部分，也要实现完善和发展中国特色社会主义教育制度（教育道路），推进国家教育治理体系和教育治理能力现代化（教育目标），从“管理”到“治理”的思想转变，渗透在政治、经济、教育等各方面，“教育治理”的概念更具人本色彩。教育治理以共治、法治和善治为基石，以实践为观照，为推进教育改革进程赋能。不过，教育治理依然处于起步阶段，哪些组织、成员或是教育

---

① 周洪宇、李中伟、陈新忠：《中国教育治理研究》，湖北教育出版社 2020 年版，第 15—16 页。

② 周洪宇、付睿：《全球教育治理研究导论》，湖北教育出版社 2020 年版，第 27 页。

事务应该被纳入治理体系中，又该如何提升教育治理能力，还有待将教育治理、教育改革、教育现代化、教育强国等结合起来深入研究。

（四）教育现代化

改革开放以来，中国教育一直在为提升和巩固现代性而不断变革、调整，以适应新环境、新目标、新条件，中国特色社会主义教育体系框架基本确立。从形成雏形到基本成形，再到形成中国特色教育体系是经过了纵横交织的"断"与"续"，也浓缩了教育改革四十年的历程，教育改革迈向教育现代化的方向愈发明确，既是战略目标，也是战术任务。现代化是一个从传统社会向现代社会发展演进的过程，不同的国家和地区有着不同的表现和特点。教育现代化的概念虽源于西方，但不是"教育西方化"，更不是"教育美国化"。中国的教育现代化发端于近代，植根于民国，新中国成立后继续推进，后因政治运动中断。

改革开放四十多年来，从重新启动教育现代化到推进教育现代化，再到加快推进教育现代化，中国教育发展水平与发达国家教育水平之间的差距逐渐缩小。褚宏启提出教育现代化的核心是"人的现代性"①，冯建军在其基础上提出"提升人的现代性"是教育现代化的核心，而且借鉴何传启两次现代化理论的观点②，进一步指出第二次中国教育现代化要同时解决两次现代化和教育现代化提出的问题，既"提升人的现代性"，又"超越人的现代性"，要走一条"综合的现代化道路"③。褚宏启侧重从比较视角看问题，冯建军侧重从哲学视角看问题，两人都重视国家教育现代化，但更重视人的教育现代化，而且都认为前者要为后者服务，后者更关键，教育是工具，人是目的。教育现代化除了理论建构外，其指标体系则是各级政府、各级各类学校按图索骥的行动标准，张力、高书国、杨小微等人在这方面作了探讨。教育现代化是指教育活动伴随着现代性不断增长的综合性历史进程，其目的是教育要适应并引领时代发展的多样化需求，达到满足现代产业转型升级、科技发展、

---

① 褚宏启：《教育现代化的路径》，教育科学出版社 2000 年版，第 30 页。

② 何传启：《现代化研究的十种理论》，《理论与现代化》2016 年第 1 期，第 22 页。

③ 冯建军：《超越"现代性"的中国教育现代化：人的现代化视角》，《南京社会科学》2019 年第 9 期，第 133 页。

知识创新、品格至上等所聚变而成的教育先进水平，“博识”“专精”“创新”“美善”融入教育的现代性中。教育现代化非静止不动，而是动态演进，一直在不断调适以适应发展需要，它包含着制度现代化、技术现代化和人的现代化。

四、研究设计

（一）研究问题的提出

当代中国教育改革史是随着国家发展而动态调整的，不同的阶段有不同的教育部署。教育从边缘转移到中心位置，理论定位也从最初的“工具论”转向后来的“服务论”，直至成为“国之大计”“党之大计”。各类教育改革研究从整体和专项两个层面对教育改革进行了回顾和总结，适切地评价了教育改革。现有的教育改革研究有如下特点：一是总体上展现了教育改革进程中体制机制的演变脉络；二是紧跟时代步伐，不断输入教育研究新鲜血液，包括新领域、新理论和新方法；三是从各级各类教育改革层面展现了教育改革“点”与“面”的关系；四是逐步将教育改革的研究聚焦于公平与质量，个体、社会与国家发展相协调，既肯定了成绩，也揭示了问题；既展示了教育改革整体面貌，也着重体现了各方面的改革成果；五是有意识地加强中外教育比较研究，从横向和纵向两个维度考察教育改革，在“引进来”的同时，积极“走出去”，继而走向“人类命运共同体”视域中的教育改革。然而，当前的教育改革研究，还有一些有待提升和优化的地方，也是本研究想尽可能探索并厘清的问题。

第一，四十多年来中国教育改革的演进脉络是怎样的，具有什么样的内容特征？经过全党、全国人民艰苦卓绝的努力，中国教育取得了令人瞩目的历史性成就。20 世纪末，中国基本完成“普九”任务，青壮年的识字问题得到基本解决，高等教育也实现了大众化目标并大有向普及化迈进之趋势，教育体系结构日臻完备，已经成为真正意义上的教育大国。那么，中国教育改革是如何一步步走到今天的？不同历史时期教育体制机制又是如何进行改革的？这是要加以梳理的历史脉络，并由此在时间和空间的双轴上形成教育改革与发展的过去、现在、未来。

第二，当前中国教育改革正在从管制走向治理，并确立了走中国式或中国特色的教育道路，那么，这条道路是如何变迁的？它在中外教育进程中的独特性怎样，如何定位？这也是本研究拟回答的问题。中国教育改革是有历史积淀的，不是凭空产生，尤其是现代教育脱胎于传统教育，教育改革的“历史基因”为何，它所依赖的历史观为何，政府、社会和学校之间的关系如何，制度设计又怎样交织重叠以及其未来将去往何方，也是需要加以厘清的。

第三，中国教育改革及其进程的趋势是怎样的？建设教育强国意味着中国的教育开始面临着转型改革和提质，转型和提质不能仅仅依靠自身的摸索和实践，前期的经验也是建设教育强国的重要经验资源，即教育改革从嵌入式转为交互式的路径选择，呈现出“国家主导的内生性渐进改革”之态，由中国国情和教情内生出改革要求。这需要从教育改革进程中总结经验，也要从过去的挫折中吸取教训，遵循客观规律或习俗化规范，避免犯同样的错误，少走弯路。

（二）研究思路

本研究以教育体制机制为中心，教育体制机制是教育改革的核心问题，主要涉及教育管理体制、办学体制、考试招生体制、现代学校制度、政府教育职能转变、教育对外开放等。总体思路是按照战略部署和任务分配作出

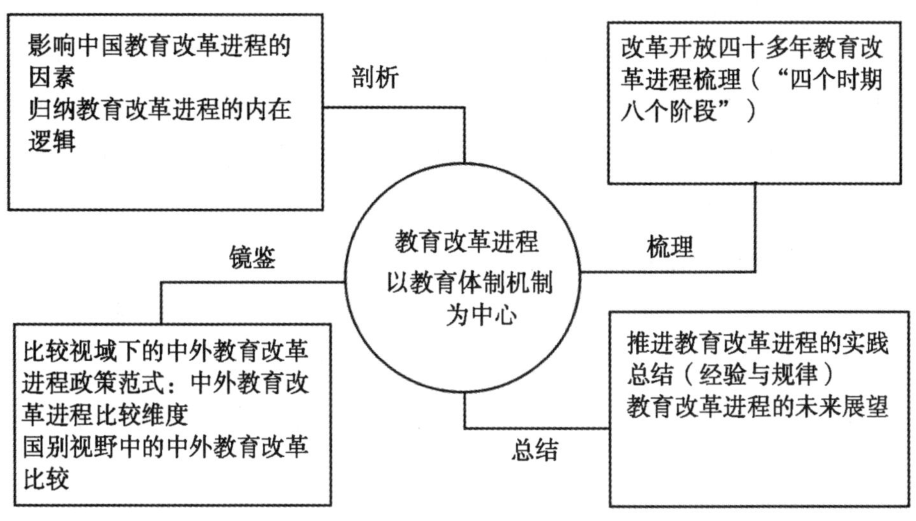

图 0.1　中国教育改革进程研究思路图

“四个时期八个阶段”的划分，重点理出每个时期和阶段的重点体制机制或总体路径，在做好中国自身的教育改革历史梳理的同时，将中外教育改革进程进行对比，剖析中国教育改革及其进程的中国基因。同时，根据历史梳理，系统分析内容特征，归纳影响因素和价值取向，从历史制度主义的视角对教育改革的演进历程做出历史观与制度观的评价。具体研究办法是以时间轴和体制机制为线索实现“纵通”，基于此做出历史性总结，归纳教育改革的历史逻辑、实践逻辑和理论逻辑，在教育制度变迁、中国特色定位和人的全面发展三个方面梳理和阐释教育改革进程，根据历史经验和改革模式反思教育改革，展望未来教育改革的可能趋势，并提出宏观方向的政策建议。整个流程分为梳理、剖析、审视、总结，包含主题、主线、主见三大目标，主题为教育改革进程，主线为教育体制机制，主见为大教育改革观，包括教育改革进程所折射出的历史观、教育观和制度观，以教育改革进程中的确定性和不确定性诠释教育改革的复杂性，提炼出“国家主导的内生性渐进改革”、“双服务”、“国家主导下的追赶-超越型”教育现代化模式、“教育改革的三元结构”、教育改革的复杂适应性系统、教育改革进程的历史观与制度观、包容型教育改革智慧等。具体研究思路见图 0.1。

（三）研究理论

本研究将马克思主义唯物史观与历史制度主义作为理论研究之基础。马克思主义的唯物史观是本研究的总体指导思想，也是理解、解释四十多年教育改革史的理论基础和基本方法论。唯物史观确认历史规律的客观性，将历史规律作为了解人的活动的可能性前提，决定了历史发展趋势，也制约着历史进程，即历史决定论，但现实的个人及其活动是唯物史观的前提[①]，即“唯物史观揭示了人类在历史发展过程中的地位和作用”[②]。研究问题的元认知就是其历史追溯，这就需要采用历史方法加以检视，现实与历史无法割裂开来，否则就无法探视事物本真之相。那么，研究教育改革的四十多年进程

---

① 杨耕：《马克思主义历史观研究》，北京师范大学出版社 2012 年版，第 3 页。

② 吴廷嘉：《历史唯物论与当代史学理论的发展》，浙江人民出版社 1995 年版，第 53 页。

亦是如此，“必须考察当时的实际情况，并把所观察的事物或现象和当时的实际情况联系起来看”[①]。马克思主义历史观的核心在于实事求是，这一历史观客观且深刻地揭示了教育改革的内外驱动本质及其总体演进趋势。教育不同于自然界，教育改革也不同于自然界的进化。教育史即是人的教育活动的演进历程，人及其教育实践活动完成了教育的传承与创新。虽是探寻改革开放以来的教育动态路径，但其内含的客观必然性和价值自觉性则是近代以来教育改革的集中体现，从古代的“教育兴国”到近代的“教育救国”，而后到新中国的“科教兴国”，再到新时代的“教育强国”，这一整个教育演进路线的历史主线是变革图强、民族复兴，其实现路径是现代化建设。

对教育改革的历史演进探究是从认识理解到澄清误区，再到政策重拟、制度规约和赋能，需要在历史维度加以审视，基于历史制度主义来考量内生性且以增量式发生的渐进式制度变迁。从历史制度主义的起源来看，它根源于 20 世纪七八十年代的西方世界所出现的新制度主义，大体经历了三个发展阶段：第一阶段为 20 世纪 80 年代初期，主张制度研究回归国家本体，其代表人物为西达·斯科克波尔（Theda Skocpol）；第二阶段为 20 世纪 80 年代中后期，重视实际的正式存在的政策，以此探寻制度在政治经济中的功能，代表人物为瑟伦（Kathleen Theron）和斯泰默（Sven Stemer）；第三阶段为 20 世纪 90 年代以来的理论发展阶段，强调非正式制度的地位与作用，代表人物为保罗·皮尔逊（Paul Pearson）。制度变迁演绎为历史制度主义的底色，并依托于路径依赖（path dependence）、关键节点等概念工具，以及正反馈效应（positive feedback effects）、锁定（lock-in）、渐进制度变迁等机制解释制度的存续与变迁。[②] 总体来看，历史制度主义所秉持的历史观与制度观在于阐释制度与政策为何能够保持稳定的存续状态，又如何在新条件下进行创新。

制度没有一成不变的，它常随着外在环境变化适时作出调整。什么样的教育依赖于什么样的教育制度，由此不同时期的教育制度有其特殊性。中国

---

① 蒋大椿：《历史主义与阶级观点研究》，巴蜀书社 1992 年版，第 11 页。

② ［美］保罗·皮尔逊著，黎汉基、黄佩璇译：《时间中的政治：历史、制度与社会分析》，江苏人民出版社 2014 年版，第 371—372 页。

特色社会主义教育改革所要构建的是富有包容性的教育制度体系，而这种教育制度是由政府或社会组织制定的，其目的在于实现各级各类教育发展目标。教育制度的合理性在于其产生过程与结果是否具备教育正当和教育美善。教育者的行为选择是按照本国教育制度的导向来塑造的，教育者的行为方式是由本国教育制度的实际运行来规制和塑形的。有何种教育制度便有其制度性赏罚及其行为导向，不同的教育制度性赏罚及其行为导向会产生不同的教育行为方式，行为方式又催生出不同的教育运行模式，不同的教育运行模式会有不同的教育发展水平，有的国家教育停滞不前，有的国家教育持续发展。中国教育改革进程伴随着体制机制为中心的制度变迁，以思想观念和制度结构合成为制度安排。

四十多年的教育改革史是中国教育转型升级的过程，现代性是教育改革的价值底座。改革与开放是并行不悖的，且目标一致，旨在实现教育强国的目标，改革的知识化、专业化和分工化成为趋势。从知识创生的角度看，推进教育改革进程也“代表知识扩展的持续过程，其目的不是取得超时限的有效结论，而是尽可能扩大我们的视野”①。推进教育改革向前迈进就是边“破”边“立”，依赖于一个由多重因素构成多元主体分工协作的共同体，利用制度优势巩固制度现代化，正视现代教育现实问题，统合工具理性和价值理性。中国教育进程中存在“共时现象”，四十多年的教育改革问题或许在晚清或是民国时期的教育改革中也会遇到，马克思提出“螺旋式发展”，展现的是一种改革升级，同一个问题但不是同一个层次。例如，不同历史时期会对学制进行调整，或是延长或是缩短，依据是当时的现实所需。

新时代背景下的教育问题呈现出多层次、复杂化的特点，信息技术的快速发展进一步加剧了教育的不确定性，这就使得教育改革理论要从单一性走向多元性，呈现融合发展之态势，即根据我国四十多年的渐进式教育改革，结合国外先进教育理论和实验，因地制宜地构建符合我国国情的教育理论，统合经典现代化、后现代化与新现代三个阶段的教育理论，突破既有教育理

---

① ［德］卡尔·曼海姆著，黎鸣、李书崇译：《意识形态与乌托邦》，商务印书馆2000年版，第107页。

论研究的窠臼，以人的全面发展为核心，以问题为导向，着重实现依法治教和治理能力的现代化。教育是要培养人的正确价值观念、健康人格与必备品格的活动，而不能仅仅视为培养办事的关键能力的活动。立德树人在教育进程中是自上而下渗透的，以体制机制规制人的行为和赋予人的品格的生成能力，是对必备品格与关键能力的综合概述，将不再只是把教育视为国家发展的工具，而是要更加凸显教育的育人功能，统合教育的价值理性和工具理性。

（四）研究方法

本研究主要采用文献研究法、历史分析法和比较研究法，详述如下。

1. 文献研究法：文献研究法是教育史研究的基本方法，通过收集、整理关于历史事实的历史资料，结合已有相关文献研究形成关于历史事件、研究主题的事实性认识。本研究主要依据教育改革开放以来的重要教育政策文献、会议决议等历史性资料，通过对中国教育改革四十多年的历史进程作出梳理、总结分析，结合有关教育改革的学术专著、重要论文、发展报告、主要事件等资料进行归纳后逐步厘清教育改革领域相关研究的总态势，为教育改革史研究作出学理支撑。

2. 历史分析法：历史分析法是基于改革开放以来的重要教育政策文献、重要会议报告和有关领导发言内容等当代教育改革史料作出具体分析，以历史制度主义的视角考察教育体制机制演变的过程，在动态变化中分析教育制度、教育思想与教育活动的协同推进，了解当代中国教育改革的总体概况，厘清教育改革起步、发展和稳定的过程，探寻其历史规律，总结其根源性经验，为当下教育改革寻求可行的解决途径和措施。以历史镜鉴之目的，量时下改革之途径，即中国教育改革为何开启、何以开启以及如何推进。

3. 比较研究法：比较研究法是对不同事物或同一事物的不同时期作出异同关系的对比分析，从而更加全面地认识事物的本质，比较研究内含思维转换。本研究从不同视域和思维对教育改革进行诠释，在异同比较中更加准确地定位中国教育改革进程。研究纵向比较了改革开放以来以教育体制机制为中心的教育改革政策的制定以及成效，这主要是改革开放以来不同历史时期的比较，亦属于内向比较；同时，研究横向比较了不同国别之间教育改革进程中的异同点，在镜鉴中总结经验和教训，这属于外向比较。

第一章　从“破冰”到“探索”：教育改革全面启动（1977—1992年）

改革开放初期，教育改革聚焦于教育失序问题的解决。自1977年恢复高考制度后，教育改革逐渐汇入国家改革开放的浪潮中，在冲突—调适—平衡中循环更进，完成了“国家主导的内生性渐进改革”从实践到理论，再从理论到实践的初步构建。20世纪80年代末至90年代初，政府着手推行素质教育改革，教育体制层面的改革全面展开。受当时历史的制约，教育改革并非能全面考量利弊，只能基于社会发展、时代所需作出适合当时情况的决策，大历史是由一个个教育的“小历史”所构成的，尤其是关键年代的教育历史。“小历史的铺陈可为大历史的展卷增添层次与色调，使之更加丰富多彩，避免以偏概全。”① 这一历史认识符合马克思主义唯物史观的主张。改革开放后，教育方针由“教育为无产阶级政治服务”转为“教育为社会主义现代化建设服务”也是经历了多次争论而定的，其本质上是国家工作重心由阶级斗争转移到经济建设这一决定在教育领域中的延伸。诸多因素在从宏观、中观、微

① 桑兵：《关键年代的小历史——1919年的事件与日常》，《社会科学战线》2018年第1期，第121页。

观三个层面影响着教育改革的速度、广度与深度，每一阶段时代背景与社会状态是教育改革背后两个既断裂又连续的统一体。

在 1976 年后，教育领域的秩序恢复与改革工作已零星开展起来。虽说中国教育改革开放正式启动于 1978 年，但从历史实际演变的角度看，应从 1977 年 10 月恢复高考制度开始回溯。依据教育改革恢复与创建的阶段性任务，这一时期呈现出破立并存的局面。旧的教育制度和活动已不适应新的社会需求，新的制度安排和活动设计迫在眉睫。在恢复教育秩序的同时，积极构建符合现代化要求的教育新制，这是内生性的制度创建，基于矛盾解决和创新驱动形成了教育改革的“内生性动力”，即从中国国情和教情出发作出改革举措，使之恢复正常秩序，从教育实际情况中着手进行教育体制机制改革，以制度创新和政策扶持为教育改革增添活力。基于教育秩序恢复与体制重建的教育任务关键词，我们可以将这一时期分为三个阶段：第一个阶段为 1976 年 10 月至 1982 年中共十二大召开前，是历史转折期，拨乱反正和恢复教育工作秩序是重中之重。第二个阶段是 1983 年至 1985 年 5 月出台《中共中央关于教育体制改革的决定》。早在 1984 年 10 月中共十二届三中全会通过的《中共中央关于经济体制改革的决定》就指出，教育体制与经济体制之间愈发不相适应，经济体制改革倒逼教育体制改革，教育重建中的教育改革新需求被凸显出来，由此催生出 1985 年 5 月的《中共中央关于教育体制改革的决定》。这一决定性文件标志着中国教育体制改革全面启动，社会主义现代化教育建设进入新时期。第三个阶段是 1986 年至 1992 年中共十四大召开，教育体制进行了反思调整和综合改革，确立了改革新方向，以法律形式确定实施九年制义务教育，着重以基础教育管理体制改革为主，延伸至农村教育综合改革，注重优化高等教育结构，提升高等教育质量。

第一节　恢复教育秩序与重建教育制度（1977—1982 年）

粉碎“四人帮”后，党和国家立即着手纠正“文革”中的错误，教育战线主要集中在揭露“四人帮”篡改教育方针和对周恩来的攻击之上。1976 年 11 月 23 日，《光明日报》刊文批判了张春桥关于“宁要一个没有文化的劳动者”的谬论，点出此谬论宣扬取消智育、“读书无用”的荒谬，违背了“有社会主义觉悟的有文化的劳动者”的教育方针，歪曲“五七指示”精神，割裂了理论与实践、“主学”与“兼学”之间的关系，打断了学校的正常教学秩序，将学生与教师对立起来。这一时期，《光明日报》和《人民日报》等报刊成为教育拨乱反正的“思想阵地”。此外，1977 年 11 月 15 日教育部召开大会，揭发和批判“四人帮”制造的“马振扶公社中学事件”等破坏教育事业发展的罪行。在国家主导下，基于内生发展需要作出教育秩序调整行动和体制机制改革举措，并通过一系列揭批活动，补偏救弊，广大教育工作者和师生群体在思想践线上得到了初步解放，为后续的拨乱反正、教育秩序恢复和教育体制机制改革奠定了坚实的基础。

一、教育战线的拨乱反正

教育战线的拨乱反正主要在三个方面：清理“左”的错误，准确地理解和定位毛泽东教育思想，平反教育领域中的冤假错案。党的十一届三中全会后，纠偏扶正力度进一步加大，但是在“两个凡是”影响下，1971 年《全国教育工作会议纪要》中的“两个估计”横亘在教育领域清除“左”倾错误的途中，成了教育工作拨乱反正难以逾越的障碍。1977 年 8 月 4 日，刚复出的邓小平主持召开科学和教育工作座谈会，并在 8 月 8 日的座谈会上发表了对教育领域拨乱反正有指导作用的《关于科学和教育的几点意见》的讲话。他指出：“对全国教育战线十七年的工作怎样估计？我看，主导方面是红线。应当肯定，十七年中，绝大多数知识分子，不管是科学工作者还是教育工作者，在毛泽东思想的光辉照耀下，在党的正确领导下，辛勤劳动，努力工作，取得了很大成绩。”① 接着在同年 9 月 9 日，邓小平同教育部部长刘西尧谈道：“‘两个估计’是不符合实际的。怎么能把几百万、上千万知识分子一棍子打死呢?”②邓小平非常强调尊重知识和尊重人才，他指出：“我们要把从事教育工作的与从事科研工作的放到同等重要的地位，使他们受到同样的尊重，同

---

① 邓小平：《邓小平文选·第二卷》，人民出版社 1994 年版，第 49 页。

② 邓小平：《邓小平同志论教育》，人民出版社 1990 年版，第 28 页。

样的重视……对于终身为教育事业服务的人，应当鼓励。”[①] 接着在 1979 年 3 月，中共中央批转教育部党组的报告，决定撤销 1971 年中共中央批转的《全国教育工作会议纪要》。1981 年 6 月，中共十一届中央委员会第六次全体会议一致通过《关于建国以来党的若干历史问题的决议》，彻底否定了“两个估计”的谬论，肯定了毛泽东思想的历史地位和意义，对一系列重大问题作出了正确结论，标志着党在指导思想上完成了拨乱反正的任务，使得教育改革与教育事业回归到实事求是、理论联系实际、一切从实际出发的思想路线上来。

1977 年 8 月 4 日至 8 日召开的科学和教育工作座谈会，集中讨论了教育工作中亟待解决且广大知识分子极为关心的问题。如果说 1978 年 3 月的全国科学大会预示着科学和教育春天的到来，那么这次会议就是春天来临前的一声春雷。虽然只是一次小型座谈会，但为后来的教育拨乱反正、教育改革作了思想和工作上的准备。解放了思想，冲破了“两个凡是”的桎梏；指明了工作，挣脱了“两个估计”的束缚。教育领域的改革是思想解放的前站，为澄明路线是非、端正指导思想延伸至其他领域作了试探性准备，驱散了徘徊阶段中的迷雾。广大教师和干部的积极性被调动起来，由被迫参与转为主动参与。由此拉开了教育拨乱反正的序幕，也为教育改革作了铺垫，成为教育走向新征程的开始，在新中国教育史上应当有浓墨重彩的一笔。尤其是高考制度的恢复成为教育改革的第一枝报春花，成为新中国教育历史上的里程碑式事件。

二、教育改革的第一枝报春花：恢复高考

1966 年 6 月，中共中央、国务院批转教育部党组《关于改革高级中学招生办法的请示报告》，要求高级党委改革高级中学招生办法，废除高级中学招生考试办法，实行推荐与选拔相结合的办法招生，由地方党委统一领导，采取群众路线的办法进行。7 月，《关于改革高等学校招生工作的通知》发出，正式规定“高等学校招生，取消考试，采取推荐与选拔相结合的办法”。这一

---

① 邓小平：《邓小平文选·第二卷》，人民出版社 1994 年版，第 50 页。

做法由于随后几年的高校招生工作的停止而变得毫无意义。高校招生在“文革”期间也曾尝试恢复，1970 年 6 月，中共中央批转了《关于北京大学、清华大学招生（试点）的请示报告》，计划于 1970 年下半年开始招生，但还是实行推荐入学制度，降低了入学文化程度要求，导致当时新生入学水平和学习质量降低。此外，由于推荐入学制度存在主观人为性，放大了投机机会，因此制度漏洞被利用，各地招生工作存在“走后门”现象。高考作为中国重要的考试招生制度，在“文革”期间被搁置，直接和间接阻碍了新中国教育事业的发展，影响了一代人的发展。“文革”期间，“‘高考’甚至‘考试’都成为正面政治表达中避讳的概念，但它在政治话语发声和呈现中‘能指’的正面缺席，并无法消解它留在人们思想中的‘所指’”①。

1977 年，邓小平在谈论恢复高考招生时，指出：“今年就要下决心恢复从高中毕业生中直接招考学生，不要再搞群众推荐。从高中直接招生，我看可能是早出人才、早出成果的一个好办法。”② 同年 10 月 12 日，国务院批准教育部《关于 1977 年高等学校招生工作的意见》，规定：“凡工人、农民、上山下乡和回城知识青年、复员军人、干部（年龄可放宽到 30 周岁）和应届毕业生，只要符合条件都可以报考；从应届生中招收的人数约占招生总数的 20%—30%；考生应具有高中毕业或相当于高中毕业的文化水平；招生的办法是自愿报名，统一考试，地市初选，学校录取，省、市、自治区批准。考试分文理两类，由省、市、自治区拟题，县（区）统一组织考试。”③ 1977 年冬天，约 570 万人从农村、工厂、学校等走出来，进入考场。高考制度的恢复以及公平竞争原则的确定，极大地激发了广大学生的学习热情，顺应了拨乱反正的时代潮流，教育界也因此重新焕发出生机和活力。1978 年 6 月 6 日，国务院批转教育部《关于 1978 年高等学校和中等专业学校招生工作的意见》，规定了招生对象、条件和方式。教育部决定从当年起实行全国统一考

---

① 李宁：《“高考”在政治舆论中的概念重塑（1966—1978）》，《党史研究与教学》2015 年第 4 期，第 83 页。

② 邓小平：《邓小平文选 · 第二卷》，人民出版社 1994 年版，第 55 页。

③ 何东昌主编：《中华人民共和国重要教育文献（1976—1990）》，海南出版社 1998 年版，第 1579 页。

试、统一命题，由各省、自治区、直辖市组织考试，为此后一段时间内中国高等教育招生办法。1978 年，有 610 万考生参加了这次完全意义上的全国高等学校统一招生考试。

1977 年，在恢复高考制度的同时，国务院批转教育部《关于高等学校招收研究生的意见》，决定恢复研究生制度。1980 年 2 月，第五届全国人大通过《中华人民共和国学位条例》把我国的学位分为学士、硕士、博士三级，并规定了相应的授予条件和办法。这一条例是我国教育改革的一项重要立法，也是新中国成立后颁布的第一部教育法律，具有里程碑式的意义。为配合学位条例的实施，1981 年 5 月国务院批转《中华人民共和国学位条例暂行实施办法》。这一改革举措促进了我国教育事业的发展，也加快了国际学术交流和教育对外开放。

恢复高考制度是中国教育改革的第一枝“报春花”，它预示着教育即将进入春暖花开时节。“对于重建被十年动乱破坏的学校教育制度和恢复社会正常秩序，激发青年的求知欲望起了极大的作用，为我国社会主义现代化建设准备了智力条件。”[①] 恢复高考改变了一代有志青年的人生命运，它如一道惊雷，撕裂了笼罩在时代上空的阴云，使得整个教育界的风气和社会风气为之重整，人们挣脱了思想的枷锁，教育改革在教育恢复与重建中再次启动。

三、恢复正常教学秩序和重要教育制度

1978 年的全国教育工作会议后，中央政府逐步恢复中小学十二年学制、恢复职称制度、实行学位制度等。鉴于教育资源条件的有限，我国曾实行重点学校制度，这一制度在改革开放后再次得到恢复。不可否认的是，重点学校制度是一次人才分流，“重点学校制度产生了重点与非重点的升学路径分流，而学轨制则产生了职业教育和普通学术教育的升学路径分流”。[②] 重点学校也是对教育质量的一种保证，但普及教育还是这一阶段的主要目标，在此

① 顾明远：《论教育的传统与变革》，《中国社会科学》1987 年第 4 期，第 130 页。

② 吴愈晓：《教育分流体制与中国的教育分层（1978—2008）》，《社会学研究》2013 年第 4 期，第 181 页。

基础上提升质量。邓小平认为："办教育要两条腿走路，既注意普及，又注意提高。要办重点小学、重点中学、重点大学。要经过严格考试，把最优秀的人集中在重点中学和大学。"[①] 1978 年 1 月，教育部发布《关于办好一批重点中小学的试行方案》，提出全国重点中小学形成金字塔结构，并在经费投入、办学条件、师资队伍、学生来源等方面向重点学校倾斜。1980 年，教育部重新修订和颁发《全日制中学暂行工作条例》《全日制小学暂行工作条例》《全国重点高等学校暂行工作条例》，以整顿和恢复正常教学秩序，恢复重点学校制度。重点学校制度对于有效地集中利用已有教育资源，改善部分学校办学条件，提高教育质量，满足国家和社会对高素质人才的需求，发挥了历史性作用。不可忽视的是，重点学校制度与后来的"择校"问题有关联，并在此后不断加以改善，以适应新的战略需要和阶段任务。

1978 年，政府开始大规模派遣留学生，加速教育对外开放。改革开放初期，公派留学的总方针是"在确保质量的前提下，根据国家的需要和可能，广开渠道，力争多派"。[②] 1981 年 1 月，国务院批准了教育部等七个部门提出的《关于自费出国留学的请示》，明确允许自费出国留学，奠定了我国自费出国留学发展的基础。1984 年 12 月，正式成立"中国教育国际交流协会"，推动中国教育同世界各国、各地区教育的交流与合作，促进教育、科技和文化事业的发展。留学归国群体成为我国经济发展的人才储备库，为教育改革与发展注入了新因素、新能量，发挥了"人才强国"的作用，同时，国际教育交流与合作全方位展开，且规模日益扩大，形式愈来愈多样，内容日渐丰富，成为国家改革开放政策的重点领域。不过，教育恢复重建时期，教育体制机制改革还未正式展开，多是零散式地串联在教育恢复重建中，教育政策制度、教育行政机构、学校教育等未得到完全恢复。

四、教育体制机制改革的单项式启动

1977 年 5 月，邓小平发表关于"尊重知识，尊重人才"的讲话，"要反

---

① 邓小平：《邓小平文选·第二卷》，人民出版社 1994 年版，第 40 页。

② 陈学飞：《改革开放以来大陆公派留学教育政策的演变及成效》，《复旦教育论坛》2004 年第 3 期，第 12—16 页。

对不尊重知识分子的错误思想。不论脑力劳动，体力劳动，都是劳动。从事脑力劳动的人也是劳动者”。① 这确定了“尊重知识，尊重人才”的教育观、人才观，为教育领域的拨乱反正奠定了基调。邓小平又在9月对时任教育部部长刘西尧的谈话中表示：“要健全教育部的机构”，“重点大学教育部要管起来”，“教育部要直接抓好几个学校搞点示范”。② 教育行政管理体制与学校有着直接关联，开始将工宣队撤出各级各类学校，原有的学生组织已逐渐恢复，学校共青团取代了“红卫兵”组织，少先队组织取代了“红小兵”组织。对于教育行政管理体制问题，1978年1月，国务院批转教育部《关于加强中小学教师队伍管理工作的意见》，中小学公办教师的管理调配工作，由县以上各级教育行政部门负责，城乡中小学校先后恢复由教育行政部门直接领导和管理。1982年9月，中共十二大确定了教育作为经济发展的战略重点，得到各级党委和政府的重视。同时，教育改革受到经济改革的影响，自上而下深入各级各类学校。教育改革主要侧重于对体制改革的回归，包括办学体制和教育管理体制的复归，以及教师培养、聘用和薪酬制度改革。

一方面，改革开放初期，办学体制和教育管理体制的恢复与重建关乎教育活动正常开展的问题，这是体制改革零散式展开的前提。其中，主要是民办学校的恢复和其合法地位的获得。改革开放后的民办学校的出现也在某种意义上恢复到了1953年公办与民办学校并存的办学体制状态。此时，民办教育的恢复与发展并不是政府主导推动的，但政府没有对其发展给予限制，并在1982年的宪法修改中予以认可，鼓励非学历教育发展。农村教育也在这一阶段出现办学主体的转变，农村中小学从以农村集体经济组织为主举办转变为乡村社会组织（多为村委会）和乡政府共同举办。另一方面，与办学体制相连接的教育管理体制恢复到计划管理体制和校长负责制，主要涉及教育行政体制和学校管理体制，自幼儿园至高等学校的各项管理工作得以恢复。1978年10月，教育部就成立了教育科学规划小组，其办公室设在中央教育

---

① 国家教育委员会政策法规司编：《十一届三中全会以来重要教育文献选编》，教育科学出版社1992年版，第1页。

② 金铁宽编：《中华人民共和国教育大事记》，山东教育出版社1995年版，第1023页。

科学研究所，利用教育可持续规划制度逐渐实现科学化管理。每个“五年规划”也成为中国教育改革进程的阶段性行动指南，配合着不同时期的教育规划指南，在这样的“小步子”推进方式上为中国教育改革定下“渐进性”的基调。

改革开放后，高等教育经费实行中央与地方分级负责的管理体制，国家部委所属高校由财政部拨款；地方所属高校由地方财政拨款。在学前教育方面，根据1979年《全国托幼工作会议纪要》中的相关体制规定，实行国家办园和社会力量办园相结合，主要作为机关、企事业单位的福利存在。此外，1977年8月起，教育部开始从美国、英国、联邦德国、法国、日本等引进大中小学教材，以供参考编写教材，并在1978年4月，恢复了“文革”前的教材编审体制。此外，1982年12月，《中华人民共和国宪法》第十九条规定：“国家鼓励集体经济组织、国家企业事业组织和其他社会力量依照法律规定举办各种教育事业。”第一次对社会办学作出了原则性规定，催生了办学体制改革。

总体来说，这一阶段的教育改革主要是单项改革，即缺什么补什么，解决的是从无序到有序的问题。这种单项式的教育体制机制改革是在国家主导下进行的，并从内在需要催生出教育改革的行动需要。出于对改革的谨慎态度，这一教育改革进程较为缓慢。

五、教育制度重建期的教育内视：教育本质问题的讨论

粉碎“四人帮”后，“两个凡是”阻碍了教育制度重建工作的开展。自1977年5月，“实践是检验真理的唯一标准”成为举国上下讨论的话题，启动了教育制度重建期的思想解放运动，在思想上给每个人解锁，为行动释能。邓小平对此言道：“目前进行的关于实践是检验真理的唯一标准问题的讨论，实际上也是要不要解放思想的争论。”① 1979年10月，关于真理标准问题的讨论在教育领域中展开，尤其是10月20日，《光明日报》转载《教育研究》上所发表的一篇名为《补好真理标准讨论一课，教育问题要来一次大讨论》

① 邓小平：《邓小平文选·第二卷》，人民出版社1994年版，第143页。

一文，此文针对教育界思想僵化、徘徊不前的现状予以批驳，客观分析了教育领域思想困顿之局。十一届三中全会后，“实事求是”被重新确立，思想得以解放，拨乱反正迅速展开，纠正了“文革”期间对教育思想批判和学术批判中的错误。例如，1979年9月，时任教育部副部长周林在中共北京大学委员会干部会议上宣布，中共中央批准为马寅初的“新人口论”平反，诸如此类还有很多。这一时期，教育界做了很多工作，成立了中国教育学会，以马列主义教育学说和毛泽东思想为指导，及时总结了新中国成立以来教育战线上的成败得失，以严谨的学术研究探讨教育问题和教育规律。

真理标准问题讨论成为教育问题大讨论的源头，20世纪70年代末至80年代初，教育理论关于教育本质问题的热潮掀起。1979年2月，蒋南翔担任教育部部长，强调要认真开展真理标准问题的讨论，从历史中总结出经验教训，将实践是检验真理的唯一标准作为教育工作的思想武器。随后，教育本质问题的讨论一石激起千层浪，出现了许多不同的观点。这场讨论集中于教育是否是一种社会意识形态、教育是否属于上层建筑、教育是否是无产阶级专政的工具、教育与人的发展关系、教育功能为何等教育理论问题，折射出教育的阶级性、工具性、历史性、规律性。其实质是“培养什么人、为谁培养人、怎样培养人”的问题。“教育本质的问题是教育学中一个带根本性的理论问题。”① 它反映了我国教育理论由苏联教育理论转向欧美教育理论求索，由封闭走向开放，唤醒了教育工作者的教育理论自觉，从实践中总结教育规律。

若要在教育领域打破陈规旧制，实现结构性改革，必须挣脱思想藩篱的束缚。正如德国社会学家滕尼斯在叙述从中世纪走出来而进行大刀阔斧的改革时言道：“新时代的精神可以称之为改变的精神、改造的精神和变革的精神。”② 教育本质问题的讨论是对教育与人的思索，是对过去把教育作为被动工具观点的革新，从思想观念层面做了深层次的解放，在恢复重建教育中为

---

① 李克敬：《关于教育本质讨论的情况》，《中国社会科学》1980年第4期，第172页。

② ［德］斐迪南·滕尼斯著，林荣远译：《新时代的精神》，北京大学出版社2006年版，第12页。

教育改革和教育现代化建设的理论应答作了铺垫。它深化了人们对教育的认识，实现了教育从单一性向多元性的转变。虽说它是一次教育本质问题的讨论，但关系的是当代中国教育走什么道路的问题，也是对中国特色社会主义教育体系的一次提问，即中国特色社会主义教育体系是什么样的、如何构建。正是这次教育理论叩问，运用辩证唯物主义和历史唯物主义在教育领域中重新确立了“实事求是”的指导思想，还为教育在发展生产力和经济建设中的战略地位做了思想和理论准备。另外，这次讨论开阔了教育视野，更加明确对内改革与对外开放是并行不悖的，正在或即将进行的教育改革需要在更加开放的环境中展开，不能囿于狭小的圈子里“闭门造车”。

六、政治导向：教育制度重建期的教育统一管理

改革开放前夕，中国还处在一种泛政治化的氛围中，国家以政治为中心，教育工作服从和服务于政治，阶级斗争思想被融入到教育工作中，教育的育人功能、社会服务功能等被弱化。各级政府依上行事，教育自主权很小。教育的一切工作都服务于建设伟大的社会主义国家这一政治目标。这一倾向在1976年粉碎“四人帮”后，并未立刻改观。“两个凡是”和“两个估计”横亘在教育恢复常态和重建的道路上。1976年后，“左”倾错误依然存在，1977年2月7日，“两个凡是”方针出台，阻碍了全国拨乱反正工作，遮蔽了对教育工作进行实事求是的认识，不利于问题的实际解决。尤其是将《七・三〇指示》《五・七指示》和《七・二一指示》作为教育工作的行动圭臬。在纠正被“四人帮”带偏的教育领域时，“继续坚持教育、科研为无产阶级政治服务，为工农兵服务，与生产劳动相结合的正确方向，树雄心，立壮志，努力攀登科学高峰”[①] 成为基本态势。直到1979年3月30日，邓小平发表《坚持四项基本原则》的重要讲话，重申了教育改革最基本的政治原则。不管当代中国教育改革如何推进，四项基本原则一直贯彻始终。

在现代社会，“各国的教育都是因为国家发展而得以发展，国家的政治传

---

① 何东昌主编：《中华人民共和国重要教育文献（1976—1990）》，海南出版社1998年版，第1569页。

统塑造了学校教育的制度环境”。[①] 教育改革不能脱离政治而存在，教育改革的政治导向是由改革初期的政治环境决定的。改革开放前的中国教育深受苏联教育的影响，是一种高度中央集权的教育模式，集中力量办教育，利用有限的教育资源培养国家急需的专业人才。教育制度重建期的教育改革启动多是力图半恢复和全恢复正常教育，却依然在“国家—单位—个人”的教育管理格局中，整体上以党和政府为中心，社会团体、家庭和个人等围绕其运行。

“在新制度主义学者看来，教育是一种政治构建的制度。”[②] 政治制度的稳固对教育改革与发展的顺利进行起着方向引导作用，也是中国教育赖以存在的制度优势。但是，特殊时期的政治导向型教育改革的弊端在于束缚了人的思想，体制机制僵化，教育过度让位于政治，频繁的政治运动背离了初衷，秩序被打破，偏离了教育本质，“教育演化为直接的阶级斗争工具；教育与生产劳动相结合也逐渐超越文化知识的学习，成为改造人的手段并走向极端”。[③] 这种高度集中且以行政指令行事的教育改革弱化了人民群众的教育积极性。改革之初，教育法律体系还不完善，过多的政治倾向会导致教育管理的人治化。直到党的十一届三中全会的召开，成为全国人民的一次思想解放运动的开端，让实事求是的原则复归于国家发展，也使得探寻适合中国国情的教育改革之路成为重中之重。

总之，1976 年至 1982 年的教育改革主要是以教育秩序恢复为主，以教育体制机制改革为辅助，使教育发展回到正常状态。学校办学和教学工作恢复正常，教师恢复了社会地位和尊严。在恢复中启动改革，在改革当中加快重建，是这一时期最为显著的特征。

---

① Rowan B，Miskel C. Institutional Theory and the Study of Educational Organizations ［C］ //Murphy J，Eashore Louis K （eds.）. Handbook of Research on Educational Administration，San Francisco：Jossey Bass，1999. 357.

② 乐先莲：《试论新制度主义视域中的教育与国家政治发展》，《外国教育研究》2011 年第 1 期，第 5 页。

③ 程斯辉、李中伟：《从政治教育学到民生教育学——中国共产党领导教育的与时俱进》，《复旦教育论坛》2011 年第 4 期，第 5—14 页。

第二节　中国教育改革战略方向的探寻（1983—1985 年）

经过短期的教育教学秩序恢复和教育体制机制的重建，教育事业从严冬中逐渐复苏过来。在历史紧要关头，党和国家领导人以及教育工作者开始思索中国教育改革的战略方向，即“中国的教育应走向何方”，要以马克思主义唯物史观为根基，从历史决定论和历史选择论结合的角度去探寻教育改革的主体、动力、任务和方式等。在 1980 年，国家明确了全国要在 1990 年前以多种形式基本完成普及初等教育的任务，提升国民文化素养。教育改革应从何入手？党中央认为，必须统一思想，在国家主导下，从体制改革入手，着重解决体制问题，再有序解决其他问题。

一、借鉴经济体制改革草拟教育体制改革决议

1982 年，中共十二大报告提出：“必须大力普及初等教育，加强中等职业教育和高等教育，发展包括干部教育、职工教育、农民教育、扫除文盲在内的城乡各级各类教育事业，培养各种专业人才，提高全民族的科学文化水平。”[①] 中共十二大把教育和科学作为经济发展的战略重点之一，将教育正式列入党和国家的重要议事日程，并在国家治理层面将教育视为经济建设的必要前提，尤其重视高等教育对人才培养的作用。更为关键的是，1982 年《中华人民共和国宪法》颁布确定了人民代表大会在国家机关序列中的最高权力机关地位，而且明确了国家机构实行民主集中制度。以此确定了后续国家教育体制机制变迁中的国家建构逻辑。依法治教在依法治国的框架下，为教育体制改革的制度化和程序化定下基调。尤其是中共十二大后，教育工作被列入各级政府的重要议程。1983 年 8 月，辽宁省召开教育工作会议，作出《关于加强教育工作的决定》，提出了“经济要发展，教育须先行”的口号，并将教育工作作为考核各地工作的重要内容。山东省组织学习十二大文件，黑龙江省组织召开省教育工作会议，等等。各省各地区对此次会议中关于教育工

① 中共中央文献研究室编：《十二大以来重要文献选编》（上），人民出版社 1986 年版，第 15 页。

作的部署有了认识，中央和地方都在为体制改革谋划。

1984 年 10 月，中共十二届三中全会开启了中国的经济体制改革。经济对教育体制改革的牵引作用，相应要求教育改革走向体制改革。在这次会议后，中共中央成立了科技、教育体制改革文件起草领导小组。教育部人员在胡启立同志的带领下深入各省市、部委调研，着手教育体制改革的总体构思和重大教育政策问题的探究，于同年 12 月，形成《关于教育体制改革的若干设想和意见》的调查报告，得到邓小平同志的肯定。在此文稿基础上，组织专家对其进行修改，先后经过十稿，最终制定了《中共中央关于教育体制改革的决定（草案）》。

1985 年，教育界关于中国教育改革的未来走向问题展开了讨论，出现了“观念革新论”，主张观念于改革前先行，以观念带动行动；另有“全面突破论”，以系统论统摄教育改革，推动教育全面革新；还有“体制改革派”，主张教育改革的核心在于体制改革，体制不变革，其他教育改革行动也只是小打小闹。1985 年 5 月，中共中央、国务院召开了改革开放后的第一次全国教育工作会议，这是一次具有划时代意义的教育会议，解决了“教育改革应从何入手”的问题。邓小平同志在会上强调在抓经济的同时要抓教育，将经济与教育并重，正确处理教育与经济的关系，共同助力现代化建设。会议通过了《中共中央关于教育体制改革的决定（草案）》。这一历史性政策文件吸取了中央和国务院各部门，各省、自治区、直辖市，各民主党派的意见，并在 1985 年 3 月召开的两会期间，征求了人大常委会委员、部分人大代表、政协委员的意见。总之，它开启了包括基础教育、职业教育、高等教育和成人教育在内的体制改革，由此教育教学全面改革进入新阶段，开始了以体制机制为核心内容的教育全局变革。对此，邓小平同志指出：“教育体制改革的决定草案，我看是个好文件。现在纲领有了，蓝图有了，关键是要真正重视，扎扎实实抓，组织好实施。”① 草案提出“教育必须为社会主义建设服务，社会主义建设必须依靠教育”的指导思想，为全面进行教育体制改革确立了总体

---

① 国家教育委员会政策研究室编：《教育体制改革文献选编》，教育科学出版社 1985 年版，第 19 页。

方向，对基础教育的管理体制改革作出了明确规定，对职业技术教育的大发展提出了要求，对高等教育的战略发展目标及其办学体制和招生制度及毕业生分配制度等的改革作出了指示。同时，还对如何保证教育体制改革的顺利推进作出了相关要求和保障。体制和机制是教育改革的“发动机”，只有体制机制活了，教育改革才能最大化地激发出活力，为教育事业的发展提供源源不断的动力。从 1978 年到 1985 年，中国教育事业处在“破冰之旅”中，从恢复高考到确定体制改革的决心见证了中国教育探寻出路，实现自我完善。

二、“三个面向”引领教育改革的现代化转型

1983 年 10 月，邓小平同志为景山学校题词“教育要面向现代化，面向世界，面向未来”① （简称“三个面向”），开启了教育改革向现代化道路迈进的进程，集中体现了当时国家、社会和人民对教育发展的希冀与决心，为教育改革确定了指导思想。“三个面向”在教育界引起了“多米诺骨牌效应”，广大教育工作者以此作为教育新思想加以学习，进一步认识了教育本质与教育功能。这一指导思想还厘清了教育与国家、社会、个人的关系，将教育的过去、现在和未来联结起来，确立了“历史合力论”的合理性，体现了历史决定论与历史选择论的结合，亦折射出将经济基础与上层建筑的关系决定论和历史关键人物的主观能动论相统合。

“‘三个面向’是一个内在统一的、动态发展的、完整的立体结构体系。”② “教育要面向现代化”是对内而言，推进教育现代化建设是对中共十二大的会议精神的贯彻，是“面向世界、面向未来”的基础和核心；“面向世界”是渠道和方式，顺应对外开放之要求，包括“引进”和“走出”两方面，力求“文明互鉴”；“面向未来”是根本与展望，强调教育要有预见性，从自身条件和特点出发，基于国家和民族的前途命运，遵循教育规律和人的发展规律培养学生，以适应和满足未来社会发展的需要。“‘三个面向’的次序非

---

① 邓小平：《邓小平文选·第三卷》，人民出版社 1993 年版，第 35 页。

② 宋恩荣、吕达主编：《当代中国教育史论》，人民教育出版社 2004 年版，第 68 页。

常精到，首先抓住了问题的核心，然后是手段，最后是时间跨度上的历史感。”① “三个面向”奠定了教育要为社会主义建设服务的政治基调，开始从拨乱反正和教育恢复转向教育重建。

各级各类学校开始开展改革实验，涉及办学体制、考试招生体制、现代学校制度、教育管理体制、政府教育职能等方面。“邓小平同志有关教育‘三个面向’的主张，不是简单地或孤立地就教育论教育，而是有着更为全局的考虑和更为深远的谋略。”② 回到当时的历史情境中，“三个面向”是具有很强的方向性、目的性和理论性的教育改革理念，在这一思想理念的引导下，教育体制机制赋予了这一理念制度化的存在，“逐步实现教育制度、教学方法和教学手段的现代化，学习世界各国先进的教育经验，建设具有中国特色的社会主义教育体系”。③ “三个面向”也是一次思想解放，对传统教育的一种省思，为中国教育改革描绘了一幅新图景，有着承上启下的作用。教育改革不仅要改革掉原有教育中的不合理成分，还要使教育从阶级斗争转向为社会主义建设服务，实现教育改革方向的现代化调整，以改革带动发展，以发展促进改革，走有中国特色社会主义教育发展道路。

三、以《中共中央关于教育体制改革的决定》引领教育体制改革

1985 年 5 月 27 日中共中央会议上通过《中共中央关于教育体制改革的决定》（以下简称《决定》），确定了“体制改革”的核心作用和先导作用，并在今后的教育改革中融合“全面突破论”和“观念革新论”，全面推进教育体制改革，从观念转化为制度，以制度规约行为，以行为驱动改革。1985 年的教育体制改革决定明确了“教育体制改革的根本目的是提高民族素质，多

---

① 蔡闯：《三个面向与教育创新（范禄燕、顾明远、张力访谈）》，《光明日报》2004 年 8 月 12 日。

② 石中英：《“三个面向”与中国教育改革》，《中国教育学刊》2013 年第 10 期，第 1 页。

③ 陈颜：《论邓小平“三个面向”的教育改革指导思想》，《西南民族学院学报（哲学社会科学版）》1999 年第 S1 期，第 46 页。

出人才、出好人才”。[①]《决定》涉及九年义务教育、中等教育、职业教育、高等教育招生与分配等，将体制改革作为撬动教育改革的关键点。实践证明，这个点的选择是非常正确的，符合中国的国情。从整体趋势看，体制改革规制了教育改革的方向，使当时的中国教育尝试性地从恢复走向重建。其中，民办学校逐渐进入了学历教育领域，政府也不断制定和完善相关法律法规和政策，对民办教育的发展进行规范和保护。办学体制改革为社会和私人办学提供了合理性与法理性，拓展了教育改革思维。谈松华认为，“这一阶段教育改革要解决的问题就是要加快教育发展，满足社会基本教育的需求，同时突破计划经济体制对教育的束缚”[②]。经济体制对教育体制的规制带有惯性作用，即教育本身具有一定的独立性外，很大程度上还有赖于政治经济的发展，被规制于大政治与大经济的框架体系，尽可能要与经济体制改革相适应。1985 年的教育体制改革决定总体框定了教育体制改革重点在于处理好三个方面的问题：中央与地方之间的关系、政府与学校之间的关系、社会参与教育的程度，这些属于纵向的体制关系。此外，它还包括各级各类学校的比例构成和衔接的横向关系。因此，教育体制改革问题是带有全局性、整体性与系统性的问题，不是对教育进行单项的、局部的改革，这是与此前一个阶段最大的不同之处。

关于基础教育管理体制方面，《决定》规定：“基础教育管理权属于地方。除大政方针和宏观规划由中央决定外，具体政策、制度、计划的制定和实施，以及对学校的领导、管理和检查，责任和权力都交给地方。”基础教育管理权下移，解决了基础教育地方管理权的问题。同时，《决定》指出：“发展教育事业不增加投资是不行的。在今后一定时期内，中央和地方政府的教育拨款的增长要高于财政经常性收入的增长，并使按在校学生人数平均的教育费用逐步增长。”1986 年通过的义务教育法，将基础教育的管理权下放给地方，建立起省、县、乡分级管理，财政以乡为主的义务教育管理体制，这对促进

① 何东昌主编：《中华人民共和国重要教育文献（1976—1990）》，海南出版社 1998 年版，第 2285 页。

② 谈松华：《深化教育改革需要制度创新》，《中国教育学刊》2009 年第 1 期，第 13 页。

基础教育发展起到了积极作用，但管理权下移过重，导致中央和省级财政所承担的责任过少，在具体实施过程中逐渐暴露出弊端。

这一时期还着力调整中等教育结构，大力发展职业技术教育。为了拓展义务教育的资金来源，决定地方政府可征收教育附加费。

关于高等教育体制改革，《决定》给出了“到本世纪末，建成科类齐全，层次、比例合理的体系，总规模达到与我国经济实力相当的水平”这一战略目标。《决定》还强调，在国家统一指导下，扩大高校办学自主权，加强校企合作，提高高等教育适应经济和社会发展需求的能力，实行中央、省（自治区、直辖市）、中心城市三级办学体制。

关于职业技术教育，《决定》指出要“调整中等教育结构，大力发展职业技术教育”，由地方负责，新办职业院校，扩大招生，力争在五年左右扭转中等教育结构不合理的状况，逐渐建立从初级到高级、行业配套、结构合理，并能与普通教育相互沟通的教育体系。为了加强对教育改革的领导，保证教育体制改革顺利进行，1985 年，教育部改为国家教育委员会，这是一个综合部门，隶属于国务院，其职责范围、行使权力有所扩大，除了部署学校教育工作外，还要统筹职业技术教育、成人教育等，真正落实面向全国教育领域的管理职能，成为教育改革工作的组织机构，但在 1995 年重新改为教育部。

《决定》还涵盖了学位制度、国家教育考试体制、教育督导体制、学生资助制度、义务教育制度等，初步涉及“全面”的教育体制改革，从单项体制改革走向全面体制改革，逐步走向综合改革之路。

1978 年我国小学阶段净入学率为 94%、初中阶段毛入学率为 66.4%，高中阶段毛入学率为 33.6%，高等教育毛入学率仅为 2.7%。①可以说，是一个教育弱国。1978 年各级各类学校专任教师为 889.6 万人，普通小学学校有 949 323 所、在校学生 14 624.0 万人，普通中学有 162 345 所、在校学生 6548.3 万人，普通高等学校 598 所、在校学生 85.6 万人，到了 1985 年，各级各类学校专任教师达到 907.1 万人（其中，职业中学专任教师 14.1 万人是

① 丁雅诵：《学有所教，从“有学上”到“上好学”》，《人民日报》2018 年 8 月 9 日第 9 版。

调整后职业教育发展的结果），普通小学学校有 832 309 所、在校学生 13 370.2 万人，普通中学有 93 221 所、在校学生 4706.0 万人，普通高等学校有 1016 所、在校学生 170.3 万人。[①] 另外，1985 年国家财政性教育经费仅为 226.8 亿元[②]，这一教育经费投入在当时的国家财政性经费中的占比还是非常少的；就每一教师负担学生数来说，普通高等学校、中学、小学分别为 5 人、17.2 人、24.9 人。从上述数据中可以看出，各级各类教育在教育改革启动期有了一定发展，中小学学校数量得到精减，高等学校数量和在校学生都有所增长。职业教育在这一时期有了突破，完善了教育体系和结构。各级各类专任教师增长不是很多，师资保障有待增强。中小学在校生人数比专任教师人数多得多，师生比不协调。虽然这一时期的教育发展有所改善，但教育规模、教育保障等都需要进一步提升。此外，当时我国与国外教育交流很少，更多的是进行教育反思和总结二战后世界各国教育思潮和教育改革的经验，为我国教育重建和改革发展找寻可供借鉴的经验。所以，这一时期我国教育的国际地位不高。总的来说，在教育启动时期，教育发展得到了重视，但还没有上升到优先发展教育的程度。我国教育改革与发展是稳中求进，缓步前行。教育弱的状况有所改变，但教育规模相对而言还比较小，有待进一步扩大。

第三节　教育体制改革全面开启（1986—1992 年）

中国改革开放前夕的教育背景和理论知识使得中国教育改革自有其必然性和早期路径选择上的历史局限性。改革开放早期教育主要是“增量改革”，解决的是普及教育问题，到了 20 世纪 80 年代和 90 年代依据不同的发展需求作了新调整。20 世纪 80 年代的“社会主义是公有制基础上的有计划的商品经济”在教育领域刮起了旋风，教育体制改革全面开启；90 年代围绕社会主义市场经济目标，教育依据市场进行改革，“教育产业化或商品化”成为当时

---

① 中华人民共和国国家统计局：《1985 年年度数据》，http://data.stats.gov.cn，2020-09-05。

② 中华人民共和国国家统计局：《1985 年年度数据》，http://data.stats.gov.cn，2020-09-05。

教育改革的特征，但在实现教育规模化的同时，因体制机制不健全带来了教育公平问题。各级各类教育突破体制机制的桎梏，破而后立，促成了教育的可持续发展，为20世纪90年代以及21世纪初教育改革与发展探索出一条新道路，做到了继往开来。

一、以法律强制实施九年义务教育制度

义务教育在中国教育改革中占有举足轻重的作用。新中国成立伊始，国家就强调基础教育要解决“文盲”问题，但受历史条件和教育资源的限制，义务教育的普及问题一直到21世纪才得以解决。1949年的《中国人民政治协商会议共同纲领》提出“有计划有步骤地实行普及教育”后，初等教育有了快速发展。1956年，最高国务会议提出分区分期普及小学义务教育。改革开放以来，中国实行低重心的教育发展策略，将普及九年义务教育和扫除青壮年文盲作为教育发展的重中之重。1986年颁布的《中华人民共和国义务教育法》标志着普及基础教育的工作进入一个新阶段，“普及小学教育的检查验收工作，仍按照原规定的‘四率’（即：入学率、巩固率、毕业率和普及率）等要求执行”。[①] 在管理体制上实行中央负责统筹、地方分级管理，各司其职。2006年11月修订该法律，奠定了中国义务教育强制性、公益性、统一性三个基本特性，明确了义务教育均衡化发展的方向，并将素质教育融入义务教育阶段的目标，完善了义务教育管理体制和教育经费保障机制，增强了规范性和可行性。“从公平与效率的视角来看，改革开放以来我国义务教育发展战略经历了从注重效率的重点化战略到注重公平的均衡化战略再到兼顾公平与效率的特色化战略的流变。”[②] 义务教育以法律形式确立为国家强制性，为义务教育的普及与巩固提供了法律保障，依法治教的底色在义务教育法的加持下不断深化。

2000年，我国在占全国总人口85%的地区普及了九年义务教育、基本扫

① 何东昌主编：《中华人民共和国重要教育文献（1976—1990）》，海南出版社1998年版，第2496页。

② 范涌峰、宋乃庆：《从重点化到特色化：改革开放40年义务教育的战略走向——公平与效率的视角》，《中国教育学刊》2018年第11期，第8页。

除青壮年文盲。到2003年年底，全国实现“两基”验收的县（市、区）总数达到2659个，占全国县（市、区）总数（3040个）的87.47%。为了进一步加快实现全民教育目标，2001年5月发布的《国务院关于基础教育改革与发展的决定》提出：“进一步完善农村义务教育管理体制。实行在国务院领导下，由地方政府负责、分级管理、以县为主的体制。”由以乡为主转为以县为主，是中国农村教育管理体制的重大变革，由此县域教育管理成为中国教育改革的“中转站”。农村教育发展状况对义务教育普及和巩固起着决定性作用，“设计义务教育均衡发展评估指标体系和标准，应增加教育过程指标，完善教育质量指标，要考虑省、市、县均衡发展标准的共性与差异，同时要根据均衡发展的不同阶段设立不同的标准基数”。[①] 义务教育巩固提高率稳中有升，义务教育均衡发展得到推进。另外，1995年《中华人民共和国教育法》的颁发及此后两次修订，奠定了教育基本制度的法律基础，九年义务教育制度于法律上有了明确规定，以政府宏观调控和社会自主办学相结合的方式确认了中国现有的教育制度，从“政府包办”转为“以政府办学为主体”，公办学校和民办学校共存且竞争，优势互补的格局初步形成。

二、逐步确立教育优先发展战略

改革开放以来，教育优先发展战略是根据经济社会改革与发展需求而制定的，目的是适应整体大环境的要求，满足国家发展和人的发展的双重需要。四十年多年来，普及与提高、公平与质量一直是教育发展的战略主题，从最初普及九年义务教育到全面普及各级各类教育，从中小学重点学校制度转向全面提升各级各类教育质量，都是教育外在因素与自身发展所需。战略是关乎全局的计划和谋略。“教育的战略地位不断提升，由‘经济战略重点’到‘经济战略的首位’再到‘优先发展’，由被视为经济发展、科技进步、人力资源开发的重要手段提升为民生工程、文化建设的基础乃至民族振兴的基

---

① 褚宏启、高莉：《义务教育均衡发展评估指标与标准的制订》，《教育发展研究》2010年第6期，第25页。

石。”[①] 改革开放初期，教育被视为经济建设的重点领域之一，主要是为政治稳定和经济建设服务。1985 年开启的教育体制改革要求“把教育摆到战略重点的地位”。中共十二大把教育和科学作为经济发展的战略重点之一；中共十三大提出“把发展科学技术和教育事业放在首要位置”；中共十四大强调“必须把教育摆在优先发展的战略地位”，至此，教育优先发展战略得以确立。此后历次重要决策会议和教育会议都在巩固这一战略，教育优先发展战略深入制度、文化和实践中，并在不同时期被赋予不同的任务使命，以政策和理念形式融入教育领域。

自实行国家教育体制改革试点以来，“在组织体系、政策保障、条件保障等方面取得了明显的进展，特别是在教育优先发展保障机制，推进了教育财政制度的规范化”。[②] 教育优先发展重在教育经费优先，中央和地方政府采取有效措施增加教育经费，改善办学条件，促进教育发展。1987 年国家财政预算内教育经费为 277 亿元（占当年国家财政收入的 11.69%），1988 年为 323.56 亿元（占 12.3%），1989 年为 397.72 亿元（占 13.6%）[③]，1990 年为 426.4 亿元（比上年增长 7.14%）[④]，1991 年为 459.73 亿元（比上年增长 7.88%）[⑤]。教育经费预算逐年增加，教育改革的力度持续增强，各级各类学校办学条件逐步得到改善。不过，这一时期，虽然政府提出了教育优先发展战略，但国家财政性教育经费支出占国内生产总值的比例还不高。从起初教育经费的投入比重上看，教育并非处于优先地位，或者说提出教育优先发展战略但不意味着教育优先发展战略已经实现。要真正使教育的外部条件和社

---

① 查吉德：《改革开放 40 年教育发展战略变迁》，《河北师范大学学报（教育科学版）》2018 年第 3 期，第 13 页。

② 刘亚荣、郭丽娟：《完善教育投入机制，提高教育保障水平——国家教育体制改革试点调研报告》，《中国高教研究》2014 年第 9 期，第 38 页。

③ 刘英杰主编：《中国教育大事典：1949—1990（上）》，浙江教育出版社 1993 年版，第 94 页。

④ 《中国教育年鉴》编辑部编：《中国教育年鉴（1991）》，人民教育出版社 1992 年版，第 123 页。

⑤ 《中国教育年鉴》编辑部编：《中国教育年鉴（1992）》，人民教育出版社 1993 年版，第 79 页。

会提供的保障体系同教育所处的战略地位相一致，还有一段路要走，这一战略在很长一段时间内影响着后来教育改革的决策部署和实践操作。

1992年中共十四大确立市场经济导向的改革方向，由此教育体制改革有了新的发展方向。历史的车轮行至1992年，中国改革开放遇到姓“资”姓“社”等问题的困扰，人们的思想被新的问题束缚，影响了效率。1992年初，作为中国改革开放总设计师的邓小平先后视察武昌、深圳等地，发表了南方谈话，阐发“一个中心、两个基本点”的基本路线，以“三个有利于”思想指导改革思路和举措，提出“发展经济必须依靠科技和教育，科技是第一生产力”的论断。[①] 同年10月，中共十四大召开，确定了邓小平理论作为党的指导思想，并确定建设社会主义市场经济体制的改革目标。1989年各级各类专任教师达到985.7万人，比1985年增加78.6万人，增长率为8.7%。普通小学有777 244所、在校学生12 373.1万人，普通中学有89 575所、在校学生4554.0万人，普通高校有1075所、在校学生208.2111万人。中小学学校数量和在校人数相比之前都有所减少，但相比1985年，高等学校增加了59所，高等学校在校学生增加了39.9万人，在校学生增长率达22.3%。可以看出，这一阶段随着教育体制改革的推进，中小学继续精减，教育发展主要还是侧重于高等教育。需要注意的是，职业中学学校有9173所，比1985年增长1103所，增长率为13.7%；职业学校在校学生282.3万人，比1985年增长52.8万人，增长率为23.0%。这说明职业教育在这一时期得到了很大发展，反映了当时的社会需求。成人技术培训学校在校学生1269万人，增长36.1%；成人中小学在校学生2063万人，增长19.4%。[②] 可见，非学历教育有了明显发展。此外，学前教育和特殊教育也有所发展，这些不仅完善了教育体系，也优化了教育结构。

教育体制机制在这一阶段处于破立并存的状态，以适应社会发展需要的教育体制来增强教育活力，从规模化发展中保证教育质量，逐渐体现出公平

---

① 邓小平：《邓小平文选·第三卷》，人民出版社1993年版，第370—383页。

② 中华人民共和国国家统计局：《关于1989年国民经济和社会发展的统计公报》，《中国统计》1990年第3期，第5—11页。

有效的教育管理体制，从而激发教育从业人员的积极性。不过，教育体制改革虽逐步展开，但这个问题不是在短期内能彻底解决的。教育体制改革是伴随整个教育现代化的过程。1985 年中国教育国际交流协会秘书处开始独立办公，逐步从原国家教委外事局承接民间教育交流的有关项目，其中包括中外师生文化交流项目（CEAIE-AFS），1988 年原国家教委批准协会设立“中国教育国际交流基金”，增进了中外教育交流。1985 年出国留学人员与学成回国留学人员分别为 0.4888 万人、0.1424 万人，1987 年出国留学人员与学成回国留学人员分别为 0.4703 万人、0.1605 万人，1989 年出国留学人员与学成回国留学人员分别为 0.3329 万人、0.1756 万人。[①] 两项人数均未破万，说明这一时期我国的对外教育交流非常薄弱。除此之外，教育改革还存在教育经费没有按照相关规定实现增长，城乡和区域教育发展不平衡，农村教育问题整体上没有得到根本解决的问题。对于农村教育改革，1987 年《关于农村基础教育管理体制改革若干问题的意见》出台，是一次对农村基础教育管理体制改革的尝试，这关乎教育普及任务的实现，且农村教育一直是中国教育改革的薄弱环节。改革开放之初，在完成基本的教育恢复工作后，农村教育逐渐进入视野，思想认识不够、教育经费不足、教育权责不明等问题，成为当时农村基础教育改革的实际问题。

这一阶段，教育改革在“面”上有所铺展，教育体制改革全面展开，总体呈现出自上而下展开的特征。但由于我国经济总量不高，使得教育投入、教育质量的提升还是有限，教育改革还难以有实质性进展。教育体制的改革是有一个过程的，以体制改革为中心的教育改革任务和目标，并不能在这一时期完成，而是会在很长一段时间内继续进行。

在当代中国，“人的发展趋势主要是由依附性的个人走向具有独立人格的个人”。[②] 这就牵涉教育发展的个人本位与社会本位的问题之争。从 20 世纪 80 年代至 90 年代初，对于人的个性化研究成为热点，这与我国从计划经济

---

① 中华人民共和国国家统计局：《1987 年、1989 年年度数据》，http://data.stats.gov.cn，2020-09-06。

② 韩庆祥等：《“当代人类发展与中国人学研究”笔谈》，《中国社会科学》1998 年第 1 期。

转为市场经济的大环境相关。计划经济中的思维模式是个人要服从集体或者说是社会要求，而在市场经济思维下，崇尚个性教育，突出个人的差异性。所谓“个性”，是指人的德、智、体、美等素质在受教育者个体身上的特殊组合，即全面发展的个性。[①] 也有观点认为人的个性形成的过程，就是人的社会化过程。教育旨在培养学生的独立个性，就是要使学生的个性自由发展，增强主体意识。自 20 世纪 90 年代初至今，教育工作者和研究者甚是关注个体的主体性，并一直作为教育研究的热点。

改革开放之初，教育先着手革除教育革命色彩，回到正常发展轨道。为国家培养人才、实现教育现代化提上日程，1985 年全面开启教育体制改革，“教育改革要从体制改革入手，不适应社会主义现代化建设的教育思想、教学方法必须改变”。[②] 深层次教育改革开始深入各级各类教育，教育在“普及”“公平”“质量”等价值理念下作出回应，正如邓小平所说的：“纲领有了，蓝图有了，关键是要真正重视，扎扎实实地抓，组织好施工。”[③] 并在法律层面规定重申了教育目的。[④] 不过，这一时期的教育改革进程中，尤其是义务教育在升学压力下，中小学的教育成为知识教育、应试教育和升学教育，并在知识主义和功利主义的催化下，使教育受到了极大异化，忽视了教育的生命性和人本性。

自 1977 年至 1992 年，中国教育改革进程处于从无序走向有序，恢复正常的教学秩序和教育体制的过程。在“文革”后进行破冰行动，复苏教育的育人之态，并在计划经济体制下，通过有限的、单项式的教育体制改革消融破冰，尤其是高考制度的恢复是寒冬过后的第一枝“报春花”，既破了“僵局”，也打开了“门路”。最突出的是在改革伊始，“国家主导”即成为最大特征，并在教育秩序恢复后，逐渐向“渐进式”体制机制改革转变。在计划经

---

① 王道俊、王汉澜主编：《教育学》，人民教育出版社 1989 年版，第 114 页。

② 人民教育出版社编辑：《教育改革重要文献选编》，人民教育出版社 1988 年版，第 38—43 页。

③ 人民教育出版社编辑：《教育改革重要文献选编》，人民教育出版社 1988 年版，第 47 页。

④ 人民教育出版社编辑：《教育改革重要文献选编》，人民教育出版社 1988 年版，第 50 页。

济管理的框架下，教育改革遵循的基本原则是统一计划、分级管理、直接计划和借鉴计划相结合，“自上而下”近乎成为唯一的改革大方向。与计划经济体制相辅相成的是教育资源结构布局的模式。从办学体制、投资体制、管理体制、考试招生体制到人才培养模式以及毕业生就业制度等，都由政府包揽，总体特征归为一个“包”字，主要由国家包办各级各类教育。回到历史现场，这种体制在历史上确实发挥过积极作用，但其弊端越往后越明显。一方面，普及化、规模化的教育发展给国家教育财政带来越来越大的压力，财政的有限性阻碍了各级教育应达成的目标，“实行自上而下单一的指令性计划，缺少一定的弹性，忽视法律和经济的调节手段”①；另一方面，国家包揽的教育项目和管理越多必然统筹得过死，带有工具论色彩，且标准化带来机械化，学校、教师、学生缺乏自主选择权，导致教育事业缺少了生机与活力，影响办学水平。

随着生产力越来越高，原有的生产关系已不能适应生产力的发展需求，教育领域也同样，教育体制与经济发展之间的互动问题被归结在教育体制上。但从高等教育管理体制来说，中央部委所属高校300多所（其中教育部35所），地方政府所属院校700多所，中央政府和省级政府分级投资办学，或是直接管理，逐渐形成分“条”与“块”的体系结构，在短期内集中有限资源办成一批高校。1956年我国普通高校专业设置数量为313个，到了1985年增长到823个，1990年增至841个，建立了比较完整的教育体系，并培养了急需人才，为各行各业发展做出了积极贡献，适应了国民经济发展需要，加速了各级各类教育发展，此时的教育改革进程处于“增量”阶段。但这种体制久而久之会使得不同层级之间的互动减少，成为一个个封闭的系统，政校之间和院校之间存在重复建设而造成资源浪费、办学效益不高等问题。时间到了1992年，改革开放进行了十几年，一些问题逐渐暴露出来，尤其是思想观念层面的意识形态之争越发激烈，姓“社”还是姓“资”的问题成为思想上的“紧箍咒”，束缚了改革的进度与力度。在历史紧要关头，邓小平“南方

① 毛礼锐、沈灌群主编：《中国教育通史·第六卷》，山东教育出版社1989年版，第379页。

谈话”开启了改革开放后的第二次思想解放运动，为继续坚持改革开放坚定了信心，坚持走中国特色社会主义道路，随后在1992年的中共十四大确定今后一个时期的战略部署，开始由计划经济走向市场经济。教育改革与发展也随战略部署加以调整，教育改革的“增量”要继续扩大，但要从粗放式转变为集约式。

第二章 从“计划”到“市场”：教育改革逐步拓展（1993—2002年）

经过各项教育体制机制的恢复与重建，九年义务教育的开展，职业技术教育受到关注，高等教育保持快速发展，我国初步形成了多方面、多层次、多形式、多门类的教育体系，铺开了教育改革的“面”。成人教育、民族教育和农村教育也有了长足发展，地方负责、分级管理的体制取得了突出成绩。但是，我国教育总体水平仍处于比较落后的状况，远不能满足现代化建设和改革开放新形势的需要；教育优先发展的战略地位并未真正落到实地；教育经费投入处于较低水平，教师工资待遇有待提高，办学条件亟待改善，现代学校制度亟待完善；微观层面的课程教学内容与方法在不同程度上存在脱离实际的倾向。教育改革所存在的问题与其体制机制的僵化有关，而这种僵化的深层原因是计划经济与市场自主发展之间的不适应，也是生产力与生产关系不匹配的问题。自十一届三中全会后，解放了思想，也解放了生产力，经济建设取得显著成绩，原有的经济结构已不能适应新的发展形势，于是经济体制改革被提上日程，教育改革体制受此影响也逐步拓展开来。

中国的教育体制改革是随着时代背景和社会发展作出相应调适，不是线性发展，此间有成功也有曲折。从“南方谈话”到中共十四大开启了中国改革开放的新阶段，又是一次思想解放运动，统一了思想和认知，积蓄社会主义现代化建设所需要的力量。1993 年出台的《中国教育改革和发展纲要》作为 20 世纪 90 年代中国教育改革与发展规划的纲领性文献，从战略高度规划了教育改革与发展的目标，明确了教育结构、教育质量和教育效益三方面的要求，制定了各级各类教育改革方针和任务。中共十五大提出“三步走”战略，中共十六大明确“三个代表”重要思想。教育战线在这条路线上有了新的方向，教育引入市场机制办学、政府教育职能转变、高校管理体制改革以及教育投资体制改革，面向现代化、面向世界、面向未来的教育改革进入了一个新的发展阶段，以体制机制为中心的教育改革逐渐为了适应市场经济体制改革而作出相应调整。

总体来看，1993 年至 2002 年为教育逐步拓展期，包括 1993 年至 1999 年的教育市场改革经济趋向规制阶段和 2000 年至 2002 年的面向素质教育改革的启动阶段。1994 年 6 月改革开放以来的第二次全国教育工作会议在北京召开，提出建立与社会主义市场经济体制相适应的教育体制，新一轮的教育改革与发展随之展开。改革主题从“计划”转向“市场”，加速推进教育的经济发展导向，以经济增长为核心战略任务。办学体制取得很大进展，民办学校进入学历教育领域，城市公办学校进行转制改革，农村中小学的办学主体转为以县级政府为主，同时，在公办高校中产生独立学院。虽然凸显了市场对教育的引导作用，且失去“国家主导”的前摄条件，但市场体制机制改革是在国家统筹规划下逐步放开，掌舵者还是党和政府，而不是完全西方式的自由主义，可以说是一种有计划、有规制的市场体制机制改革，教育体制机制改革更是如此。1997 年，中共十五大提出“实施科教兴国战略和可持续发展战略”“深化科技和教育体制改革，促进科技、教育同经济的结合”。1997 年，国务院出台政策，强调要“理顺国家教委与直属高校之间的关系，明确双方的职责、权利和义务，逐步建立政府宏观管理、社会积极参与、学校自主办学相结合的运行机制”。① 在探索市场机制对教育改革的制度催化作用的

---

① 何东昌主编：《中华人民共和国重要教育文献（1991—1997）》，海南出版社 2003 年版，第 4138 页。

过程中，寻求以制度变革加快教育事业发展。这一时期主要包括搭建市场取向的教育体制、教育管理的地方化、多渠道筹措教育经费、发展民办教育、加快公立学校转制改革、高等学校扩招。1998年高校大调整开始，高校扩招也在此阶段开始，高等教育管理体制改革和布局结构调整在市场经济引导下有了新任务。在教育改革适应市场经济改革的同时，开始从教育的社会本位思考个人本位，1999年中共中央、国务院《关于深化教育改革全面推进素质教育的决定》将“专门人才”放置于服务社会和个人的双向目标中，引出教育改革进程中关于社会与个人的关系问题。市场经济与素质教育的结合催生了社会与个人的统合，引发了教育改革目的之探讨。素质教育对基础教育管理体制有着思想先导作用。体制机制为改革规制，也在为教育实践服务。

第一节　教育市场经济改革趋向的规制阶段（1993—1999年）

1993年，《中国教育改革和发展纲要》确立的教育体制改革的总体方向是初步建立起适应社会主义市场经济体制和政治体制、科技体制改革的教育新体制。自1993年起，教育改革在此思想观念的导向下，开始探索包括办学体制、考试招生体制、教育管理体制等在内的从宏观到微观和从理论到实践的体制改革。

一、《中国教育改革和发展纲要》开启教育改革新阶段

20世纪90年代初，经济与科技体制改革先行于教育体制改革，教育落后于经济和社会发展的问题日益凸显，倒逼教育体制作出相应调整。在1988年3月召开的两会上，有代表提出了当时教育改革与发展中所存在的问题。对此，中共中央政治局会议上专门对教育问题进行了讨论并决定拟出解决方案，国务院为研究教育面临的严峻形势和特殊任务成立了教育工作讨论小组，制定新阶段的教育发展战略和发展规划的政策方针。依托原国家教委有关司局组成的教育规划、教育体制改革、教学改革等专题研讨小组，主要负责研究和提出教育改革实施方案。研讨小组进行调查研究和召开专家论证会、专题研讨会等，集思广益作出新规划，起草了《深化教育体制改革和发展教育事业若干问题的思路》（初稿）。鉴于中共中央计划在1989年召开的中央全会

上专门对教育工作进行讨论，研讨小组在1988年12月又起草了三个相关文件，分别是《中共中央关于发展教育事业和深化教育改革的决定》(代拟稿)、《中国教育发展和改革纲要（1989—2000）》(草案)、《中华人民共和国教育法》(草案)，并准备提交中共中央全会进行讨论。1990年1月，原国家教委在全国教育工作会议上就以上文件征求各方意见，同年12月，经国务院同意，原国家教委将《中国教育改革和发展纲要》的第17次修改稿向全国印发，为地方制定教育事业十年规划和“八五”规划提供参照，并征求各地意见以资进一步修正。中共十四大后，原国家教委再次修改《中国教育改革和发展纲要》，并在征求各级单位的建议后，修改完善报送中央。1993年2月13日，中共中央、国务院正式向全国印发了《中国教育改革和发展纲要》(以下简称《纲要》)，成为这一时期中国教育改革的行动指南，具有引领性。

《纲要》确立了20世纪90年代教育改革的主要任务：“两基”“两全”和“两重”，计划在21世纪建构中国特色社会主义教育体系的基本框架。萧宗六对《纲要》作了如下几个方面的思考：“如何完善校长负责制？学校是否具有法人资格？教育如何与社会主义市场经济相适应？如何看待私人办学？”他认为《纲要》最突出的两点是：“一是要放权；二是要加钱。”① 在教育体制改革方面，着重提出“改革办学体制，继续完善分级办学、分级管理的体制，深化高等教育体制改革，改革高等学校的招生和毕业生就业制度，积极推进以人事制度和分配制度为重点的学校内部管理体制改革”②。尤其是明确提出要实现到2000年财政性教育经费支出占国内生产总值4%的比例这一目标——这个数值比例所牵涉的是真正落实教育优先发展战略，更关乎教育高质量发展的现实条件。为了贯彻落实《纲要》实施精神，1994年改革开放后的第二次全国教育工作会议召开，增强了全党全国全社会落实教育优先发展战略的紧迫性和使命感，明确了各级党委、政府和社会团体联合办教育的责任，关键在于切实提供促进教育改革和发展的保障性措施，尤其是增加教育投入，

---

① 萧宗六：《关于学校管理改革若干问题的思考——学习〈中国教育改革和发展纲要〉札记》，《中小学管理》1993年第4期，第4—8页。

② 何东昌主编：《中华人民共和国重要教育文献（1991—1997）》，海南出版社2003年版，第3469—3471页。

提出建立适应社会主义市场经济体制的教育体制。这次会议还讨论了关于《纲要》的实施意见，并在 1994 年 7 月 3 日由国务院正式颁布。遵循《纲要》所确立的总目标，实施意见更着重对各级各类教育发展、教育结构方面的宏观调整，在教师队伍建设方面作出了具体工作目标和重点项目，统中有分。早在 1985 年，邓小平就指出落实教育体制改革，关键需要各级各类教育部门予以高度重视，扎扎实实落实保障机制，做好施工组织。《纲要》颁布后不久，国务院发布《关于〈中国教育改革和发展纲要〉的实施意见》，至此设计出了《纲要》的“施工计划”。

1997 年中共十五大提出“实施科教兴国战略和可持续发展战略”“深化科技和教育体制改革，促进科技、教育同经济的结合”。1998 年，教育部制定了《面向 21 世纪教育振兴行动计划》，被称为跨世纪教育改革和发展的施工蓝图。为迎接 21 世纪，1999 年 6 月召开了第三次全国教育工作会议，决定深化教育体制和结构改革，全面推进素质教育，实施科教兴国战略。同年 6 月，中共中央、国务院颁布《关于深化教育改革全面推进素质教育的决定》，在向市场经济转型中，也在思考如何培养人的问题。

总之，后续的教育改革战略与政策都是基于《纲要》的总体规划而逐步展开的，这一文件总结了新中国成立四十多年来教育改革的经验，尤其是中共十一届三中全会以后改革开放的实践经验，探讨了我国在社会主义初级阶段的国情以及教育工作所面临的形势，规划了到 20 世纪末中国教育改革与发展的战略目标和阶段任务，是一份纲领性文件，具有引领性和前瞻性。对此，有学者认为：“《纲要》是改革开放之后我国教育领域第一个全面改革与发展纲要，为教育改革与发展确立了基本框架。现在我国教育办学体制和管理体制等仍然沿着《纲要》设计的轨迹在发展，并不断完善。”① 它较为完整地确定了 20 世纪末中国教育改革的方向和教育现代化的阶段性任务。

二、以市场驱动办学体制多元化

20 世纪 90 年代后，中国办学体制改革逐渐打破政府统一办学的格局，

---

① 谈松华、丁杰、万作芳：《〈中国教育改革和发展纲要〉的制定及其历史作用》，《教育史研究》2019 年第 2 期，第 9 页。

加强政府与社会之间的联系，发挥社会力量办学的积极作用，鼓励多途径多方式办学，形成以政府办学为主体、社会各界共同参与办学的新体制。在引入市场机制后，形成公办学校和民办学校共同并存的发展格局。1987 年，原国家教委发布《关于社会力量办学的若干暂行规定》明确除企事业单位等社会组织外，私人也可以办学校。但在 1992 年前，民办教育发展还是比较缓慢的。1992 年后，在市场经济体制改革的推动下，民办教育进入发展的快车道。1992 年，中共中央、国务院颁发的《关于加快发展第三产业的决定》将教育定义为第三产业，纳入了国民经济的分析框架，由此逐渐形成“教育产业化”这一术语。随后在 1992 年 10 月中共十四大报告首次提出必须把教育摆在优先发展的战略地位。1993 年提出“211 工程”和 1998 年提出“985 工程”都是为了建设世界一流大学，注重提高高等教育质量。1993 年 2 月 13 日，中共中央、国务院指出：“中小学要由‘应试教育’转向全面提高国民素质的轨道。”这是对此前教育现代化中只见“器”不见“人”的现象开始反思。人的教育现代化才是教育改革的核心，但此问题在这一时期并未得到实质性解决。《纲要》在办学体制改革上，一方面，“进一步确立中央与省（自治区、直辖市）分级管理、分级负责的教育管理体制”；另一方面，“改变政府包揽办学的格局，逐步建立以政府办学为主体、社会各界共同办学的体制”①。同时，深化中等以下教育体制改革，继续完善分级办学、分级管理的体制布局，基础教育以地方政府办学为主，高等教育实行“政府宏观管理、学校面向社会自主办学的体制”，以中央政府和省级政府办学为主，社会各界参与办学。如此，在《纲要》体系中确定了办学体制的基本框架。1995 年《中华人民共和国教育法》规定“国家鼓励企业事业组织、社会团体、其他社会组织及公民个人依法举办学校及其他教育机构”。紧接着，1997 年国务院颁布的《社会力量办学条例》、1998 年的《高等教育法》等重要法律法规都对民办教育的发展采取鼓励态度。特别是《社会力量办学条例》的颁布和施行标志着中国社会力量办学已步入依法办学、依法管理、健康发展的新阶段，

① 何东昌主编：《中华人民共和国重要教育文献（1991—1997）》，海南出版社 2003 年版，第 3469 页。

具体规定了社会办学的发展和审批标准、收费管理、教学质量、管理体制等方面。1999 年，中共中央、国务院出台文件，提出民办学校与公办学校共同发展，逐步扩大高中与高等教育规模，以教育消费拉动经济内需，不断带动相关产业发展。同年，高校扩大招生规模，实行收费制度。从实践层面来看，国有经济的转型和非公有制经济的发展，为民办教育的兴起和发展创造了有利的环境；政府公共教育财政投入虽逐年增加，但还是跟不上教育发展所需，教育资源的供需矛盾一直影响着教育改革进程快慢、结构搭配。市场经济要求的是“效益”，而进一步扩大教育改革的广度和深度需要教育规模化发展，加速教育普及程度，覆盖城乡区域。

伴随办学体制多元化的趋势，城市公办中小学教育体制改革着手推进，1992 年前后，北京、上海等大城市开始进行公办中小学体制改革。大体是将传统的公办中小学改革成“经费自筹、自主管理”，兼具公办和民办学校的混合性质的学校。为了减轻政府财政压力，增加教育的市场供给，1996 年原国家教委提出现有公办学校在条件具备时，可以适当或酌情考虑向“公办民助”学校或“民办公助”学校转变。相应地，农村义务教育也采取了改革措施，由乡村办学转为县级政府办学。1997 年，原国家教委等四部委发出《农村教育集资管理办法》，对农村教育集资行为规范管理。直到 2001 年，国务院作出《关于基础教育改革与发展的决定》，改革了农村义务教育管理体制和办学体制，确定了农村义务教育学校的办学者为县级政府。另外，在计划经济体制下，政企不分，国有企业办学形成了庞大的企业办学体制。1994 年，国有企业分离包括中小学和幼儿园在内的企业社会职能，并在 1995 年确定地方政府接办国有企业分离学校的责任。除国内多种力量办学外，中外合作办学机构和项目数量在 20 世纪 80 年代中后期呈增长趋势。1995 年，原国家教委发布《中外合作办学暂行规定》，对中外办学的范围、主体及审批权限和程序、办学机构的领导体制、证书及外国文凭、学位授予等事项都作出了明确规定。1996 年，国务院学位办下发《关于加强中外合作办学活动中学位授予管理的通知》，规范合作办学的学位管理。《中外合作办学暂行规定》的颁布和学位管理的规范，标志着中外合作办学初步走上了制度化、法治化的轨道。2001 年国务院颁布的《关于基础教育改革与发展的决定》，确定可以对薄弱学校和新成立的学校等公办学校实行民办学校机制的改革试验。2002年国务院出台《关于进一步加强农村基础教育改革的决定》，指出要“大胆破除束缚农村教育发展的思想观念和体制障碍，在农村办学体制、运行机制、教育结构和教学内容与方法等方面进行改革探索”。直到2003年年底，颁布实施《中华人民共和国民办教育促进法》，明确了发展民办教育和教育产业的合法性。办学体制进入多元化时期，突破了以政府为主导、公办学校独尊的局面，利用市场机制吸引社会力量办学，扩大了办学资源。

市场经济导向下的教育体制改革在中国办学体制中举足轻重，由单一的政府办学转变为政府办学为主、社会共同参与的多渠道办学的体制，民办教育在数量和质量上有了快速提升，成为我国教育事业的重要组成部分。办学层次逐步从幼儿教育扩展到高等教育，办学主体和形式日趋多样化。但民办教育在实践操作中存在困难，民办教育同公办教育在地位和待遇上有所不同，同等对待并未完全落实，要实现公办学校与民办学校协同发展的办学体制还需更多时日才能完善。

三、以高校招生和就业制度改革提升高校教育活力

高校招生制度和毕业生就业制度是高校开合一统的两个环节，关乎千万家庭的切身利益。20世纪80年代至90年代初期，高校招生呈现“双轨制”格局，即以国家任务招生为主、以委托培养生和自费生招收为辅。国家在此制度中有着宏观的计划性调控作用，下发招生总数量目标，不免带有很强的行政色彩，这也是在特定历史发展阶段为保证国家重点项目、国防尖端科技、文教事业等领域所需专门人才而采取的措施。在保证国家计划任务的前提下，允许高校根据社会市场需求和学校自身办学情况，逐步扩大委托培养生和自费生的招收比例，此项规定属于调节性计划的范畴，由学校及其主管部门确定详细的招生方案，所需费用也由委托单位和学生家长负担。以上可以看出，高校招生制度还处于计划思维下的制度管理，自教育体制改革后，高校在放权中有了一定的自主权。由于社会需求的多样性增强，计划性招生制度已不能适应社会发展需求，需要从“计划”的“圈地”中解放出来。到1993年，通过委培和自费方式入学的新生占到全部高校新生的一半，适应了社会发展

需求，改变了国家统包统揽的局面。当然，这种“双轨制”也带来了一些问题，如录取资质、文化层次等方面的要求存在差距。为此，1993 年的《纲要》提出，不再区分两种计划形式，改变国家包揽学生上大学和就业工作的做法。通过设立奖助学金，逐渐形成部分培养费由高校学生自己缴纳的制度。1994 年 4 月，原国家教委颁布《关于进一步改革普通高等学校招生和毕业生就业制度的试点意见》，进一步深化高校招生制度改革的具体措施意见。主要包括收取培养费、奖贷学金制度等。在考试形式上，主要以文化考试为主，在此基础上，逐步实现考试形式的多样化。其中最重要的是实行“并轨”招生。1996 年，“并轨”招生已占全国招生学校、招生人数的三分之二。1997 年，全国所有普通高校实现了招生“并轨”。这项改革是中国高等教育综合性改革的关键环节，牵涉到高校招生、收费、教学、学生管理和毕业生就业等多个方面。在改革过程中，全国高校遵循《普通高等学校招生暂行条例》的基本原则和规范，结合新形势，系统整合原有的高校招生管理办法，通过完善体制机制以使得招生管理更为规范化与科学化。1999 年后，各高校陆续开始制定、公布招生章程，进一步明确了按章招生的规制。对于招生管理，这一阶段的明显转变是招生办法有了市场调节，在计划之外有了弹性空间，不再是一成不变，招生监察、监督和收费管理等方面有了改进和规范，保证了高校招生工作的顺利进行，并为后来高校招生体制的创新奠定了基础。

招生是高校办学工作的起始环节，就业是高校办学工作的闭合环节。毕业生就业关乎学生乃至家庭的实际利益，更与社会安定和谐直接相关。20 世纪 90 年代，我国高校毕业生就业制度渐渐从计划分配转向以市场为导向的双向选择。市场经济在这一阶段还在探索阶段，体制机制也在重新规制。1993 年的《纲要》明确提出要突破国家统一分配的制度，少数毕业生由国家统一分配，多数毕业生在市场竞争中自主择业。当时对于这一体制的改革，主要分为两步。第一步，在原有的计划分配中，实行毕业生与用人单位的接洽，按需进行双向选择，还毕业生一定的自主择业权。委培和定向培养生则按照毕业生与原单位的合同就业，自费生自主择业。换句话说，这一步是老调新弹。第二步，建立社会主义市场经济下的劳动人事制度，除师范生和边远地区的毕业生实行定向就业外，在国家大政方针指导下，将供需关系放置于市场竞争中，让毕业生自主择业。[1] 这两步的区别在于实行自主择业的范围不同。在实际改革中，大多数高校还是在第一步中“稳中求进”；有条件的高校对第二步进行探索性的尝试，毕业生就业制度改革于是进入改革的大浪潮中，这一步的关键在于落实毕业生与用人单位的供需见面会和双向选择会。为此，原国家教委于 1997 年颁行《普通高等学校毕业生工作暂行规定》，从体制机制层面为“计划”到“市场”的改革保障到位。在制定就业计划时，中央及省级教育行政部门与有关部门根据招生“并轨”改革的进程和本地区、本部门的实际情况，确定所属高校毕业生的就业范围。[2]

高校招生制度与就业制度改革是市场经济趋向规制集中体现的一点，不再以国家计划性指标为圭臬，而是探索在市场调适中给予高校招生自主权，并从市场需求来接纳高校毕业生，其实质就是政府教育管理部门对教育权力的“放”，从“统包”中“脱手”，为高校办学增加了活力，以期建立合理、公平和社会化的高考招生制度。自 1998 年后，“社会对人才培养规格要求发生了较大的变化，即复合型、通用型、一专多能型人才需求总体上长期趋旺”。[3] 这对招生和就业的传统习惯产生了冲击，需要基于市场需求做好高校人才的“进”与“出”。经过改革开放近二十年的实践，中国产业结构有了变化，第二产业和第三产业需求量加大，倒逼高校专业设置、招生名额以及毕业生就业具有弹性自主空间，这符合个人和社会发展的要求。尤其是以原子能、电子计算机技术等发明和应用为标志的第三次工业革命，深刻地改变了人类的生产生活方式，使得高校人才培养模式必须对接市场需求，并通过体制改革框定了市场经济趋向的高考招生体制和毕业生就业体制，初步处理了“统一”与“多样”之间的矛盾。高校招生和毕业生管理体制改革在教育系统中有着引领性的作用。在市场经济作用下，一些著名高校进行改制，在 20 世

① 何东昌主编：《中华人民共和国教育史（下卷）》，海南出版社 2007 年版，第 923 页。

② 何东昌主编：《中华人民共和国重要教育文献（1991—1997）》，海南出版社 2003 年版，第 4175—4176 页。

③ 谢仁业：《素质教育为目标，建立科学、公正、社会化的高考招生制度》，《上海高教研究》1998 年第 3 期，第 36 页。

纪八九十年代成为中国高等教育改革的“缩影”。为了适应国家经济发展，高等教育需进一步改革与发展，高等院校的招生“并轨”改革打破了教育界传统的办学模式，有利于市场经济体制机制进入教育领域以及全面推行招生就业改革，促进了高、中等阶段毕业生“缴费上学、自主择业”新体制的形成。

四、通过改革教育投入体制加大财政支持

20 世纪 90 年代后，在逐步确立社会主义市场经济体制和实施科教兴国战略的基础上，保证教育经费投入的稳定和持续增长成为重要保障，为此就要妥善解决国家、社会、集体和个人合理分担教育经费的问题。这一时期，政府大力增加了教育投入，着力完善教育财政体制，采取切实措施完善教育经费筹措机制，使得教育投入有了较快增长，教育经费投入增加，维持了教育改革所需的经费保障。完善教育投资机制、增加教育经费成为基础保障，其中教育投入体制改革的关键在于健全和完善教育经费多渠道筹措、形成教育经费稳步增长的机制，并通过立法加以法治化。更加明确的是：确定国家财政性教育经费支出占国内生产总值的比例达到 4%。此举对教育事业的发展有着重要意义。至此以财政拨款为主，其他多种渠道筹措教育经费为辅的体制建立。国家财政性教育经费随经济发展和财政收入的增加而提高，形成“财、税、费、产、社、基”六条教育经费渠道来源。同时，减免地方教育附加，扩大教育经费来源。基础教育领域采取多渠道筹集教育经费的政策，使教育经费的构成渐趋多样化，包括来自社会团体和公民个人的办学经费、社会捐资、集资办学经费、学费和其他非财政性教育经费的收入。各级学校学杂费的收入在 1996 年占全国教育经费总投入的 11.5%。到了 2000 年，这一比例上升为 15.5%。到 20 世纪 90 年代中叶，以政府财政投入为主、辅之以多渠道投入的教育投资新体制基本形成。

农村教育投入对教育改革进程的快慢有着直接影响。2002 年 4 月，国务院提出，在“分级办学、分级管理”体制下进一步完善农村义务教育投入体制，建立保工资、保运转、保安全的“三保”机制，各级财政对农村义务教育经费投入有了明显增加。1997 年，全国农村义务教育经费预算内拨款为 430 亿元，占当年农村义务教育经费总投入的 54%；2002 年，全国财政预算

内对农村义务教育的拨款达到 990 亿元，占当年农村义务教育经费总投入的 78.2%，五年间增加了 1.3 倍。多渠道筹措教育经费以增加教育投入，实现教育投资体制多元化共建，增加义务教育和农村教育改革投入。“在 1994—2000 年间，全国累计征收的教育附加费高达 825.4 亿元，收取的学杂费也累计达到 446 亿元，增长幅度已经超过国家财政预算内农村义务教育支出的增长幅度。”① 中央财政加大了对农村义务教育的专项支持。同时，为了改变国家包办教育的局面，高等学校自 1986 年开始招收收费的“委培生”和“自费生”，1989 年开始向学生每年收取 100 元到 300 元不等的学费，此后高校学费逐渐增加，到 1997 年高校统一实行“公费生”和“自费生”并存，统一收费，1999 年高校扩招正式形成体制机制。2000 年，中等专业学校和高中也开始收取学杂费。非义务教育成本分担制度有了实质性推进，初步建立了高中阶段、高等教育等不同程度的成本分担制度。这一转变也是适应了市场经济体制的发展需求，以经济建设为中心，缓解了教育经费短缺之困境，影响着办学机制和教育消费观。政府鼓励和提倡社会各界捐资助学和集资办学，扩大社会力量对教育发展的支持。从以上不难看出，这一时期，教育被赋予了“产业化”职能，过度扩大了教育的经济功能。

五、经济导向：从计划经济到市场经济转轨时期的教育多元管理

十一届三中全会将经济建设作为国家工作重心，由此中国教育改革开始走向新时期。中共十四大提出改革目标是建立社会主义市场经济体制，市场在教育改革中发挥着愈来愈大的作用，虽然教育改革自上而下的单向性开始位移，市场、社会和家庭等对教育改革的影响不容忽视，但政府依然是教育改革的主导力量。以经济建设为中心成为 20 世纪八九十年代的指导方针，中国教育改革的进行也坚持以经济建设为中心。

1993 年 2 月颁布的《中国教育改革和发展纲要》指出“初步建立起与社

① 张秀兰主编：《中国教育发展与政策 30 年（1978—2008）》，社会科学文献出版社 2008 年版，第 97 页。

会主义市场经济体制和政治体制、科技体制改革相适应的教育新体制”[①]，从而更好地服务于社会主义现代化建设。为满足教育改革的现实需要，简政放权随着教育产业化与体制改革的开展而逐步推进。通过多元管理来激发教育活力，开启教育政策范式转型，“构建了具有‘选择性’特征的工具性框架，教育政策的‘市场选择’范式逐渐形成”。[②] 转向市场经济的教育改革使得受教育者有了更多教育选择，形成市场领域中的“双向选择”。多元化管理源自对体制机制改革，进一步说是思考教育本质的结果。

法律是市场经济运行的坚强后盾，对于教育领域而言，教育法治化预示着教育发展的现代性增强。中共十五大提出“依法治国”方略，“法治”随之渗透于教育改革的方方面面。从人力资本理论的视域看，教育所开发人力资本的效益远在科学技术和社会资本之上，经济竞争的关键在人才，而人才的依赖在教育。教育在市场经济的自由竞争中存在两方面作用：一是提升国民素质，二是培养人才。“随着一系列法律、政策的出台，市场机制与效率逻辑迅速成为经济社会生活的主导性逻辑。”[③] 社会主义经济建设离不开教育提供的强大智力支持，教育改革在应对复杂的各种关系时，力求“全面把握”和“统筹处理”，关于教育改革的顶层设计、制度改良、利益调适和改革评估等在政府主导、社会参与下进行。经济建设的长期性决定了教育改革的持久性，教育要适应经济发展之需要，必须在冲突-调适中循环更替。虽然经济的高增长为教育发展的导向仪被确立，但各方对教育发展什么、如何发展、发展方式如何等问题方案不够成熟，改革对公平重视还不够，对经济效益的追求有些过度，对教育质量的提升重视也还不够。

从 1985 年的“教育必须为社会主义建设服务，社会主义建设必须依靠教育”到 1993 年的“教育必须为社会主义现代化建设服务，必须与生产劳动相

---

① 何东昌主编：《中华人民共和国重要教育文献（1991—1997）》，海南出版社 2003 年版，第 3469 页。

② 孟繁华、张爽、王天晓：《我国教育政策的范式转换》，《教育研究》2019 年第 3 期，第 137 页。

③ 李友梅：《当代中国社会治理转型的经验逻辑》，《中国社会科学》2018 年第 11 期，第 59 页。

结合，培养德、智、体全面发展的建设者和接班人”的基本方针，再到1995年第八届全国人民代表大会第三次会议通过的《中华人民共和国教育法》以法律形式确定了“教育必须为社会主义现代化建设服务、为人民服务，必须与生产劳动和社会实践相结合，培养德智体美劳全面发展的社会主义建设者和接班人”，基本确立教育改革与发展的基本方针路线。中国教育改革的实践也证明了改革具有可预判性，至少在相当长的一段时期内是可以作出某种合乎实际的判断。计划经济转向市场经济也是如此，经济从“温饱发展”走向“小康发展”，教育改革也与经济改革目标进行对接。“在探讨教育应如何适应市场经济进行改革时，报刊和会议上曾有过三个颇有影响的口号或观点，即‘教育产业化’‘教育市场化’‘学校企业化’”[①]，影响了同经济发展体制改革紧密相关的教育体制机制，突破了计划经济体制对教育改革的阻碍，满足了经济导向的多样化需求，与之相应的教育多元管理在政府、社会、学校、家庭的共同参与下形成。但是，经济导向型改革追求教育的经济作用有相当偏颇，使城乡之间和区域之间的差距拉大，对教育公平与社会和谐的冲击逐渐显现，在进入21世纪之初，已然成为教育改革不得不面对的问题，必须探寻新的改革方向。

第二节　教育市场经济改革实践的强化阶段（2000—2002年）

早在1998年底，教育部对高校招生工作做进一步改革，按照“有助于高等学校选拔人才、有助于中学实施素质教育、有助于高等学校扩大办学自主权”的原则，对学习科目、考试内容、高考形式和录取方式进行了改革。1998年决定高校扩招，1999年高校扩招进入正轨。高校扩招对教育改革的市场经济导向有着强化作用，同时在高校内部“要积极推进以人事制度和分配制度改革为重点的学校内部管理体制改革”，实行高校后勤部门的市场化。相同地，基础教育体制在这一阶段随着政府职能的转变而有所改革，中央政府进行“放权”，地方政府和学校拥有更多的自主权，但如何合理配置管理权

① 王善迈：《社会主义市场经济下的中国教育体制改革》，《北京师范大学学报（社会科学版）》1994年第6期，第42页。

限，各级政府间关系和权责问题，以及学校可以有哪些自主权等问题，成为20 世纪 90 年代后期至 21 世纪初期中国基础教育体制改革的核心问题。

一、全面推进高等教育管理体制改革

高等教育管理体制改革是这一阶段关乎教育改革全局的问题，为此，国务院成立院校体制改革协调小组，全面开展高校管理体制改革。尤其是高校内部管理体制改革，以 2000 年 6 月，教育部联合多个部门印发《关于深化高等学校人事制度改革的实施意见》为标志。高等教育管理体制改革是面向 21 世纪的高等教育探索，建立健全高校学科专业，实现规模效益，提升人才培养质量，与社会主义市场经济体制和教育现代化需要相适应。高校管理体制改革要解决的是政府与高校、中央与地方、教育行政部门与其他业务部门之间的关系问题，逐步建立中央和省级政府分级管理、各尽其责，且以省级政府管理为主的新体制，实现高等教育规模、质量、结构和效益的有机统一。早在 1994 年后，国务院先后召开了四次高等教育体制改革座谈会，总结了过去教育管理体制改革的经验和存在的困境，形成了“共建、调整、合作、合并”的高等教育管理体制改革方针，在此方针指导下，高等教育管理体制改革在全国范围内开展且不断深化。1997 年，中共十五大明确提出“优化教育结构，加快高等教育管理体制改革步伐，合理配置教育资源，提高教学质量和办学效益”。这一决定指明了高等教育管理体制改革的方向。之后的几次会议确定在“八字方针”的指导下，力争在 21 世纪初完成高等教育管理体制改革高等教育结构布局，以适应高等教育大众化的发展要求。到 1997 年，“全国普通高等学校的数量已从 1992 年的 1053 所减至 1020 所（其中民办高校 20 所），成人高等学校的数量从 1992 年的 1256 所减至 1107 所。普通高校校均本专科生规模从 1992 年的 2070 人提高到 1997 年的 3100 人，生师比从 7∶1 提高到 10∶1，办学效益得到提高”。①

自 1985 年教育体制改革全面开启以来，高等教育管理体制改革一直在不

① 何东昌主编：《中华人民共和国重要教育文献（1998—2002）》，海南出版社 2003 年版，第 3 页。

断完善，并在实践中形成了一些基本思路："淡化和改革学校单一的隶属关系、加强省级人民政府的统筹、变条块分割为条块有机结合。"[①] 1998年到2000年三年时间内进行的三次大规模高校调整，标志着中国高等教育管理体制取得了历史性变革突破，面向21世纪的高等教育格局形成。1992年至2002年间，中国由708所高等学校（其中普通高校493所，成人高校215所）合并组建为302所高等学校（其中普通高校278所，成人高校24所），共减少了406所高校。通过合并调整，如浙江大学、四川大学等一批院校成为文、理、工、农、医等各大学科门类比较齐全、规模较大的综合性大学。[②] 需要补充的是，高等独立学院的出现得益于这一时期计划经济体制向市场经济体制的转型过程中提供的宽松的政治经济环境。独立学院产生和快速发展的内在动力是为了满足社会对高等教育提出的多样化需求。独立学院发源于1992年到1995年间公立高等学校内部以民办机制运行的二级学院，于1999年开始的高校扩招期间形成规模。然而，独立学院刚开始并未得到中央政府的承认，主要是由于独立学院是在公办学校和地方政府合力共建中发展起来的，故而中央政府的教育统计报告中并没有记录，因此在2003年前并没有关于独立学院的数量的准确数据。独立学院的产生与发展是教育向市场经济转轨的一种折射，也体现了高校扩招的规模化需求，高等教育从精英教育转向大众化的趋势逐渐明晰。2002年全国普通高校招生320.5万人，高校在校生数达1600万人，高等教育毛入学率达15%，高等教育迈入大众化阶段。瑕不掩瑜，高校扩招是招生体制改革的延展，适应了市场经济对人才所需要求，但也带来了家庭负担加重、毕业生就业压力大等问题。为此，2000年后，各级各类学校建立和完善了贫困学生资助体系，实施"希望工程计划""春蕾计划"等，帮助困难家庭子女完成义务教育学业，各地方政府因地制宜落实"两免一补"政策。教育投入体制还着手鼓励校办产业，增加学校收入。到2001年底，高校通过技术转让所获资产总额达到745.56亿元，实现销售收

① 周远清：《加速高教管理体制改革势在必行》，《中国高等教育》1998年第2期，第11—15页。

② 中华人民共和国教育部编：《跨世纪中国教育》，高等教育出版社2002年版，第139页。

入452亿元，利润32亿元。这种教育产业思想与实践刺激了经济发展，促使政府建立更为有效的教育管理体制，确定近期、中期和长期应当优先解决的战略重点问题，并对高校管理作出相应调整。

2000年6月的《关于深化高等学校人事制度改革的实施意见》开启新一轮高校人事分配制度，引进竞争机制，精简机构，进行人事管理制度创新，全面建立和推行聘用制度；合理运用分配杠杆，实行津贴制度，建立激励机制。经此人事管理体制改革，高校教职人员的工作积极性被激发出来，高校学科建设、人才培养、科研水平和管理水平都有提升。另外，高校后勤也进行了社会化改革，引入市场机制，利用社会资本和力量建设后勤设施和教学科研设施，提供了后勤服务能力和保障能力。高校管理体制从台前到幕后有了制度创新和效能提升，为高校教育活动的良性运行增添了可能。而早在1994年，全国高等教育管理体制改革座谈会在上海召开，会议上形成的若干意见为教育改革提供了具体指导方向。1998年《关于加快高等教育管理体制和布局结构调整工作的意见》提出："以共建、合并等联合办学的主要形式，淡化和改变学校单一的隶属关系，由条块分割转变为条块有机结合。"1998至1999年是中国高校扩招由计划步入实施，并正式开展的过渡期，既是市场经济发展的需要，也是产业转型倒逼对人才培养规模进行改革。1999年6月，原国家发展计划委员会和教育部对普通高校扩招计划进行了调整，由1998年的108万人增加到154万人，增长43%，1999年实际招生达159.7万人。与此同时，高校内部管理体制也开始了面向市场机制的改革，逐步建立和完善学校能主动适应国家经济和社会发展的学校内部管理体制和运行机制①。许多高校在校内管理体制改革与学科领域的改革方面并驾齐驱，重新调整教研组，将原来实行的校、院、系并存的三级管理过渡为以院（或系）为实体，实行校、院（或系）两级管理体制。同时，教学岗位实行聘任制，加强了教师队伍建设，使教学质量提高有了保障。对于高校内的党政机构采取定岗定编、明确职能责任、同步调整的办法，从而达到优化机构人员、明

① 何东昌主编：《中华人民共和国重要教育文献（1991—1997）》，海南出版社2003年版，第3372页。

确部门职能和提升办事效率的目的。高校在人事分配制度改革方面也有了较大突破，高校内部管理体制改革的进程进一步加快了。

1995年5月，科教兴国的战略首次确立并在全国实施；2001年3月，中国将人才战略上升为国家战略。这两个战略的提出是中共中央在综合分析我国面临的国际国内形势下为适应社会主义现代化建设而作出的重大战略决策，推进了中国教育改革与发展，将教育摆在了“兴国”“强国”的作用发挥上。由此，“教育现代化”“科教兴国”“人才强国”三大战略共同构成了教育改革拓展期的战略布局，继续在教育内部凝聚力量，尽可能适应外部发展，通过制度变革推动教育改革进程，“通过成长和在变化多样的环境中建立更多的联系，不断在改进和完善，内部的联系和外部的联系必须在动态相互作用中共存”。① 这一阶段的教育改革在市场经济体制的引导和刺激下，其经济效能得以扩大，但凸显的问题也越来越多，所要应对的问题也在不断变化，体制改革在强化教育经济规制的同时，也为高校内外管理提供了新理路。

二、基础教育管理体制为素质教育“护航”

2001年国务院《关于基础教育改革与发展的决定》的制定和推行，加快了基础教育管理体制改革的节奏，以“素质教育”为新任务的各种实验学校和教育改革区先后设立，课程开始实施国家、地方和学校三级管理体制，同时积极吸纳高等院校和科研组织机构专家、学者和中小学教师投身到基础教育改革中。早在1987年4月，时任国家教育委员会副主任柳斌在九年制义务教育各科教学大纲统稿会上提出：“基础教育不能办成单纯的升学教育，而应当是社会主义公民的素质教育。”② 这是素质教育的概念在我国首次被提出。20世纪90年代后期，“素质教育”的概念、内涵和时代意义等相继被提出并得以明确。到1999年第三次全国教育工作会议召开以后，对素质教育的认识和理解基本趋于统一，尤其是基础教育改革开始涉及构建素质教育目标、体

---

① ［加］迈克尔·富兰著，中央教育科学研究所、加拿大多伦多国际学院译：《变革的力量——透视教育改革》，教育科学出版社2004年版，第53页。

② 柳斌著：《关于基础教育的思考》，上海教育出版社1992年版，第109页。

制安排、课程结构、教学体系等，由此中国基础教育改革进入新历程。体制改革为素质教育实施途径、办学模式、区域试点等指明了方向，深入探讨和实践了建设素质教育的师资队伍、构建评价体系、改革考试制度以及培养学生创新精神和实践能力等问题，涌现出了一大批素质教育实验学校，推动了考试招生体制改革，深化了教育教学改革，使教育教学质量有了明显提高。体制机制在市场经济与素质教育的共同作用下有了新的变革方向，制度为社会和个人服务的趋向愈发明确。当然，基础教育体制改革仍是国家主导，不论是教育改革政策的制定，还是改革实践活动的推进，国家的主导力量未变。1999 年，中共中央、国务院印发的《关于深化教育改革全面推进素质教育的决定》提出："以提高国民素质为宗旨，以培养学生的创新精神和实践能力为重点"，培养合格的"建设者和接班人。"① 素质教育的实施需要体制机制的保障，1994 年开始的中央与地方的分税制使地方财政收入尤其是乡镇一级的财政收入大幅下降，而基础教育以乡镇地方政府为管理投资主体，因此基础教育财政严重不足，导致基础教育政策在实践中遇到重重阻碍。对此，时任国务院总理朱镕基说道："现行基础教育体制特别是农村义务教育体制的最大问题，是既无法保证义务教育经费的稳定来源，又为乱收费、乱摊派敞开方便之门，造成农民负担过重，到了非改不可的时候。"②

20 世纪 90 年代后期，基础教育改革与发展逐渐转移到以县级管理为主。2001 年国务院发布《关于基础教育改革与发展的决定》对基础教育管理作出调整，提出"在国务院领导下，由地方政府负责、分级管理、以县为主"③的管理体制，尤其是义务教育投资主体的重心由以乡为主调整为以县为主。到 2002 年底，全国有 97％的县已实行"以县为主"的新体制。④ 在基础教育

① 何东昌主编：《中华人民共和国重要教育文献（1998—2002）》，海南出版社 2003 年版，第 286 页。

② 何东昌主编：《中华人民共和国重要教育文献（1998—2002）》，海南出版社 2003 年版，第 926 页。

③ 何东昌主编：《中华人民共和国重要教育文献（1998—2002）》，海南出版社 2003 年版，第 926 页。

④ 张秀兰主编：《中国教育发展与政策 30 年（1978—2008）》，社会科学文献出版社 2008 年版，第 98 页。

投资体制方面，随着不断深入的改革和全面推进的“素质教育”，国家高度重视基础教育，尤其是投入越来越多的农村义务教育经费。2001年《关于基础教育改革与发展的决定》提出，农村教育费附加的征收和管理工作要稳步推进，在实行税费改革试点的地区，对因税费改革而减少的教育经费，地方政府应在改革后的财政预算和上级支付资金中优先安排，尽可能确保当地农村义务教育投入不低于农村税费改革前的水平。“在县级政府将教育管理责任上收的同时，资金的供给责任却仍然由乡镇政府承担。”[①] “以县为主”的管理体制，并未真正触动农村义务教育的财政体制。关于这一阶段的基础教育投资体制还有待于完善之处。在办学体制方面，为了进一步加强社会力量办学，各级政府规制了社会办学，对民办学校的管理体制、机构设置、收费规范等赋予了一定自主权，特别是在资金和政策上给予很大支持。在基础教育考试和评价方面，为贯彻落实“素质教育”，1999年，教育部印发《关于初中毕业、升学考试改革的指导意见》，对初中毕业考试做了新规定，提出“毕业生考试与升学考试，可以二考合一进行，也可以分开进行”。[②] 1999年6月提出要“加快改革招生考试和评价制度，改变一次考试定终身的状况”“在普及九年义务教育的地区，实行小学毕业生免试就近升学的办法”。同时，“鼓励各地中小学自行组织毕业考试，采取多种形式改革高中阶段学校的招生办法，改革高中会考制度”。[③] 虽然各项基础教育体制为“素质教育”打开了道路，中央和地方政府也竭尽所能地提供制度和政策支持，但不能仅仅靠国家支持，还需各级教育行政部门、各中小学领导在这一阶段的基础教育改革中建立相应的保障机制意识。总的来说，基础教育在这一阶段处于快节奏改革进程，“素质教育”成了这一阶段乃至后来很长一段时期我国基础教育改革的价值取向。在素质教育理念下，开始对市场经济的规制予以教育内部反思，以人为

---

① 财政部教科文司、教育部财务司、上海财经大学公共政策研究中心课题组编：《中国农村义务教育转移支付制度研究》，上海财经大学出版社2005年版，第156页。

② 何东昌主编：《中华人民共和国重要教育文献（1998—2002）》，海南出版社2003年版，第253页。

③ 何东昌主编：《中华人民共和国重要教育文献（1998—2002）》，海南出版社2003年版，第286—288页。

本的教育改革观念开始“萌蘖”。

三、个人本位与社会本位：教育改革的目的之争

市场经济与素质教育的结合是教育改革进程进入快车道后的“后视镜像”，在“快”中思考教育的“慢”。在教育体制机制改革中，现代公民素养被上升为制度安排，面向市场寻求经济发展的同时，将人的知识与能力素养纳入社会发展所需中。基于价值选择的不同，教育改革充斥着个人本位与社会本位的目的之争（见图 2.1）。个人与社会构成了生活世界，在实践交互中

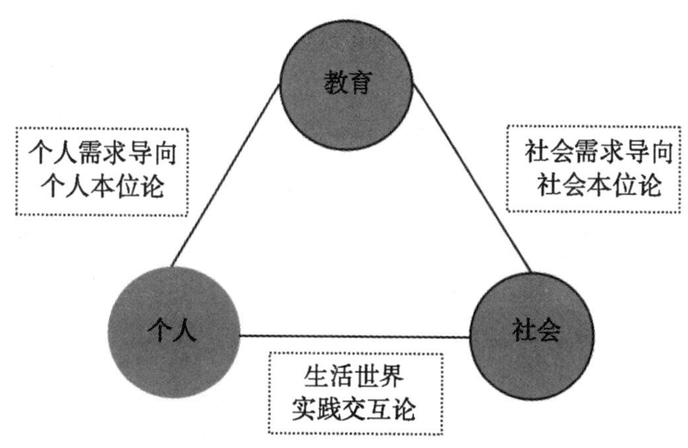

图 2.1　个人、社会与教育之间的关系

丰富生活要素，推进人类文明进程。两者之间不是单一存在的，而是同时存在于一个时期，只是在不同阶段会有侧重：1978 年到 1999 年这一期间大致以社会为主，个人为辅；1999 年中共中央、国务院《关于深化教育改革全面推进素质教育的决定》的出台，“坚持实现自身价值和服务祖国人民的统一”[①]。教育改革的个体性教育的目的性增强，将“人”的个性放置在共性之中，而不再忽视；接着在后续的教育改革进程中，个人与社会逐步走向协同并进，致力于进一步强化“教育为国家发展服务、国家为教育进步服务”的“双服务”取向特征，这就要凸显出教育改革进程中个人成长与社会发展的双

① 何东昌主编：《中华人民共和国重要教育文献（1998—2002）》，海南出版社 2003 年版，第 287 页。

重目的。这是教育改革进程推进的结果，不是直线发展，而是曲线演进。教育改革拓展期是教育改革目的之争的开端，影响着教育改革进程中的“效益”与“质量”问题。

进入 21 世纪后，教育工作者对教育改革的反思愈加深入，对教育一味为经济发展服务的经济取向予以批评，主张还教育以教育性，按照教育自身规律和人的发展规律办教育、改革教育。在四十年的教育改革进程中，教育改革从一开始关注社会发展到关注个体的个性和主体性，再深化到个体的生命性，主要是围绕人的个体社会化而展开的。但过度强调个体性发展，也会带来个性过度张扬和极端不可控因素的存在，这不是现代教育所要的结果。

过于强调个性教育会带来泛自由问题，而社会本位论则将教育改革的方向定位于符合社会规范和传统习俗的共同性的行为方式，例如，传统价值观、伦理规范等，将社会组织中的各种社会关系注入教育中，使得学生个体具有个性的同时，能够适应社会发展。教育改革中人的社会性主要体现在社会规范、社会观念和社会认知三个方面，通过教育改革举措强化学生的社会能力[①]，提高其服务社会和国家发展的能力。马克思认为，“人的本质不是单个人所固有的抽象物，在其现实性上，它是一切社会关系的总和”，“人实际上是属于一定的社会形式的”。[②] 这为教育的社会本位寻找到了学理支撑，而在实际层面也是如此。人是社会化的存在，“一个地区教育事业办得好不好，一个学校办得好不好，不是只看有多少人考上大学和研究生，多少人出国，而主要是看培养出多少为社会主义建设各项事业实际需要的、德才兼备的合格人才，这才是衡量教育工作的根本标准”。[③] 中国教育改革是由国家主导并联合多元主体共同推动的，国家或社会需要是教育服务于国家的外在要求，外在动因通过内在动因起作用。将国家和社会的整体行动中的方向作用于教育改革，使其反复进行知识整合或创新，将诸多符号化的信息、知识、制度或

---

① 孙杰远：《论学生社会性发展》，《教育研究》2003 年第 7 期，第 67—71 页。

② 中共中央马克思恩格斯列宁斯大林著作编译局：《马克思恩格斯选集 · 第一卷》，人民出版社 1995 年版，第 60 页。

③ 人民教育出版社编辑出版：《教育改革重要文献选编》，人民教育出版社 1988 年版，第 384 页。

政策赋予教育价值内涵，完成育人化人的内在任务要求。社会本位对教育而言的优点不言而喻，但凡事过犹不及，社会与国家发展的先导性也为教育改革带来很多问题，诸如“教育功能功利化、教育阶级性泛化、公民教育极端化、办学模式单一化、教育内容演绎化、教育过程模式化等”。① 因此，自2012年以来，教育改革从公平与效率转变为公平与质量，基于宏观、中观、微观三个层面，尽可能地协调个人与社会之间的隔阂。

个人本位与社会本位都是人学视域下不同角度的教育景观，两者由对立逐渐走向兼容。在此基础上，按照马克思的理解，现实的人的存在是类、群体与个体“三位一体”的存在，分别对应着人的类特性、群体性和个体性。“对一个人来说，只有在个体、群体、类的关系中协调发展，才称得上自由、全面和充分的发展。”② 如此突破了个人本位和社会本位的二元思维，使个人本位与社会本位随着教育改革进程的推进逐渐走向融合。一方面，教育改革既是国家发展需要，也在对接人的发展需要，终归应该且必须是对“人”的关照。此过程即“认识你自己”，以此不断地去审视教育改革的起点、过程与结果。另一方面，教育改革本身即属于整个社会改革的重要组成部分，它受制于政治、经济、文化、科技等因素，同时，又反过来制约着这些因素。关于教育改革的制度设计或是政策决议是不同社会群体之间轮番博弈的结果，教育改革进程充斥着各方利益之间的互动或交锋、沟通或对抗，最终在某一人群中会存在增减或保持不变的情况，例如1985年、1993年、1999年、2010年等教育关键年份就是教育资源重新部署的阶段。其不变的思想在于，教育改革始终存在“国家主导”的决定性力量，人民主体教育思想在制度和政策演变中不会变，这是由党和政府的根本宗旨所决定的。在实际探索过程中，教育与个人、社会之间的关系在稳定前提下，教育工作者或研究者多以批判的眼光重新诠释教育体制机制的价值，不断修正教育育人文本的方向。“人类生活的真正价值，恰恰就在于这种审视中，存在于这种对人类生活的批

---

① 刘宇文：《论社会本位思潮对教育的影响》，《高等教育研究》2005年第9期，第40—44页。

② 沈湘平：《从人的发展看主体教育的目的》，《教育研究》2004年第6期，第17—18页。

判态度中。”[①] 教育改革趋向于个人与社会的融合。人学观照下的教育改革体现在教育制度、教育政策、教育目的和课程等方面，同时，人学观会作用于政治、经济、文化等来影响教育与人的发展。人是一切活动和关系的主体，创造属于自己的历史和存在。人发展成什么样，主要受教育的影响；而有什么样的教育目的、教育内容和教育方法源于教育改革对“人是什么”的理解。教育改革必须是“整个的个体”，又难以是“整个的个体”，这便是“集体行动的逻辑”。[②]

教育改革内含坚持以人为本、推进素质教育的要求，各级各类教育不论是哪方面的改革，要通过良好的教育制度和行为来促进学生的道德品质和人格特质的形成。提高国家教育治理能力是为了更好地培养高素质人才，没有以人为本的价值取向，教育改革与发展以及学校的管理与教学任务就会偏离正确的轨道。“正是在这个意义上，各级各类学校作为一类特殊的社会组织才能区别于科研机构、企业或政府部门等。”[③] 提高国家教育治理能力需要确立“育人为本”的价值取向，兼顾个人与社会、国家与教育的双向发展，这本就是被历史实践所检验过的教育规律。育人为本是各级各类教育的根本价值取向，也是对当前教育存在片面追求成绩而忽视学生身心健康发展的现象的反思与纠正。提高国家教育治理能力自然是不能忽视以人育人意识，各级各类教育都要摒弃一些不正确的教育价值取向，让教育重新回到以人育人的价值理念上来。

中国教育改革进程中还包含城镇化进程中的教育改革。城镇化进程中的教育改革目标、教育体系、教育机会均等、教育布局优化等，其根本要求是要突破城乡教育二元结构引起的教育制度的二元分割格局，以期形成城乡一体化的教育体制机制，同频共振地推进整体教育改革。新型城镇化进程中的

---

① ［德］恩斯特·卡西尔著，甘阳译：《人论》，上海译文出版社 1985 年版，第 8 页。

② 樊浩：《道德形而上学体系的精神哲学基础》，中国社会科学出版社 2006 年版，第 322—323 页。

③ 顾明远、石中英主编：《国家中长期教育改革和发展规划纲要（2010—2020 年）解读》，北京师范大学出版社 2010 年版，第 20 页。

教育管理改革要想突破城乡教育二元结构和制度的“割裂”状态，建构城乡一体化的教育制度，必须要看到“割裂”的二元教育制度是嵌套在更为宏观的二元社会制度中，需要教育之外的制度支撑。从这一层面上看，教育改革带有很强的社会改革色彩。为何城镇化进程对教育改革进程有助力之说，因为城乡教育一体化建设在城镇化建设中从组织结构到制度设计得以保持一致性，加强了对教育组织、协调和管理的能力。规制了教育公共服务体系的国家标准，为推进教育改革的公共服务做了导向。城乡一体化的教育管理体制加强了教育规划与城乡经济社会发展、教育公共服务供给等规划的衔接性，推动了“多规合一”，并通过教育改革制度的顶层设计，加强对教育体系优化、布局调整的统合调适。1990 年我国城镇人口为 30 195 万人，占总人口比重为 26.41%，乡村人口为 84 138 万人，占总人口比重为 73.59%，到了 2002 年我国城镇人口为 50 212 万人，占总人口比重为 39.09%，乡村人口为 78 241 万人，占总人口比重为 60.91%。城乡人口比重的变化是这一时期教育改革不能忽略的问题。城乡教育改革进程不能说是同步协调，总体来看城市教育改革进程要比农村教育改革进程要迅速且转型力度更大。城乡教育改革进程的差异性自改革之初就存在，并一直存在于教育改革之中，制约着教育改革进程的均衡性和公平性，由此，“教育公平”自始至终都是教育改革的热词，历久弥新。

1998 年底，全国普及九年义务教育的人口覆盖率达到 73%，“普九”验收的县（市、区）总数达到 2242 个（含其他县级行政区划单位 117 个），9 个省市已按要求实现“普九”；到了 2002 年，全国实现“两基”的地区人口覆盖率进一步提高，达到 90%以上。到 2002 年年底，实现“两基”验收的县（市、区）总数达到 2598 个（含其他县级行政区划单位 169 个），比上年增加 24 个县（市、区）；12 个省（直辖市）已按要求实现“两基”。[①] 从 1993 年到 2002 年，普通高等学校由 1075 所增长到 1396 所，普通高等学校在校学生由 206.3 万人增长到 903.36 万人，高等教育规模进一步扩大。在

---

① 中华人民共和国教育部：《2002 年全国教育事业发展统计公报》，http://www.moe.gov.cn，2020-11-18。

“双基”任务导向下，普通中学在校学生由4586.0万人增长到8583.2万人，职业中学在校学生由295.0万人增长到528.17万人。小学及学前教育学校在校学生人数大，但总体涨幅不大。而特殊教育有了明显发展，在校学生由7.2万人增加到36.47万人。就扫盲任务来说，2002年全国共扫除文盲174.45万人，扫盲教育教职工8.07万人，专任教师2.28万人。就教育经费来说，早在“十一五”规划期间就提出国家财政性教育经费支出占GDP的比例要达到4%的目标。但从实际落实情况来看，财政性教育经费占GDP的比例始终浮动于3%左右，离实现4%的目标还有差距。如1996年为2.44%、1997年为2.49%、1998年为2.55%、1999年为2.79%、2000年为2.87%、2001年为3.19%、2002年为3.41%。从教育经费投入保障上来说，还没有达到教育优先发展的战略层次。在1993年《中国教育改革和发展纲要》公布后，江苏、浙江、上海、北京、天津等省市陆续召开了教育现代化专家咨询会议、研讨会，探讨教育现代化的概念、特点、实践措施等。从总体情况来看，2002年全国各省（市、自治区）教育现代化的水平存在较大差异。一般而言，经济发达地区的教育现代化水平比较高，这一阶段现代化水平排在全国前十位的省市分别为北京、上海、浙江、天津、江苏、吉林、山东、黑龙江、福建和重庆。[①] 由于学校布局调整和学龄人口的逐渐减少，小学校数和在校生数继续减少。初中学校布局结构调整已见成效，校数趋于稳定，全国共有初中学校6.56万所，但随着“普九”目标的实现和学龄人口高峰段上移，初中在校生数有所增加。全国高中阶段教育（包括普通高中、职业高中、普通中等专业学校、技工学校、成人高中、成人中等专业学校）共有学校3.28万所，招生1180.74万人，在校学生2908.14万人，比上年增加307.21万人，高中阶段毛入学率达到42.8%。各类成人培训教育蓬勃发展，2002年全国高等学校举办的各类成人非学历教育结业人数（证书教育、岗位培训和进修培训）达427.39万人次。成人技术培训学校共培训结业8118.81万人次，其中培训结业职工437万人次，培训结业农民7681.81万人次。虽然各

① 胡卫、唐晓杰等：《中国教育现代化进程研究》，教育科学出版社2010年版，第115页。

类成人技术培训规模有所扩大，但其质量和水平还需进一步提高。普通高等学校校均规模和生师比有较大提高。普通高等学校全日制本、高职（专科）在校生平均规模由上年的 5870 人提高到 6471 人；对研究生、留学生、进修生和夜大生、函授生、成人脱产班等各类学生，按国家规定折合为本、高职（专科）学生计算，生师比由上年的 18.22∶1 提高到 19∶1。[①] 不过，教育的国际地位还是不高。

教育逐步拓展时期（1993—2002 年）主要的教育政策既延续了 20 世纪 80 年代教育改革任务，又不断进行市场需求拓展，带有明显的经济导向，教育改革与发展旨在适应市场经济发展。教育改革进程在这一时期处于快进状态，从教育规模到教育质量、从社会到个人、从基础教育到高等教育等方面的体制机制得以健全完善，市场经济导向的体制机制为教育改革进程的加快起到推进作用。在从计划到市场的教育改革逐步拓展中，“国家主导”是不变的前提，尤其是在大转型中，党领导下的人民政府以稳为先，继而探寻适合推进中国特色社会主义教育建设的路径。这一时期中国教育改革进程总体来说是渐进的，然而不可忽视的是，由于教育进行市场体制改革后，某些领域的规模或基础设施取得了短期的跨越式增长，例如，“两基”目标的推动，高校扩招的影响，客观上达到了短期提速增量的效能。这种转变还在于国家经济体量的快速增长，总体实力得以提升，使得国家教育能力有了极大提高，教育体制机制以规制牵引的方式确保总体教育改革趋于稳中有进。需要指出的是，教育优先发展战略目标尚未在经费上落实和体现出来，但因为已经有了前期的行动探索，教育事业确也取得了重大发展，为下一个时期的改革打下了基础。改革的目的是促进发展，从教育体系、教育结构、利用市场机制和增办教育活动来扩大资源、实现创收。这些政策措施所走的是“教育产业化”路线，虽然有效扩大了教育规模，增加了教育机会，但是也给教育领域带来了乱收费、高收费等乱象，这也逐渐引起教育领域的深切反思。农村学校的乱收费与教育投入不足相关联，而城市地区、重点学校和转制学校的乱

① 中华人民共和国教育部：《2002 年全国教育事业发展统计公报》，http://www.moe.gov.cn，2020-11-18。

收费则更多地属于一种寻租行为。对于 20 世纪 90 年代的义务教育来说，它受惠于教育改革，但也因重点学校、择校费、示范校、转制学校等体制机制而加剧了义务教育未均衡发展的问题。对此，中央和地方政府一边进行“体制开源”，一边实施“问题补缺”。针对上述出现的问题，各级各类政府提出了诸多优化建议，例如，对乱收费问题进行查处，对改制学校政策进行调整，从法律层面提出了义务教育均衡化的方针。

第三章　从“效率”走向“公平”：教育改革走向深化（2003—2012年）

2003年至2012年是中国发展与转型并存的时期，科学发展、以人为本、和谐社会等理念在教育改革中植根，并推动教育改革走向深化，深刻思索教育的民生作用。在这一阶段，中国进入工业化加速发展期、城市化快速成长期、经济社会转型攻坚期、思想文化多元期，全面发展、协调发展和可持续发展构成新的发展观，在社会发展、经济转型、生产方式转变中教育发展观得以重塑，继而影响了教育改革进程，国家开始以改革试点撬动教育改革的“硬骨头”。从中共十六届三中全会明确提出科学发展观的理念，到十六届四中全会提出“构建社会主义和谐社会”，再到中共十七大首次确立了科学发展观的历史地位，这一时期的教育改革回归到“科学发展”，重拾人本色彩，讲求效率与公平并举。到了2012年中共十八大明确了政治、经济、文化、社会、生态“五位一体”的总体布局，开启了新一轮深化制度变革与体制创新。总体来看，2003年至2012年为教育走向深化的时期，包括2003年至2009年的教育改革纠偏和2010年至2012年的综合路径探索两个阶段，前一个阶段努力实现从效率到公平的转向，以体制机制治理教育乱象，建立能促进人全面发展的和谐教育；后一个阶段尽可能探索效率与公平的统合路径，以体制机制进行教育赋能，提升国家教育改革能力。这十年是中国教育改革的力量积蓄与内生转化的关键时期，承接着 20 世纪的教育改革战略目标，并作好了 21 世纪中国教育改革部署。而在此过程中，国家主导下的教育改革遵循“权能互赖”和“均衡进化”，以提高国家教育能力、维护教育公平。

第一节　教育改革纠偏阶段（2003—2009 年）

自中共十四大后，市场经济在中国经济中的地位进一步明晰，增强了经济活力，经济持续增长，“增量”成为经济改革与发展的关键词。经济增长代表着社会生产力的极大提升，随之而来的科技体系变革着人才培养模式与知识结构。教育改革自 1993 年以后进入增量式发展期，教育规模有了迅速扩大。但是，以经济建设为中心、单纯追求 GDP 增长的发展模式，不仅带来资源利用率低下、环境污染等问题，而且也使得贫富差距、城乡差距和区域差距等深层次问题浮出，因此科学发展观顺势而出，既是一种反思，也是一种探索。在此背景下，教育改革与发展的产业化导向受到质疑，因为它背离了教育为人的全面发展服务的初衷。2003 年至 2004 年，教育部明确表示反对教育产业化，还教育以公益性，明确“教育公平是社会公平的重要基础”。2009 年，教育系统认真学习贯彻中共十七大和十七届三中、四中全会精神，深入开展学习实践科学发展观活动。2010 年，《国家中长期教育改革和发展规划纲要（2010—2020 年）》研究制订工作取得重大进展，教育改革发展迈出了新的步伐。

教育的经济型导向使得基础教育的不均等和群分现象影响到低收入地区和家庭对教育资源的活动，部分人力资本得不到积累或提升，继而影响中国现代化进程，“加快教育、收入、社会地位等分化的恶性循环”[①]。由此，教育体制机制与政策制定落实转向“促民生”的人本取向上，为教育卸下多余的枷锁，着手治理教育乱收费、整顿和改制学校机构，更加关注农村教育，完善农村义务教育经费保障机制，力求义务教育均衡发展。

---

① 丁维莉、陆铭：《教育的公平与效率是鱼和熊掌吗——基础教育财政的一般均衡分析》，《中国社会科学》2005 年第 6 期，第 47—48 页。

一、反思教育过度让位于经济

教育改革深化期对此前单一追求经济增长的思路进行了反思，开始纠正“教育产业化”中的不正之风，但产教研结合、校企合作是值得肯定的。自2003年下半年起，教育部开始关注农村教育、义务教育、教育公平，逐渐摒弃了此前以数量、规模、速度为主的教育发展路线，教育公平与质量成为教育公共政策的基本价值取向。同时，中国抓住了信息化的时代条件，以教育信息化带动教育现代化，并逐步优化。2003年，“政府举办的各级各类学校的收费标准不得提高，也不得设立新的收费项目，除按国家规定的项目和标准收费外，学校不得再向学生收取其他任何费用”。[①] 2003年年底颁布了《中华人民共和国民办教育促进法》，进一步明确和规范了发展民办教育和教育产业的合法性。从2003年开始，推行大学生志愿服务西部计划，致力于西部教育发展，增强西部师资队伍；独立学院一律采取民办机制，独立颁发学历证书，独立进行财务核算等，进一步深化了高等教育的办学体制改革。到2012年，民办高校达707所，占普通高校总数的28.95%。2004年3月，国务院批转了教育部《2003—2007年教育振兴行动计划》，强调教育系统要落实科教兴国和人才强国战略，加快教育改革与发展的基本蓝图，重点推进农村教育发展与改革。[②] 同年实行“农村学校教育硕士师资培养计划”，以此提升教师队伍质量。2009年1月7日，教育部印发《关于做好国家中长期教育改革和发展规划纲要公开征求意见工作的通知》开启新发展阶段的教育改革规划工作，以期确定后续十年的教育改革与发展目标，并在新中国成立六十年之际进行了一次教育改革阶段性总结。

教育行政部门反思此前奉行的教育产业化理念，逐步对教育收费政策进行调整，“完善和规范以政府投入为主，多渠道筹措经费的教育投入体制，形

---

① 何东昌主编：《中华人民共和国重要教育文献（2003—2008）》，新世界出版社2010年版，第107页。

② 何东昌主编：《中华人民共和国重要教育文献（2003—2008）》，新世界出版社2010年版，第334页。

成公办学校和民办学校共同发展的格局”。[①] 2005 年 5 月，教育部出台《关于进一步推进义务教育均衡发展的若干意见》，正视和着手解决择校热、上学难、收费高等问题。2005 年 12 月 30 日，国家发改委、教育部颁布《关于做好清理整顿改制学校收费准备工作的通知》，全面叫停各地审批新的改制学校，对一批公办学校的公益性、民办学校的牟利性进行整顿。2006 年 6 月，全国人大常委会通过新修改的《中华人民共和国义务教育法》，确立了各级政府分担义务教育经费的机制，以及促进义务教育均衡发展的方针。2007 年 5 月，国务院发布文件，建立健全家庭贫困学生资助政策体系，帮扶弱势群体享有教育机会，尽可能增强教育公平，以此维护教育稳定与和谐，稳中求进。特别是随着农村义务教育经费保障机制改革的深入推进，义务教育经费向农村倾斜，有关部门认识到义务教育是教育工作的重中之重，是国家必须保障的公共事业，在教育优先发展中占有基础地位。2003 年的全国农村教育工作会议再次确立了“由地方政府负责、分级管理、以县为主”的农村义务教育管理体制，各级政府的责任得以划定，有的放矢的农村教育经费保证了筹措渠道和利用效率。在税费改革中，“确保改革后农村义务教育的投入不低于改革前的水平并力争有所提高”。[②] 2005 年 5 月，教育部要求“建立和完善保障义务教育均衡发展的公共财政体制……切实落实教育经费‘三个增长’和新增教育经费主要用于农村的要求，在经费投入上对薄弱学校的改造采取倾斜政策，城市教育费附加要优先用于薄弱校改造”。[③] 在“中央管总”和“地方分责”的统整中，逐步“将农村义务教育全面纳入公共财政保障范围，建立中央和地方分项目、按比例返单的农村义务教育经费保障机制”。[④] 从 2006 年开始，全部免除西部地区农村义务教育阶段中小学生学杂费，2007 年扩大

① 何东昌主编：《中华人民共和国重要教育文献（2003—2008）》，新世界出版社 2010 年版，第 194 页。

② 何东昌主编：《中华人民共和国重要教育文献（2003—2008）》，新世界出版社 2010 年版，第 169 页。

③ 何东昌主编：《中华人民共和国重要教育文献（2003—2008）》，新世界出版社 2010 年版，第 742 页。

④ 何东昌主编：《中华人民共和国重要教育文献（2003—2008）》，新世界出版社 2010 年版，第 920 页。

到中部和东部地区。[①] 后续农村义务教育经费保障机制改革都在巩固和完善中央和地方对城乡义务教育的经费分担和项目管理。义务教育改革的价值导向在于"落实到办好每一所学校和关注每一个孩子健康成长上来，有效遏制城乡之间、地区之间和学校之间教育差距扩大的势头"[②]，有针对性地改善城乡薄弱学校的办学条件，统筹师资队伍建设，保障弱势群体学生的受教育权，确认质量和评估依然是教育改革的闭合环节，坚定地追求实现义务教育均衡发展的目标。这一阶段还加强了勤工俭学项目的实施，时任教育部部长周济指出，"中国特色的农村中小学勤工俭学工作，在推进我国农村教育改革和发展中大有作为"。[③]

对于教育过度让位于经济发展，有学者认为"教育的经济动机和经济目标填补政治动机和政治目标被淡化后留下的'真空'的价值取向"[④]，这背离了教育应将培养人、促进人、用好人作为发展的基本规律，教育改革被嵌入经济改革，失去了教育的本真色彩，或作为客体部分而变得暗淡。关于教育过度让位于经济发展，这一情况引发的思考主要集中于"教育产业化"的讨论，核心问题是产业为何，作为育人的教育事业能否作为产业，所得意见也就是支持、否定或是中立。教育产业化是"国家、教育组织以及资本的参与和推动"[⑤]，它确实在历史的特定时期出现过，并激活了教育增量式发展的运行机制，在教育市场论和人力资本理论的加持下，力求最大化地追求教育的经济价值，将知识或是教育作为一种商品进行竞价服务。尤其是高校扩招和大学收费制度的确立，折射出以高等教育为代表的教育事业性"收入"（其主要指的是学杂费）上升，成为高等教育经费的重要构成部分（见图 3.1）。图

---

① 何东昌主编：《中华人民共和国重要教育文献（2003—2008）》，新世界出版社 2010 年版，第 928 页。

② 何东昌主编：《中华人民共和国重要教育文献（2003—2008）》，新世界出版社 2010 年版，第 742 页。

③ 何东昌主编：《中华人民共和国重要教育文献（2003—2008）》，新世界出版社 2010 年版，第 747 页。

④ 鲁杰：《教育的原点：育人》，《华东师范大学学报（教育科学版）》2008 年第 4 期，第 94 页。

⑤ 罗燕：《教育产业化的制度分析——新制度主义社会学的视角》，《教育与经济》2006 年第 1 期，第 46 页。

中表明高等教育的事业性收入减轻了中央和地方的教育财政性支出，扩大了教育经费筹措渠道。从本质上来说，这违背了教育的公益性和人本性，扩大了教育的工具性。它的出现不是个人的原因，而是整个国家和社会的外在规制。从 1992 年将教育作为第三产业进行扩大发展开始，对其质疑的声音就伴随而生。客观地说，经济导向的教育改革增加了个人受教育的机会，吸引了社会力量参与办学，教育容量提升的同时，给予了个体多种教育选择。就高等教育来说，2004 年，民办普通高等教育在校生达到 139.63 万人，占普通高等教育在校生人数的 10.47%，其他类型的民办高等教育机构注册学生也达到 105.33 万人，加速了我国高等教育大众化进程。

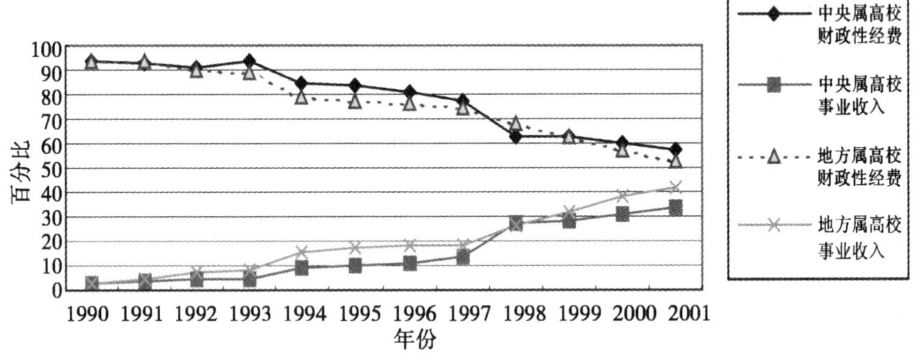

图 3.1　1990—2001 年高等教育经费构成及其变动趋势※

※资料来源——郭海：《20 世纪 90 年代中国高等教育经费的来源构成变化》，《清华大学教育研究》2004 年第 5 期，第 46—53 页。

教育的相对独立性会促使教育学人对教育产业化保有“冷”思考，育人成长的本然状态也是教育纯粹的应然使命。从整体来说，教育是一种具有正外部效应的准公共产品，不同级别不同类型教育的产品属性是不同的，例如，义务教育接近于公共产品，民办教育接近于私人产品。那么，教育服务应由政府与市场共同提供。从教育的准公共产品属性和受教育者的身心发展来看，教育不应被产业化，“不应把经济活动中的市场机制和规则完全移植到教育中来”。[①] 事实上，教育产业化发展在教育改革进程中存在过，也因此引发受教

① 王善迈：《关于教育产业化的讨论》，《北京师范大学学报（人文社会科学版）》2000 年第 1 期，第 15 页。

育机会不公平、高额学杂费使得入学率降低、经济导向的教育教学出现异化而背离了育人本质功能等问题。当然，政府本身并未确认教育产业化的正当性，而是有些政策在自上而下的实施过程中导致教育产业化，这才有了2003年之后的教育止损行动，反思教育追求的“效率”，而回归教育的“公平”。在教育现代化进程中应重点推进人的现代化，教育是关乎人的成长的事业，教育改革更应具备以人为本的底色，“为人的自由而全面的发展”服务，让教育的获得感成为人民幸福生活的组成部分。

二、治理教育乱收费和规范办学体制

基于市场机制的办学体制拓宽了筹措教育经费的渠道，各方社会力量被纳入教育改革与发展中，增添了教育改革与发展的活力。但是，在这一过程中存在地方学校改制行为不规范和教育乱收费等问题。如此，解决这些问题成为纠偏阶段的应有之义。早在1996年，原国家教委就发布文件，要求规范普通高级中学收费标准。2001年4月，国务院纠风办要求“加大治理学校乱收费工作的力度，重点解决农村中小学乱收费问题”①，但这时的学杂费依然存在，并以合理统一的标准规制。事与愿违的是，教育乱收费不仅没有得到有效治理，反而有愈演愈烈之势。自2003年开始，教育部联合多个部委每年都会发布规范教育收费的相关政策规定。② 2004年，在义务教育学校全面推行“一费制”，除规定标准收取学杂费之外，严禁收取其他费用。然而，这一阶段，各类择校、委培、考试招生、特长生、捐助等行为层出不穷，教育乱收费依然存在。其背后折射的是对经济效益的一种寻租行为，而政策层面的“合理”之说难以清晰界定合理费用与乱收费之间的边界。在治理教育乱收费中，限制教育收费政策被利用而行教育收费之实，使得学校教育中所看重的学生学业之竞争演变为家庭资本的竞争，加剧了教育不公平现象。从实际情况来看，政府的纠偏举措一直存在，然效果不甚理想。这一结果并非教育自

---

① 何东昌主编：《中华人民共和国重要教育文献（1998—2002）》，海南出版社2003年版，第928页。

② 何东昌主编：《中华人民共和国重要教育文献（1998—2002）》，海南出版社2003年版，第1219页。

身的问题，更多是教育外在的经济、社会、文化等因素使然，教育的工具理性被无限放大，基层教育机构的功利性太重，丧失了对教育公平性的呵护，再深入一点说，是对教育乃育人成长之本质的背离。“为了在特定历史条件下解决市场与教育公平的矛盾，我国教育政策应确立差异平等、差别原则等新观念，应创造性地作出新的教育制度安排。”① 随着治理教育乱收费的深入推进，规范公办学校办学体制的改革也愈发深刻。

20 世纪 90 年代以来的公办中小学进行了办学体制改革试点，转制学校一定程度上赋予了教育收费一定的合理性。因此在解决教育乱收费的过程中，必须要规范转制学校改革的问题。自 2004 年起，上海各区县就已着手对公办转制学校进行调整和梳理，将转制学校转为公办学校。2005 年 5 月，教育部要求“义务教育阶段公办学校不得举办或变相举办重点学校。具有优质教育资源的公办学校不得改为民办或以改制为名实行高收费”。② 紧接着，从 2006 年 1 月起，“全面停止审批新的改制学校和新的改制学校收费标准”③，并对已有改制学校进行清理调查。这些纠偏举措客观上推动了依法治教进程。治理教育乱收费和整改学校都是在法律允许范围进行的。2006 年 6 月修订的义务教育法对义务教育的公益性作出了明确规定，这也成为规范义务教育办学体制和治理教育乱收费的重要法律依据。同时，教育行政部门加强了对办学体制工作的统摄，“省级教育行政部门要会同财政、国有资产管理部门对本地义务教育阶段改制学校进行全面清理”。④ 在整改规范公办转制学校过程中，要先弄清学校资产属性、办学性质，还要保证其教育资源不流失，进退有序地进行学校改制，或是改为公办学校，或是改为民办学校。进则依据民办学校运行机制进行办学活动，并与公办学校隔开，依法保障好民办学校教师的

---

① 刘复兴：《市场条件下的教育公平：问题与制度安排》，《北京师范大学学报（社会科学版）》2005 年第 1 期，第 23 页。

② 何东昌主编：《中华人民共和国重要教育文献（2003—2008）》，新世界出版社 2010 年版，第 743 页。

③ 何东昌主编：《中华人民共和国重要教育文献（2003—2008）》，新世界出版社 2010 年版，第 934 页。

④ 何东昌主编：《中华人民共和国重要教育文献（2003—2008）》，新世界出版社 2010 年版，第 1162 页。

合法权益；退则回到学校的公办属性，依法清除非公资本和各类不良债务关系。义务教育阶段学校按照就近入学原则，严禁收取高额学费，且要求政府自觉承担起相应的办学责任，保证各类办学经费落到实处。在此过程中，部分公办转制学校直接恢复公办学校属性，有的则通过合并、转移等方式恢复公办学校属性。在深入认识到过度发挥教育经济功能所带来的教育公平问题后，各地陆续开始着手转制学校的整改工作，例如，天津市在2006年全面停止改制小学招生，2008年全面完成初中改制学校的清理规范工作。这一项工作及时刹住了教育改革中存在的错误方向，保证了优质教育的普及性，推进了义务教育的均衡发展。2005年教育部要求“把义务教育工作重心进一步落实到办好每一所学校和关注每一个孩子健康成长上来……逐步实现义务教育的均衡发展”①，继而优化教育公平，挣脱经济思维导向的教育改革桎梏。简言之，这一阶段的教育改革纠偏是在转换教育观念，将公平纳入教育改革与发展中，反思教育的过度功利性。“教育公平是社会公平的基础和核心环节，没有教育的公平，就谈不上社会公平。”② 如果说此前一个时期的教育改革以经济、效率为导向，那么随着科学发展观和构建和谐社会目标的提出，对农村教育、义务教育、教育公平的关注逐渐取代了教育产业化发展的思路。在教育宏观政策上的改变主要有实施义务教育免费、促进义务教育均衡发展，控制高等教育发展规模、注重提高高等教育质量。

三、从学校内部管理入手建设现代学校制度

教育部官方文件中对现代学校制度概念的认定是在2004年国务院批转的《2003—2007年教育振兴行动计划》第34条，提出要“深化学校内部管理制度改革，探索建立现代学校制度”③。但有关学校制度改革的表述与实践远早

① 何东昌主编：《中华人民共和国重要教育文献（2003—2008）》，新世界出版社2010年版，第742页。

② 周洪宇：《教育公平：和谐社会的重要内容、基础和实现途径》，《人民教育》2005年第7期，第7页。

③ 何东昌主编：《中华人民共和国重要教育文献（2003—2008）》，新世界出版社2010年版，第334页。

于此。早在1985年的《中共中央关于教育体制改革的决定》就提出“当前高等教育体制改革的关键，就是改变政府对高等学校统得过多的管理体制”。在2010年《国家中长期教育改革和发展规划纲要（2010—2020年）》中专门用了一章篇幅来阐述“建设现代学校制度”，首次明确提出“适应中国国情和时代要求，建设依法办学、自主管理、民主监督、社会参与的现代学校制度，构建政府、学校、社会之间新型关系”。其中，依法办学是依法治国的重要组成部分，是现代学校制度的基础，也是学校体制机制改革的根本保障；自主管理是教育实现科学化发展的现实要求，是市场经济和教育独立的“联结点”，也是学校管理体制改革的核心目标；民主监督是保证学校制度运行的评估体系，确保人的权利与义务在学校改革中的匹配，是学校管理体制的重点；社会参与是妥善处理政府、社会和学校关系的客观要求，是现代学校制度的外在表征，符合市场经济发展要求，利于践行“人民教育人民办”。以国家为主导，“组织开展改革试点……根据统筹规划、分步实施、试点先行、动态调整的原则，选择部分地区和学校开展重大改革试点”。这是分步推进教育改革的保障和原则。21世纪中国第一个教育规划纲要既是对此前发展阶段的总结，也引领着为期十年的中国教育事业改革与发展走向，所涉及的教育改革是方方面面的，既有总体战略部署和具体任务安排，也阐释了各级各类教育体制改革和保障举措的要求。由此以建立现代学校制度为中心的学校变革和政府职能转型的关系基本确立。此后，北京大学等26所部属高校试点推动建立健全大学章程，完善高校内部治理结构。

教育改革坚持教育为社会主义现代化建设服务原则，强调在党的领导下齐抓共管、各司其职。教育事业管理权限的划分事关教育发展的全局，通过政府教育职能转变以提高教育执行力，而教育改革于学校教育来说，关键是要建设现代学校制度。2004年发布的《2003—2007教育振兴行动计划》将建设现代学校制度作为深化学校内部管理体制改革的重点，提出要遵循“从严治教，规范管理”，又从整体布局出发为大学、中小学和职业学校设定现代学校建设任务，提出“现代学校制度”的议题。在“十一五”规划纲要中明确要建立办学规范、管理有序、监督有效、保障安全的学校内部管理制度，加强学校管理，推进学校科学民主办学和依法办学，用浓墨重彩对依法治教作出阐释，要求加强章程建设，学校依法自主办学。现代学校制度建设的核心是学校章程的制定执行，章程是学校建设的基本依据和行为准则，也是推进学校走向依法治教的关键一环。建立学校章程属于学校内部管理范围，能够完善学校管理制度，依法通过民主方式引导校领导、教师等主体讨论商定。社会公平和学生发展是其价值导向和立足基点。“现代学校制度是一种理想的制度设计，其目的服从于教育的理想。”[①] 经过多年改革实践和历次全国教育工作会议，初步建立起政府宏观管理、学校面向社会自主办学的体制。现代学校制度的建立与完善有赖于教育法律体系的完备与执行，实现依法办学。

从1980年的《中华人民共和国学位条例》到2002年的《中华人民共和国民办教育促进法》，再加上各类教育行政法规和教育部门规章，基本上为学校依法办学、教育行政部门依法行政提供了科学的法律依据，同时，现代学校在体制机制的规制下，逐步形成了制度化、规范化和程序化的管理格局。“法”彰显的是制度的强制性，而自主管理是有效运行的内生力。“据统计，自2002年以来，根据国务院的规定，教育领域共取消和调整审批项目共45项，取消和调整的项目占总数的54.9%。这些审批项目的取消与调整，极大地促进了学校的自主管理程度。”[②] 这主要体现在扩大高校办学自主权、完善中小学管理制度和扩大中职学校专业设置自主权。关于学校教育的法律法规体系是建设现代学校制度的基础，现代学校制度很大程度上即是学校依法办学，将“法治”纳入现代学校制度体系中，并为现代学校制度赋能，由经验型学校管理走向法治型学校治理。因此，依法治教是现代学校制度的另一层底色。

现代学校制度除了“法治”外，“民主”是另一基础，要求“充分发挥学术委员会在学科建设、学术评价、学术发展中的重要作用”，“加强职工代表大会、学生代表大会建设，发挥群众团体的作用”，等等。这些规定极大地增强了学校的民主管理权。现代学校制度的完善是教育改革基于教育要为人的全面发展服务的内部规律作出的改革决策。在教育改革进程中伴随着教育现

---

① 褚宏启：《我们需要什么样的现代学校制度》，《教育研究》2004年第12期，第35页。

② 曾天山等：《中国教育改革进展报告2012》，教育科学出版社2013年版，第251页。

代化，实质是要增强教育的现代性，通过技术、文化、制度的现代化来最终实现人的现代化。现代学校制度是一种应然制度设计，服从于“人的自由而全面的发展”，联结着人的现代化与社会现代化，将人的培养放置于自我价值的实现中，增强人的理性和实践能力，“其主导价值追求是社会公平而不是经济效率，其立足点是教育，是学生的充分发展”。①

四、“引进来”和“走出去”并存的教育对外开放格局

教育对外开放是中国特色社会主义教育的基本要求，通过对外开放，引进先进教育理念和教育资源，以我为主，加以借鉴，形成科学合理的教育制度。同时，为世界各国提供了解中国文化的交往渠道，输出中国教育改革经验及其背后的文化内涵。中国教育对外开放的政策主要体现为出国留学、来华留学、中外合作办学等。随着教育对外开放规模的扩大和渠道的拓宽，教育对外开放的世界观越来越清晰。2000 年 1 月，教育部联合外交部、公安部发布规定，将招生来华留学的权力下放给高校，给予高校较大的自由。经过不断调整完善，教育部统筹、高校掌握招生权的来华留学招生制度日臻完善。2003 年，人社部提出“拓宽留学渠道，吸引人才回国，支持创业，鼓励为国服务”，国家留学基金管理委员会加派留学生的规模扩大，资助方式更为多元。同年，国家留学基金管理委员会设立了“国家优秀自费留学生奖学金”，“开启了为海外自费留学人员设立政府奖学金的线路，对自费出国留学行为更是予以极大的支持和鼓励”。② 2007 年，《教育部关于进一步加强引进海外优秀留学人才工作的若干意见》的出台使得公平留学生政策变得更具体、更有针对性，并将海外优秀人才分为三个层次，“建立和完善海外优秀留学人才信息库”③，利用信息技术搭建网上在线交流、洽谈等人才双向选择平台，推动

① 褚宏启：《我们需要什么样的现代学校制度》，《教育研究》2004 年第 12 期，第 35 页。

② 章开沅、余子侠主编：《中国人留学史（下册）》，社会科学文献出版社 2013 年版，第 747 页。

③ 何东昌主编：《中华人民共和国重要教育文献（2003—2008）》，新世界出版社 2010 年版，第 1319—1320 页。

了国内用人单位与有意归国服务的海外留学人员的对接。2007 年教育部、财政部联合发布《国家公派出国留学研究生管理规定（试行）》，标志我国留学管理制度进入了全面完善的时期。公派留学生选拔以“个人申请，单位推荐，专家评审，择优录取”的方式进行，并以“签约派出，违约赔偿”的办法进行管理。[①] 以世界为“背景板”的教育对外开放，显示了中国教育越来越开放、包容的态度，并在制度上逐渐与国际接轨。

除了扩大出国留学生规模外，我国还积极实施回国服务制度和来华服务制度。对国内出国留学人员，从改革开放之初的强制回国，逐步实行鼓励回国，遵从留外人员个人意愿的制度。自 20 世纪 90 年代以来，中国启动了 1993 年的“跨世纪优秀人才计划”、1994 年的“国家杰出青年科学基金”和中国科学院“百人计划”、1998 年的“长江学者奖励计划”，这些项目为留学生回国服务提供了便利条件，成为国家高水平人才的“孵化室”。2001 年，中国为鼓励留学人员为国服务，出台了《关于鼓励海外留学人员以多种形式为国服务的若干意见》，这是第一个比较全面且系统的回国服务的宏观指导文件，标志着海外留学人员为国服务工作进入更为宽广的新阶段。2002 年，教育部出台规定，按照“专家评审、择优资助”的原则进行科技启动基金的管理，建立起资助对象、申请和审批、使用和管理等一系列制度规范。2008 年 12 月，中央人才工作协调小组围绕国家发展战略目标，大力引进海外高层次人才，即“千人计划”。这一计划在支持力度上前所未有，相关待遇政策得以提高，吸引了大批高层次海外人才，造就了一批学科领军人物，产出了一批高质量科研成果。在用好本国海外留学人员的同时，我国还积极引进国外优秀人才来华服务。2003 年，我国引进人才工作方针转为自主培养和引进人才并重、并举。为了更好地进行人才管理工作，2003 年中央成立了人才工作协调小组，中央组织部成立了人才工作局，提升了人才管理机构的规格。2009 年，我国颁布《教育部留学服务中心国（境）外学历学位认证评估程序和标准（试行）》，标志着中国在国际教育交流中给出了中国方案。同年，教育部

① 何东昌主编：《中华人民共和国重要教育文献（2003—2008）》，新世界出版社 2010 年版，第 1141 页。

印发《教育部办公厅关于开展中外合作办学评估工作的通知》，将中外合作办学纳入教育评价体系。在加入世贸组织后，我国人才引进工作重在围绕经济发展和科学进步，引进此类学科的紧缺型人才，并在2011年后对引进国外智力服务进行有针对性且精细化的管理。尤其是2011年决定实施“外专千人计划”，最大力度地引进海外人才。在中央人才工作协调小组的统筹下，高层次引智工作有了政策合力，在制度设计上更为合理。计划的制订与实施，是为了响应“引进来”与“走出去”相结合的战略部署，确定中国教育对外开放的基本路线。中国教育对外开放经历了一个从单向出国留学为主，到出国留学与来华留学、教育输出与教育引进并举的过程。以2006年为例，有留学经历的人员在“两院”院士中占80.49%，在教育部直属高校校长中占77.61%，在国家“863计划”首席科学家中占72%。从来华留学人员来说，1998年至2009年，中国累计接收来华留学人员达143万人次，占改革开放以来中国接收来华人员总数的85%。到了2010年，这一数值达到169万人次，仅2010年一年就达到26万人次。除了人数规模扩大外，来华留学人员所学专业结构和学历结构也在发生变化，经济管理等专业留学生增长明显。在很长一段时间里，国外留学生来华学习主要以语言培训为主，在华攻读学位的留学生比例还是较低，但这种情况在这一阶段开始转变。2003年至2010年，来华留学生年度获得学历的人数从2003年的少于3000人逐年上升，到2010年达到11 912人（图3.2）；来华攻读学位的留学生来源地的比例也在发生着变化，其中增幅最大的是来自非洲的留学生，自2003年的3%增加到2010年的9%（见图3.3）。虽然亚洲学生比例下滑，但其实际人数从2003年的44 970人增加到2010年的90 609人。[①] 从侧面看，留学生数量和来源地的变化验证了中国教育对外开放程度的加深和国际认可度的提高。《国家中长期教育改革和发展规划纲要（2010—2020年）》提出：“开展多层次、宽领域的教育交流与合作，提高我国教育国际化水平。”[②] 首次在政府公开发布

① 曾天山等：《中国教育改革进展报告2012》，教育科学出版社2013年版，第333—334页。

② 中共中央文献研究室编：《十七大以来重要文献选编（中）》，中央文献出版社2011年版，第863页。

的文件中提出“教育国际化”，奠定了中国教育对外开放的实践路径，即融入国际教育体系、培养世界一流人才。这是对教育对外开放认识的一个新高度。

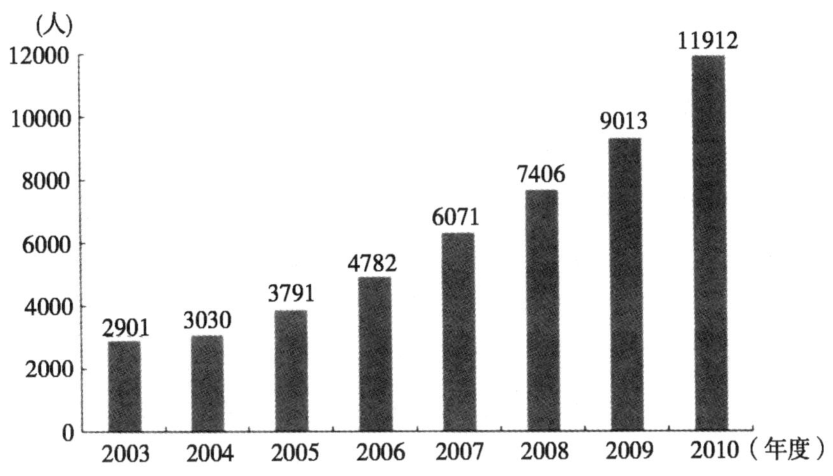

图 3.2 留学生获得学位规模变化情况（2003—2010 年）※

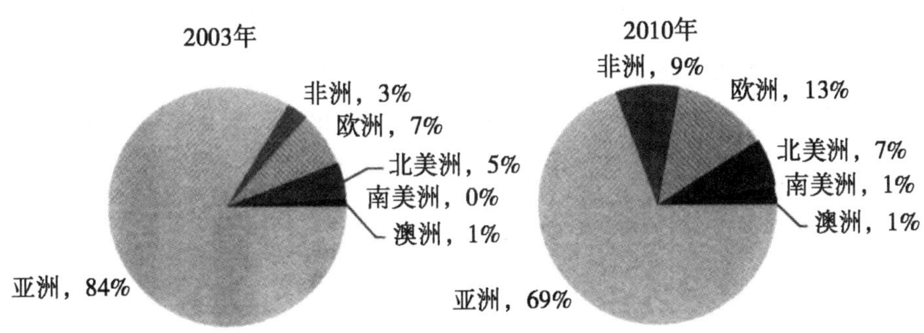

图 3.3 留学生来源地分布变化（2003—2010 年）※

※资料来源——曾天山等：《中国教育改革进展报告 2012》，教育科学出版社 2013 年版，第 333—334 页。

在这一时期，多样化的开放式办学模式使得我国涉外办学制度有了新进展，实现了多层次、宽领域的教育交流与合作。在全球化竞争日趋激烈的环境中，国际人才的培养对语言等课程提出了更高的要求，对人才培养制度提出了新挑战，由此催生了开放课程体系，推动建立并完善国际课程以及引进国际课程或教学经验等有关体制机制，充分贯彻了“引进来”和“走出去”两大战略。在开放的办学体系中，合作办学越来越宽广，大中小学都有此类项目，成为我国吸收国外优质教育资源的实践形式，且有关境外办学制度建设推动了教育对外开放体系的规范化。2003 年，国务院颁布《中华人民共和国中外合作办学条例》，将中外合作办学定性为公益性事业，并在 2013 年对条例进行了修订。2004 年 6 月，教育部发布条例实施办法。这些文件对中外合作办学机构的设立、组织与管理、教育教学、资产与财务等制度内容以及有关法律责任作出了详细规定，成为中外合作办学的制度保障。2006 年，教育部进一步提出加强采用“双校园”办学模式的中外合作办学项目的管理，有关规则和政策更加规范化、透明化。制度化的中外合作办学是中国依法治教、依法办学的必经之路。2005 年，教育部正式批准设立宁波诺丁汉大学，预示着中国教育国际化合作的新篇章。2006 年 5 月，西交利物浦大学在苏州创立，该校 80%教师为外籍教师。随着中外合作办学的深入，规范化的中外合作办学评估制度进入探索阶段。中国在加快引进人才的同时，也在积极输出自己的教育文化。2002 年 12 月，教育部实施《高等学校境外办学暂行管理办法》，标志着我国境外办学制度的建立。为推动汉语走向世界，提升中国语言文化的影响力，从 2004 年起，中国开始探索以教授汉语和传播中国文化为宗旨的“孔子学院”。《孔子学院章程》的建立和颁布是其运行制度化的标志①。在海外建立的孔子学院是中国教育开放的典型代表，已成为推广汉语教学、宣传中国文化的品牌和平台。

中国教育对外开放坚持了“引进来”和“走出去”相结合的战略，取得了重大成效。2011 年，我国出国留学人员总数为 33.97 万人，其中国家公派 1.28 万人，单位公派 1.21 万人，自费留学 31.48 万人；各类留学回国人员总数为 18.62 万人，其中国家公派 0.93 万人，单位公派 0.77 万人，自费留学 16.92 万人。相较于上一年，各自增长比为 19.32%和 38.08%，表明教育对外开放进程加快。同时，中国教育在亚太区域性教育中渐渐有了主导性影响力，积极与国际教育组织和教育强国进行教育互动合作，担负起应有的教育责任和义务。从 2004 年至 2009 年中国对外援助平均年增长率为 29.4%，

① 何东昌主编：《中华人民共和国重要教育文献（2003—2008）》，新世界出版社 2010 年版，第 1516 页。

实施了援建学校、派遣教师、为发展中国家来华留学生提供政府奖学金等多方面的国际教育援助[①]。“走出去”与“引进来”作为教育对外开放的两翼，完成了“双向扩张”。教育对外开放是为了更好地实现对内改革，达成内外教育张力的平衡和边界的明晰。

第二节　教育综合改革规划探索阶段（2010—2012 年）

2010 年 7 月，经全国上下讨论两年之久制定的《国家中长期教育改革和发展规划纲要（2010—2020 年）》正式颁布，确定了“优先发展、育人为本、改革创新、促进公平、提高质量”的工作方针。同时，举行了 21 世纪第一次全国教育大会，开启了今后十年教育综合性改革的探索阶段。

经过前一阶段的纠正与调适，我国基本普及九年义务教育，高等教育进入大众化发展阶段，各级各类教育机会显著增加，教育条件明显提高。教育公平已在国家一系列措施中得以巩固，2006 年 6 月，新修订义务教育法，确立了各级政府分担义务教育经费的机制，以及促进义务教育均衡发展的方针。在实现城乡免费义务教育的同时，建立中央政府与省级政府分担农村义务教育经费新机制。2007 年 5 月，普通高校、高职院校和中等职业学校家庭贫困学生资助政策体系建立并不断完善，这是继义务教育免费后，巩固教育公平的又一重大举措。2008 年，在全国义务教育学校实施绩效工资，提高教师待遇。随着国家树立优先发展和投资教育的指导思想，教育经费开始大幅度增加。中国教育改革逐渐从“发展大于改革”转向“公平与效率并举”、从“跨越式发展”转向“渐进式发展”。在新的历史阶段，我国也面临着新问题。制度性的障碍往往是制约社会发展的重要因素，因此制度层面的改革对社会进步和生产力的解放依然占据主导地位。从“体制机制改革优先”进行教育综合改革规划探索，我国在中共十八大前摸索着完善体制机制改革的框架体系。教育改革的依赖路径是制度，但指向的是人的发展。“以人为本的现代国民教育体系”将个人发展与社会发展相整合，放大公平的作用，综合性教育改革就是在努力构建这样的教育体系，并融合中国国情和教情，将人的发展、人

① 国务院新闻办公室：《中国的对外援助》，《人民日报》2011 年 4 月 22 日。

的福祉作为社会发展的根本意义所在。

一、《国家中长期教育改革和发展规划纲要（2010－2020 年）》开启改革新征程

2010 年，国家教育体制改革领导小组成立，由国务委员任组长，国家发改委、教育部、财政部等 20 个部门参与，设计了 10 项改革试点项目（见图 3.4），设立了 425 个改革试点单位。这一阶段的改革呈现出体系化、整体化的特征，囊括素质教育推进、义务教育办学体制、现代大学制度、教师管理制度、教育投入机制等体制机制，涵盖基础教育、职业教育、高等教育、民办教育以及省级政府教育统筹等五大类综合改革试点。在十项改革任务中，“改革职业教育办学模式，构建现代职业教育体系”最受各省份的重视，共有 29 个省份承担了此项改革试点任务，占全国省份总数的 93.55%。首次成立了由 64 名各方面专家组成的国家教育咨询委员会，由 26 名专家组成的国家教育考试指导委员会，作为领导小组的咨询机构。由此，基本形成了国家主导下新一轮教育改革的总体行动框架，并正式开启城乡教育综合改革试验，也由此奏响了从教育大国迈向教育强国、实现内涵式发展的序曲。这一规划是一项长远的行动指南，意味着它是一场渐进式改革。

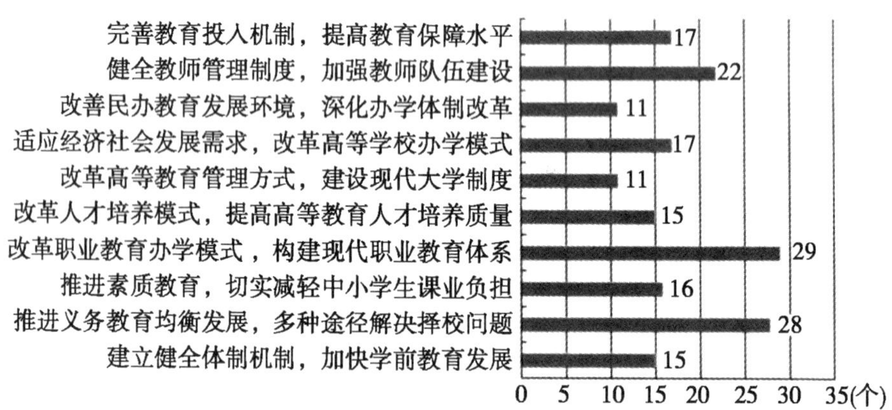

图 3.4　专项改革试点项目与承担试点改革的省份数量※

※资料来源——曾天山等：《中国教育改革进展报告 2012》，教育科学出版社 2013 年版，第 31 页。

在此阶段，城市教育综合改革将“均衡”与“提升”作为主旋律，重点是基础建设和制度创新。例如，上海、武汉等城市实施教育综合改革，其改革试点方案坚持教育优先发展，以改革创新为动力，以区域统筹为重点。全面进行教育改革的目的是探索新的教育管理体系，将整体协调机制和科学发展糅合为新模式，以促进各级各类教育统筹协调发展，从而使该地区成为国内教育现代化推进的前沿阵地。在城乡统筹促进均衡发展的要求下，城乡一体化教育改革实践为实现城乡教育规划合理布局、合理分配资源、优化政策制度提供了经验，比较有代表性的城市如重庆、成都等。另外在 2010 年后，职业技术教育改革成为教育改革的攻坚区，既是为了满足市场对高校人才培养提出的需求，也是为了深化职业教育综合改革的理论与实践。1997 年，原国家教委印发《关于进一步推进城市教育综合改革的若干意见》，提出更高层次和更大范围的城市教育综合改革要求。2000 年，教育部在苏州召开全国城市教育综合改革会议，提出在办学体制上要有新突破，城市地区要率先形成公办学校和民办学校共同发展的格局。城市教育综合改革对教育体制机制改革是一次加速助力，将体制机制的合理性和科学性与城乡教育改革布局联结起来，有侧重地推进改革。最有影响力的当属上海城市教育综合改革，2003 年教育部同意上海全面启动教育综合改革试验。上海进行的教育综合改革试验，是省级政府统筹教育制度创新的重要试验。接着，教育部与重庆、湖北、湖南等地方政府共建教育综合改革试验区，与天津、河南、广西、四川共建了职业教育改革试验区。城市教育综合改革集中体现了中国教育改革选择了一条适合自身国情的渐进式的教育进程路径。教育体制机制改革在对教育规制的同时，也在放权赋能，提升了教育与经济、社会的匹配度，深化了教育体制与市场经济体制的适应性。其重点是高教管理体制改革和义务教育普及，对教育公平与教育质量有了新的对等思考。除了将教育体制机制改革和基础教育改革作为重中之重，这一阶段还以考试招生制度改革为龙头，寻求教育综合改革的突破口，特别是发轫于地方的高考综合评价多元录取，而《关于推进中小学教育质量综合评价改革的意见》的出台，标志着考试招生制度改革从地方级升为国家级。此外，我国还在中等职业教育攻坚、职教园区建设、加强农村职业教育、创新职业教育人才培养模式、推进职业教育体制机制改革等方面开展试验，比较有代表性的地区有天津、四川、广西等。同样地，农村教育综合改革在这一阶段也在规制中得到解放，由过去单纯以升学为目的转到主要为当地建设培养急需人才、兼顾升学的目的上来，尽可能提高农村劳动者的文化技术素质，促进农村经济发展和社会全面进步。农村教育综合改革开始于20世纪80年代后期，1989年5月23日，原国家教委发出《关于在全国建立百县农村教育综合改革实验区的通知》，标志着农村教育综合改革正式开始。1990年，原国家教委再次提出，农村教育综合改革要“坚持三教（基础教育、职业技术教育、成人教育）统筹，实行农科教统筹结合；逐步建立适应农村社会主义现代化建设需要的教育体制，逐步形成教育与经济和社会发展相互促进、良性循环的机制”。[①] 农村教育综合改革到20世纪90年代中期达到高潮，此后逐渐走入低潮。进入21世纪后，尤其是中共十六大以后，在科学发展观的总体方针指引下，逐渐掀起了“统筹城乡教育综合改革”的浪潮。2002年，中共十六大提出“统筹城乡经济社会发展”的战略部署，各地陆续开展了城乡统筹教育改革试验，例如苏州、昆山统筹城乡发展试验，成渝统筹城乡发展试验等。2008年9月8日，重庆市政府第14次常务会议通过《重庆市统筹城乡教育综合改革试验实施方案》，这是我国第一个地方性统筹城乡教育综合改革试验方案，标志着我国统筹城乡教育综合改革的序幕正式拉开。

基于此前教育改革的总结反思，且这一时期随着科教兴国和人才强国战略的实施，教育界对人才培养模式的改革也呼之欲出。在《国家中长期教育改革和发展规划纲要（2010—2020年）》中对人才培养作了阐释，明确今后教育关注人才培养模式的调整，主要聚焦在教学过程，即如何教、如何学的问题。但是，教育改革要正视学校人才培养模式单一、缺乏多样化的教育模式的竞争，归其原因在于体制性障碍的束缚，高度行政化的教育管理体制使得学校缺乏自主权和活力。因而，人才模式的创新和多样化的管理方式仍是教育体制机制问题。有鉴于此，《国家中长期教育改革和发展规划纲要

---

① 何东昌主编：《中华人民共和国重要教育文献（1976—1990）》，海南出版社1998年版，第3003页。

（2010—2020 年）》加大了政府向学校授权、向校长授权，实行教育家办学，从而恢复学校活力，有效提高教育质量，培养优秀人才。

教育改革走向深入意味着教育的复杂性和不确定性在政府转型、社会转型的影响下加剧，要求教育内外部协同改革，为未来十年中国教育景观设计出了基本蓝图。从教育改革进程来看，教育系统内部协同有利于提高对外部环境变化的应变机制，从而提高效率、降低成本，同时也要求教育行政组织内部必须建立良好的沟通协调机制。当然，教育进程的推进不能仅由教育部门关起门来独立推动，还需要充分调动社会各方面的积极性。通过对 1985 年以来国家发布的有关教育政策文件进行文本分析，并根据教育系统外各部门的联合发文的参与频度情况，我们可以将教育系统外的部门分为四个层级，依据其与教育系统的紧密程度从内到外形成四个圈层。①

由此可得出，国家主导的内生性渐进改革有赖于一个整体性制度—政策—行动框架，以人民群众的教育需求为内生性动力，通过联合各个部门交互运作以提升国家教育能力，尤其是国家教育治理能力。在执行教育公共服务的过程中，需要从政治、经济、社会的实际出发，有效整合和统筹各方力量，富有效率地统筹人财物以推进教育改革。各部门协作推进教育综合性改革规划更加说明教育改革是一项系统性工程，且确保了教育改革运行的动力基础。体制机制是理念的外化，更是制度的主体部分。制度既是观念文化的产物，也是观念的载体，两者互为表里。离开体制机制变革谈教育思想、转变教育观念，缺乏抓手、难以操作，而教育体制机制改革依托于教育行政部门的组织架构。历史变迁、实践经验、文化背景等为“国家主导的内生性渐进改革”的总体特征作了注解，且为“内生性”的需求提供了佐证。

二、以教育信息化推进教育改革

信息技术的高速发展及其广泛应用，成为当今国际竞争中一个重要的手段和支柱。教育信息技术对教育发展的关键性作用，是教育改革与发展的

---

① 曾天山等：《中国教育改革进展报告 2013》，教育科学出版社 2015 年版，第 16 页。

"助推器"，也是社会进步的"催化剂"。在教育改革进程中，每一项新技术应用于教育都会给教育拓展空间。教育技术一直发挥着丰富学习资源、改善教学条件、促进学习方式变革、提高学生学习质量的作用。信息技术的引入使得教育从内容、形式、方法和组织等方面都发生了根本性变化。世界各国高度重视利用信息化和互联网技术促进教育改革，积极抢占教育信息化制高点。2003—2012 年为我国教育信息化加速发展阶段，在将教育信息化作为国家战略提出后，教育信息化领域拓展，涵盖了数字化校园建设、教师教育信息化、教育政务信息化和教育服务信息化建设，使得整个教育大系统逐步迈向信息化行列。"十一五"期间（2006—2010 年），国家提出了"校校通""农村远程教育"等工程，从技术到人都积极与信息技术进行深度融合，既是利用信息化进行教育管理，提升管理效率，也是对人的信息技术素养的关照。

伴随着互联网技术的发展，信息技术与教育教学的联结在 20 世纪 90 年代初现，在 2003 年至 2012 年期间，教育信息化处于快速发展时期。2003 年，教育部出台文件确定通过教师网络培训推进教师教育现代化，以现代远程教育为支点，撬动覆盖城乡的教师教育体系，扩大资源共享，并全面探索农村中小学现代远程教育试点工作。① 2004 年，全面实施教育信息化工程，以期提高现代信息技术在教育系统中应用水平。② 2005 年，教育部实施教师教育技术应用培训。2010 年的《国家中长期教育改革和发展规划纲要（2010—2020 年）》明确提出，要建立教育信息化体系，覆盖城乡区域，加快提升国家教育信息化管理水平，用教育管理效率提升教育公平程度。到了 2012 年，教育部着手推行教育信息化试点工作，计划用 4 年时间总体完成 100 个左右区域试点和 1600 所左右学校试点。在教育信息化改革探索规划方面，教育部通过《教育信息化十年发展规划（2011—2020 年）》，并印发各级单位落实。这一文件基本奠定了今后十年的教育信息化改革方向，并以政策制度化的形式稳固了教育信息技术的强化作用；将教育信息技术与教育教

---

① 何东昌主编：《中华人民共和国重要教育文献（2003—2008）》，新世界出版社 2010 年版，第 164 页。

② 何东昌主编：《中华人民共和国重要教育文献（2003—2008）》，新世界出版社 2010 年版，第 334 页。

学深度融合，融入教育管理，对接教学和学习，由外在的硬件基础设施扩建向最大化的深度应用转变，用技术为教育教学赋能、为制度设计添彩。

经过2000—2010年近十年的发展，中国教育信息化以改革促发展取得了显著成绩。以基础设施中的计算机台数为例，这十年里中小学每百名学生拥有计算机数逐年增长，初中增幅相对更大。2002—2008年，全国小学、初中每一百名学生拥有计算机台数呈逐年增长趋势，到了2009年有所下降，2010年又有回升。2010年，小学每一百名学生拥有计算机台数为4.14台，初中为6.35台。然而，教育信息技术的地区差异明显，信息技术资源分布不均衡。从区域看，每一百名学生拥有计算机台数，东部最多，中西部较少。农村学校计算机台数增加虽相对较快，但城乡差距依然较大。2010年，全国农村小学每一百名学生拥有计算机台数不足城市小学的一半，中西部农村小学配置水平相对较低，仅为2.17台和2.55台。中西部初中生的配置情况虽稍高，但配置水平依然较低。[①] 除了计算机台数外，互联网是教育信息化的基石，开发各级各类教育信息资源离不开互联网技术应用的基础支撑。2010年，全国初中建网学校达到25 241所，建网比例达到46.42%，初中城乡建网学校比例差从2003年的23.20%增长到2010年的28.94%。此外，从整体看，中国教育信息化建设尚未形成完整体系，技术应用以视听教材等形式呈现。在“十一五”期间，中国教育信息化在远程教育和教育信息化方面都取得了重大进展。高校系统、学生管理系统、科研管理系统等管理平台取得实质进展，信息化管理成为教育管理和学校管理的新常态。以教育信息化为突破口，建立和完善全国教育系统信息化公共服务和管理体系的目标得以确立，但教育信息技术的应用和数据挖掘有待深入。从制度层面看，制定相关的信息化制度可保障信息化工作有规可依、有章可循。同时，制度层面的教育信息化能够强化有关方面对信息化工作的认识，主动将信息化推广下去。2010年的《国家中长期教育改革和发展规划纲要（2010—2020年）》确立了教育信息化的管理保障机制、投入保障机制、政策保障机制、技术保障机制和科

---

① 曾天山等：《中国教育改革进展报告2012》，教育科学出版社2013年版，第131—132页。

研保障机制。2012 年 4 月，教育部发布七个教育信息化行业标准，以保障教育信息化有序发展，实现数据互通、资源共享。

信息技术的进步和使用给教育改革与发展带来了更广阔的发展空间。为了提高教育的社会效益，国家一方面继续扩大现代教育技术设施建设，另一方面加大教师信息技术能力的培训。此前关于教育信息化的规范建设工作，不同的省市地区因地制宜地出台基础教育信息化建设标准或学校信息化配套建设标准。例如，2010 年 5 月，贵州省发布《贵州省基础教育信息化建设标准》。各地方教育部门对教育信息资源建设模式与共享机制的实践探索，加速形成了教育信息化改革走“政府引导、企业参与、学校使用、服务驱动”的可持续发展道路，配合各地经济、文化等方面的人才需求作出特色调整。如此实现了从国家层面建立统一的公共教育资源与数据服务中心，继而同各级各类教育单位实现数据对接，“完成数据共建共享共用，推动教育信息化的跨越式发展”①，完善了教育体制机制的改革，加速了信息技术与教育教学的深度融合，使得教育改革进入了信息化管理时代，并由技术辅助向制度融入转变，为教育管理和教学管理赋能。特别是中共十八大以来，大数据技术、“互联网+”技术、人工智能技术、“5G”等新型信息技术的发展为教育教学提供了新的机遇，深化了教育改革的信息化理论与实践。

教育改革走向深化是对教育领域的反思与重整：由单项教育改革向综合教育改革转变；保障人民教育权利、参与国家教育竞争、转变教育发展方式、提升教育改革成效；教育思想体系和教育体制体系有了现代性意蕴，教育共同体在政治规约、社会认知和道德规范中浮现。从每一个“五年规划”的制定、实施到验收，关于教育改革方面的规划实施，总体上都会有个大的体量提升以及局部的突破性变革。2003 年，全国实现“两基”的地区人口覆盖率进一步提高，达到 91.8%；2003 年，全国高等学校举办的各类成人非学历教育结业人数达 353.25 万人；注册学生 239.52 万人。职业技术培训机构共培训结业学员 7242.08 万人次，注册学生数 5677.22 万人，专任教师 20.6 万

① 祝智庭：《教育信息化的新发展：国际观察与国内动态》，《现代远程教育研究》2012 年第 3 期，第 12 页。

人。虽然各类成人技术培训规模有所扩大，但其质量和水平有待提升。民办教育得到迅速发展，2003 年，全国共有各级各类民办学校（教育机构）6.7679 万所，在校生达 1315.76 万人，到了 2012 年全国共有各级各类民办学校（教育机构）13.99 万所，在校生达 3911.02 万人。普通小学班额从 2003 年的最低值 34.75 人逐年递增，到 2011 年达到最高值 38.49 人，2012 年回落到 37.78 人。2012 年，学前教育毛入园率达到 64.5%。全国义务教育阶段共招生 3285.43 万人，在校生 14 458.96 万人，九年义务教育巩固率 91.8%，专任教师 908.98 万人。民办教育形成了自身的体系和结构。2016 年 11 月重新修订的《中华人民共和国民办教育促进法》确立了民办教育分类管理制度，建立健全了民办学校分类管理分类登记机制和监督管理机制。2003 年，我国出国留学人员为 11.7307 万人，我国高等教育中外国留学生比例仅为 0.46%，而同年 OECD 国家这一比例平均值为 6.4%，这与我国当时的经济实力和影响力是不匹配的。可见，我国的国际教育能力有待提高，教育的国际地位亟待提升。2009 年，我国高校在校生达 2144.66 万人，总规模跃居世界首位；2011 年，我国九年义务教育全面实现。2012 年，国家财政性教育经费占 GDP 比例达到 4.28%，首次超过 4%。此后，这一比例都连续超过了 4.0%。以上各类数据表明，2003 年以来我国教育改革有了实质性进展，从改革开放初期的教育弱国逐渐成为一个教育大国。2012 年，中共十八大报告指出，要办好人民满意的教育，将之作为今后中国对内教育改革的指导思想。这一时期的教育改革也注重从效率走向公平，从体制走向人。人才培养是整个教育改革的核心，即解决培养什么人、怎样培养人、为谁培养人的问题。对这一问题的回答标志着教育体制改革走进了新的历史阶段。教育改革的民生思维凸显，改革重心呈现下移趋势，强调“以服务为宗旨，以就业为导向”[①]。教育事业在这一时期有了长足发展和进步，从各级教育毛入学率看，2003—2012 年间（见表 3.1）总体呈上升趋势，并在持续巩固中，中国教育表现出很好的成长性，也反映出教育规模的扩大和结构的完善。这一时

① 何东昌主编：《中华人民共和国重要教育文献（2003—2008）》，新世界出版社 2010 年版，第 438 页。

期中国基本解决了“有学上”的问题。2011年，全国义务教育阶段在校生中进城务工人员随迁子女共1260.97万人，其中，在小学就读932.74万人，在初中就读328.23万人；全国义务教育阶段在校生中农村留守儿童共2200.32万人。教育改革的成效在基础教育和高等教育有了规模性发展，且教育质量也有所提升。

表3.1　2003—2012年中国各级教育毛入学率※

年份/年	学前教育（3—5岁）/%	小学教育（6—11岁）/%	初中阶段（12—14岁）/%	高中阶段（15—17岁）/%	高等教育（18—22岁）/%
2003	37.4	98.5	92.7	48.1	17.0
2004	40.8	98.9	94.1	52.7	19.0
2005	41.4	99.2	95.1	59.2	21.0
2006	42.5	99.3	97.0	59.8	22.0
2007	44.6	99.5	98.0	66.0	23.0
2008	47.3	99.5	98.5	74.0	23.3
2009	50.9	99.4	99.0	79.2	24.2
2010	56.6	99.7	100.1	82.5	26.5
2011	62.3	99.8	100.1	84.0	26.9
2012	64.5	99.9	102.1	85.0	30.0
2013	67.5	99.7	104.1	86.0	34.5

※注：此表格由教育部官网发布的历年教育发展统计公报中的数据整理而成。

2003—2012年为教育改革的反思调整与综合推进时期，经过教育改革纠偏阶段和教育综合改革规划探索阶段后，教育改革的体制机制走向愈发清晰，即从科学着眼，以人为本，将关乎人与社会和谐发展的公平提升至教育正义的伦理角度。从上至下，对此前单一追求经济增长的思路进行了反思，开始纠正“教育产业化”中的不当之处，但产教研融合、校企合作是值得肯定的，实现了教育规模跨越式发展，保证了大多数人的受教育问题和教育资源的分配问题，其最大功绩在于巩固了“从无到有、努力向优”的教育趋势。自2003年下半年起，教育部开始关注农村教育、义务教育、教育公平，逐渐摒弃了此前以数量、规模、速度为主的教育发展路线，教育公平与质量成为教育公共政策的基本价值取向。同时，中国抓住了信息化的时代条件，以教育信息化带动教育现代化，积极以治理方式思考教育改革路径，使教育体制改革迎来了新契机。

三、社会导向：从单纯经济增长转向和谐社会的教育塑形

由于经济增长理念的制约和先入为主，社会发展滞后于经济发展，导致一些社会矛盾出现。党和国家对此进行了深刻反思，最终结果是以经济思维发展教育的方式不科学不合理，违背了教育育人的本真，政府教育职能偏向于管，为教育服务的公共意识不足。通过逐步调适，国家走上以实现政治经济同社会、人与自然、人与社会的全面协调发展为目标的道路，与此同时，教育改革转向社会改革层面，让教育改革成果反馈给社会，形成教育改革的和谐社会导向。教育改革的社会导向是对教育为经济过度让位而带来的教育非营利性的反思，转向教育的人本性，弥补教育失衡所带来的公平问题，城乡教育和区域教育差距扩大，不利于社会稳定，背离了人民教育的初衷。

自 2006 年取消义务教育学杂费，真正实现义务教育免费制后，教育改革转向社会导向，力求公平与效率，通过教育体制改革平衡发展与稳定的关系，复归教育育人价值。从教育体制改革来说，“从供给约束型的教育转向需求导向型的教育”[①]。经过经济改革导向的洗礼，教育基本供需矛盾初步解决，开始转向教育公平与教育质量，深入理解和践行“均衡”“公平”“正义”“优质”和“多元化”，并围绕着“和谐”不断丰富。2004 年 9 月，十六届四中全会确立“以人为本的科学发展观”与“建设社会主义和谐社会”的发展目标，以此回应全面建设小康社会的战略决策。这意味着教育从基础物质和数量规模的增长转向和谐社会中的以人为本，教育改革的社会导向是将教育作为民生工程加以考量，使得改革成果惠及教育、惠及人民群众。因此，国家继续深化教育改革，在课程与教学方面深化素质教育。

① 谈松华：《深化教育改革需要制度创新》，《中国教育学刊》2009 年第 1 期，第 13 页。

社会导向的教育改革塑形的是公民对核心价值观的社会认同，“现代公民对国家倡导的核心价值观作判断的主要依据是看它是否有道理和是否公正，据此可以把核心价值观社会认同区分为合理性认同和道义性认同两个基本方面”。[①] 教育政策从单一的自上而下途径向社会层面的自下而上反馈下移，形成互动式的治理雏形，打通教育改革的上下通道，探索“公共治理”范式。“‘公共治理’范式追求在教育领域形成国家力量、市场力量和公民社会力量相互博弈和均衡的体制，其价值逻辑是重建良好教育生态。”[②] 和谐社会理念下的教育改革也是通过政府、市场、社会、家庭和学校等各方力量调适教育利益，维持稳定秩序，关注教育基础设施建设，凸显人的全面发展。教育制度与政策在于维持公正与法治。和谐社会的教育生态是以政府为主导、引社会参与和赋学校自主而形成一个整体框架，重新落实教育权利与义务，确保教育正当和教育政策执行效率。随着社会导向型教育改革对人的教育的关照，一定程度上纠正了过度偏于经济导向的弊端。随着世界新的科技革命的到来，教育必须顺应大环境之变而作出新调整。国与国之间紧密而又复杂的关系网络使得教育在政治经济的博弈冲突中跌宕起伏，管理思维下的政治导向、经济导向和社会导向不能带来未来教育繁荣之景象。生产力与生产关系之间的动态变化加速了教育升级，生产方式、生活方式和生存方式需要教育作出回应，这已不是单纯靠政府管理行为能够完成的，也不是某一方面的侧重点，因此全面深化改革的时期到来，新一轮教育改革已然开始并在未来相当长的时期持续进行。

2010—2012 年处于新教育改革方案的制订与完善阶段，为“十二五”规划的到来作好教育改革与发展的准备，逐步形成和完善教育体制机制改革规划方案，并采取试点形式加以实践和推广。城乡教育资源分布不均衡问题依然存在，东部发达地区与中西部之间的差异越来越大，造成的教育发展不公平问题凸显，其结果是不利于人才的培养和社会的稳定。进入综合改革探索

---

① 江畅：《核心价值观的合理性与道义性社会认同》，《中国社会科学》2018 年第 4 期，第 4 页。

② 孟繁华、张爽、王天晓：《我国教育政策的范式转换》，《教育研究》2019 年第 3 期，第 139 页。

阶段，中国政府特别重视进一步优化教育结构，力求教育公平，在人事制度、教师专业标准、义务教育均衡发展等方面作出了新规定。2011年8月，中共中央办公厅、国务院办公厅印发《关于进一步深化事业单位人事制度改革的意见》，在分类管理的思想引导下，对招聘、岗位设置、晋升、流动等环节进行了程序性规定。2012年2月，教育部出台政策推动公办中小学和幼儿园治理结构改革，同时，也发布了中小幼教师专业标准，首次全面地对教师专业标准进行了确定，为教师专业队伍建设、教师教育、教师培训等提供了参照标准。2012年6月，教育部印发“十二五”规划，提出“实现县（市）域内义务教育初步均衡”的目标与任务。2012年9月，国务院重申了义务教育均衡发展的意义、目标和路径等问题，基于基层教育需求对义务教育阶段的农村学校采取因地制宜的裁撤或合并，整合资源以提升办学条件，将办学效益、质量与公平对接起来。

在反思中调整，在调整中规划，在规划中实践，是这一时期变革的特征。从制度设计、组织完善、政策支持、改革实验等方面总结出的根源性经验，推广已取得的成功经验，解决教育现实问题，面向未来教育所需人才和培养方式，坚持对内改革与对外开放相结合，搭建起近十年有待完善的教育体系。教育改革最终还是要回到让人成为“人”，在此基础上考量国家和社会之要求。从1978年到1997年，中国教育改革思潮涌动，各种教育思想在这一阶段有着激烈而复杂的博弈。教育改革进程是人的活动的总和，是一个整体性概念，遵循着既定的教育改革原则，逐步实现人与制度、教育与国家、教育与人的“同构共生”。从“效率”走向“公平”是中国政府与学校部门对教育改革作出实事求是的调整，回归了教育改革进程所要遵循的“为人民服务”的办学规律，更为重视人。开创具有中国特色的教育改革格局，不得回避的问题是处理好教育与人的发展、社会发展之间的关系。尤其是解决教育领域是“最应以人为本的领域却不重视人”的问题，需要政府以体制机制加以施政、教育学界研究讨论使之逐渐合理可行。教育的人本化与社会化取向强化了教育改革及教育学领域的人本主义色彩，利用制度优势搭建“教育服务人民”由理念变为实践的路径，在教育与个人、教育与社会的双向互动中进行体制机制调适。教育在保证自身育人的本性并依循这个逻辑改革与发展时，才能更好地为个人、社会和国家服务。同样地，个人、社会和国家要为教育改革的顺利推进提供必要条件与行动支持。教育与个人、社会、国家之间的应然状态是“同频共振”，也彰显出教育改革要从嵌入的“客体”变为交互的“主体”。最终归宿是“教育服务人民”，这既是改革的目的，也是改革所要遵从的原则。如此，2003—2012年的教育改革走向深化的时期，将科学发展、以人为本、和谐社会等理念融入教育改革进程中，成为一次转折的历史时期。

第四章　从“管理”到“治理”：教育改革全面深化（2013—2020年）

中共十八大以来，中共中央继续坚持把教育摆在优先发展的战略地位，重视扎根中国大地办教育，系统处理古今中外教育关系，承接“三个面向”作出一系列重大教育决策部署，更加重视教育公平与质量，以教育体制机制为核心，将责任、质量、党建注入教育改革进程中，以“公平优质”深入推进教育体制机制变革，加快推进教育现代化，巩固教育已有成果并惠及人民群众。加强对学校党政机关的治理，以期用现代化政党理念引导教育育人本质走向，强化教育督导，从教育管理走向教育治理，逐渐走向高质量的内涵式发展。中央政府确定要全面深化教育综合性改革，在教育体系和教育质量上啃下教育改革中的“硬骨头”，教育改革进入“深水区”。以体制机制改革为核心，包括教育管理体制、现代学校制度、教育评价制度等。尽可能达成“管办评”与“放管服”的有机统一，转变政府教育职能，明确分工任务目标，落实责任制，将组织实施、方案制订和监督检查统合起来，形成“流水线”。教育改革的制度性权力、内生性演化、外生性聚变在这一时期有了量变与质变，教育的制度优势对教育改革的推动作用从政策法理上被予以肯定、从文化观念上被赋予共识。教育改革在制度、政策、理念和技术等方面作出规划部署，以回应国家发展和人的发展的现代化需求。治理思维在这一时期的教育改革理论与实践过程中得到了彰显，在教育改革过程中构建起能够有效应对教育常态和非常态的规则、程序和秩序，稳中求进，从教育改革的工具化倾向转向人本化追求，将社会主义核心价值观融入教育改革实践中，遵循新发展理念，推进教育优质发展，深化产教融合，走内涵式发展道路。这一时期的教育改革处在“十二五”与“十三五”规划中，教育改革正在从管理转变为治理、由简单思维转向复杂思维，正视了教育改革的复杂性与可塑性。在国家主导下，通过每个五年规划来切实推进教育改革进程。规划既是对制度和政策的呼应，更是基于实际情况所作的可行计划，通过内涵式变革为教育赋能，激发教育改革的生命力、反应力和统合力，最终回归教育育人成长和服务发展的“双重变奏”。教育改革主要涵盖以公平和质量为准则全面落实教育综合性改革，由单项改革突破迈入全面教育改革升级，在此理念引导与政策支持下，教育改革呈现出“渐进式”和“优化式”的进程状态。

自2013年的十八届三中全会至2020年《国家中长期教育改革和发展规划纲要（2010—2020年）》到期，以及“十三五”规划收官，是中国教育改革进程的新时期的第一个阶段。在中国共产党的领导下，基于对前三个时期教育体制改革的反思总结，提出迈向“教育强国”的战略目标，改革进程稳中求进、量中有质，公平与效率继续成为教育改革的奠基石，办好人民满意的教育，并继续整合教育资源和各方力量全力实现2020年的教育目标。中共十九大宣告中国进入新时代，这个“新”也意味着中国教育改革步入新形势、新战略、新任务的阶段。优先发展教育事业、加快推进教育现代化、建设教育强国是新时代教育改革的战略部署。2019年，明确了面向2035的教育现代化是人的现代化与国家现代化的综合目标，推动教育高质量发展，优化教育体制结构，完善教育质量标准体系，提升教育开放的层次和水平，利用信息化手段扩大优质教育资源覆盖面，秉持创新、协调、绿色、开放、共享的新发展理念。中国教育改革同整体改革是在试错机制、学习机制和理性化机制相结合的制度变迁框架中，完成基层自主创造→形成多元试点→集体学习机制→政府理性设计→颁布教育制度、政策和法令的循环程序。在教育改革的全面深化期，教育体制改革的总体方向是朝着治理方向前行，在改革实践中走的是教育综合改革，在广度和深度上下功夫。教育综合改革的体制机制更加注重平衡公与私之间的利益分成，“均衡”教育资源，保证权益分配更加公正。在更加平等的分配政策基础上提升教育服务，是考量新一轮改革成败的参考因素。教育改革全面深化期糅合了不同时期的教育战略规划，包括“三个面向”“科教兴国”“人才强国”“可持续发展”“推进城镇化”“教育强国”等。教育战略是在国家发展战略的总体框架下构建的，强化了“国家主导的内生性渐进式改革”以谋求教育改革思维转型。中国教育改革进程顺利推进是多种作用合力的结果，尤其是政府自上而下的理性设计与基层民众自下而上的自主创造之间形成良性互动，内生出教育改革的需要和实践目标。自中共十八届三中全会后，教育改革在承接前三个时期的战略任务、继续优化升级的同时，继续坚持改革开放之初确立的“基本路线”。“今天，我们比历史上任何时期都更接近中华民族伟大复兴的目标，比历史上任何时期都更有信心、有能力实现这个目标。”① “十二五”规划和“十三五”规划沿着这一目标设计、规划和实施，以体制机制为中心的教育改革从规制转向赋能，教育改革的服务导向性更为明确——赋能即是为了更好地服务。

第一节　构建教育治理现代化体系（2013—2020年）

随着中国经济的稳健增长，2010年中国成为全球第二大经济体。2012年11月，中共十八大提出了全面建成小康社会和全面深化改革开放的目标，确立“五位一体”的总布局。2013年11月，中共十八届三中全会要求全面深化改革，完善和发展中国特色社会主义制度，推进国家治理体系和治理能力现代化。② 2014年10月，中共十八届四中全会提出了“建设中国特色社会主义法治体系，建设社会主义法治国家”③ 的全面推进依法治国的目标。这两

① 中共中央文献研究室编：《十八大以来重要文献选编》（上），中央文献出版社2014年版，第83页。

② 中共中央文献研究室编：《十八大以来重要文献选编》（上），中央文献出版社2014年版，第512页。

③ 中共中央文献研究室编：《十八大以来重要文献选编》（上），中央文献出版社2014年版，第512页。

次会议确定了这一时期教育改革的战略任务和法治保障，由此教育改革走向教育治理体系现代化，协调推进“四个全面”战略布局。[①] 2015 年 10 月，中共十八届五中全会确立了创新、协调、绿色、开放、共享的“五大发展理念”。[②] 2017 年 10 月，中共十九大宣告“中国特色社会主义进入了新时代”，再次确定了“两个一百年”的奋斗目标。“全面”与“深化”进入双加速阶段，在“百年未有之大变局”中进行教育转型。教育改革所指向的教育现代化形成了实质性的改革共同体，将“自上而下”的制度设计与“自下而上”的探索实践相结合，从改革的“冲击-反应模式”转为自身内在发展需求，掌握主动权，开启新的改革与开放举措以适应中国发展。从中国国情和教情思考改革的适宜性，扎根中国大地办教育。2013 年 1 月，《教育部关于 2013 年深化教育领域综合改革的意见》对当时中国教育改革形势作了一个基本判断：随着我国教育改革进入深水区、攻坚期，所涉及的教育问题面更广，与其他社会改革的关联性更强，打破体制机制壁垒的难度更大，仅依赖于原有的教育改革办法不足以应对复杂的改革环境。2017 年的《关于深化教育体制机制改革的意见》标志着全面深化教育改革的行动纲领出台，承上启下地开启新时代教育体制机制改革的新路，成为新时代教育体制机制改革的行动规划。2019 年出台的《中国教育现代化 2035》再次强调了教育改革的战略目标，是我国第一个以教育现代化为主题的中长期战略规划。2020 年 10 月，中共十九届五中全会在全面分析我国社会主要矛盾变化带来的新特征、新要求和全面分析错综复杂的国际环境变化带来的新任务、新挑战的基础上，立足社会主义初级阶段基本国情，坚持社会经济发展规律，为中国经济社会发展作出了全局性、系统性、前瞻性的部署，并在这次会议上提出“高质量教育体系”。在制度赋能的同时，实现“人的全面发展”的育人理念被强化，将教育现代化定位为高质量教育。国家提出既要增强学生的社会责任感、创新精神和实践能力，又要提高学生的审美和人文素养，尤为强调“立德树人”，统合

① 中共中央文献研究室编：《十八大以来重要文献选编》（上），中央文献出版社 2014 年版，第 247 页。

② 中共中央文献研究室编：《十八大以来重要文献选编》（上），中央文献出版社 2014 年版，第 822 页。

了“成人”与“成才”的双重目标。自中共十八大以来，中国教育改革开放进入全面深化期，逐步确立了两大命题“教育领域综合改革”和“教育治理体系现代化”，并持续践行和研究，对接十九届五中全会所提出的“高质量教育体系”，包括“建设高质量基础教育体系、建设高质量高等教育体系、建设高质量职业教育体系、建设高质量终身学习与教育体系、建设高质量教育保障体系”。①

一、以新教育质量观落实教育综合改革

中共十八大回顾和总结了此前教育改革的成就，为未来教育改革与发展确定了方向：落实学校办学主体地位，加大对教育领域的简政放权，创新教育管理方式，强化依法治教，确定教育改革的服务型导向，转变政府教育职能，通过专业机构和组织构建科学合理的教育评价体系。力争到2020年基本形成法治体系下的教育公共治理新格局。2013年为贯彻落实中共十八大精神，进一步推动《国家中长期教育改革和发展规划纲要（2010—2020年）》实施，教育部印发《全面推进依法治校实施纲要》，继续在各级各类教育中贯彻科学发展观，全面落实依法治教、依法治校，建设现代学校制度，“从他治到自治、从依附到自主”。随着政府教育职能的转变，政府与学校之间的权责利需要进行重新调整，其指向的目标是政府能够有效行使权力、学校能够更好地服务师生教学。从教育结构来说，2013年以来，中国教育改革进程进入体系化升级阶段；从教育方式来说，更加注重自上而下的制度设计与自下而上的实践探索，以多方共建力量合力形成教育共同体；从改革速度来说，2012年以来国家财政性教育经费支出占GDP比例连续达到4%的目标，意味着国家对教育改革的支持力度随着经济增长逐渐加强，加大了经济对教育事业的反哺。教育改革从改革开放之初的体制机制的“点”形成体制机制的“线”，到了2010年的《国家中长期教育改革和发展规划纲要（2010—2020年）》基本确立了教育体制机制的框架体系，后续的教育改革在此规划中，

① 周洪宇：《建设高质量教育体系　迈向教育发展新征程》，《中国教育报》2020年11月12日第6版。

将体制机制体系加以丰富完善，并不断构建起中国特色社会主义教育体系——这个体系的“骨骼”便是体制机制。依据1985—2013年的重要教育政策文件以及“部委联合发文”的教育政策文件，我们可以将教育改革领域分为人才培养模式、办学体制、教育管理体制、教师队伍建设、教育经费、教育信息化、学校建设七大领域，并最终形成41类教育改革主题。具体如下：人才培养模式包括招生、课程、教学、德育、社会实践、就业等9类主题；办学体制包括民办教育办学体制、高等教育办学体制、职业教育办学体制、教育对外开放4类主题；教育管理体制包括各级各类教育管理、学位学历管理、教育督导等11类主题；教师队伍建设包括师资培训、编制管理、师德等5类主题；教育经费包括教育经费投入机制、教育经费管理2类主题；教育信息化包括教育信息化基础设施建设、教育管理信息化2类主题；学校建设包括幼儿园建设、寄宿制学校建设、特殊学校建设、职业学校建设等8类主题。[①]至此，中国教育体制改革新框架形成，并根据不同主题作出不同类别的教育决策和改革举措。相应地，中国教育改革总体框架的形成也表明改革经历了由慢到快，再到又快又好的进程路线。中国教育改革体制框架对应着中国教育体系，两者存在“手段-目的”“结构-功能”的双层关系，形成了“四个服务”与“五位一体”相结合的路径，统筹促进教育服务人的发展和社会发展的双重要求[②]。

中共十八届三中全会后，中国教育改革在此体系下迈入优化升级时代，例如，义务教育从改革之初的“有学上”演变为“上好学”，即教育入学机会均等、优化教育资源的问题，归结为“办好人民满意的教育”。2017年10月，中共十九大报告关于教育的内容进一步明确中国教育改革是一个渐进发展的过程，正从教育大国迈向教育强国。从这个进程的过程和追求来看，“坚持教育优先发展”“努力办好人民满意的教育”既是经验也是目标，只有坚持这样的努力和目标，才可能尽早实现“幼有所育、学有所教”的教育生态。

① 曾天山等：《中国教育改革进展报告2013》，教育科学出版社2015年版，第357页。

② 教育部课题组：《深入学习习近平关于教育的重要论述》，人民出版社2019年版，第75页。

这一时期，随着经济全球化和社会转型节奏的加快，教育发展随时都面临新的挑战和问题，中国的教育改革如今也已步入深水区。当下，中国教育改革应当积极应对挑战，面对新工业革命的挑战，必须积极与国际接轨，培养具有国际视野的高素质人才；为顺应中国经济转型升级的需求，必须改革培养方式，培养具有创新和实践能力的拔尖创新人才；为应对全面建成小康社会的问题，必须维护好教育公平，办好人民满意的教育；为了摆脱教育治理体系现代化的困境，就必须完善教育治理结构，优化体制机制。体制性障碍制约了社会、学校以及基层的教育活力，带来教育持续性发展的困境。

这一阶段教育改革更加注重协同性，表现出更强的综合性。在制度体系的统摄下，教育体制机制的设计者和实施者之间的组织协同能够加速推进教育改革进程。“必须更加注重改革的系统性、整体性、协同性”，总体部署要求中国教育改革要更加重视纵向与横向的协同性问题，“需要更加完整、更加和谐、更加适度、更加均衡的社会支持”。① 改革是庞大复杂的系统工程，教育改革牵一发而动全身，必须放在大系统内来综合考量。单方面进行教育改革，不可能取得显著的成效，必须走出教育自身的圈层。因此，“教育领域综合改革”成为这一阶段的一大命题。

中共十八届三中全会指出，要推进公办事业单位与主管部门的去行政化，转变政府教育职能，以制度化、规范化、程序化的方式优化政府职能，引领教育改革；继续简政放权，强化依法治教；立足建设创新型国家的战略目标，积极实施创新驱动发展战略。2015 年，教育部印发《关于深入推进教育管办评分离促进政府职能转变的若干意见》，明确实施管办评分离，创造性地构建政府、学校、社会之间的新型关系。它基于“四个全面”战略布局，利用制度和政策规约、赋能，实现从教育管理向教育治理的转变，建立健全中国特色社会主义教育体系，完善中国特色社会主义教育制度、推进教育治理体系和治理能力现代化。“教育治理体系现代化”是伴随着“国家治理体系和治理能力现代化”问题而来的，其首要目标是“善治”，通过公平优质的教育体系

---

① 吴康宁：《教育领域综合改革需要怎样的社会支持》，《教育研究与实验》2013 年第 6 期，第 1 页。

实现“有序的教育”和“充满活力的教育”。

2018 年 3 月组建的中共中央教育工作领导小组，作为党中央在教育事业方面的决策议事协调机构，通过自上而下的制度设计与自下而上的组织探索深入推进办学体制、考试招生制度、现代学校制度等方面的改革，以回应新时代提出的“教育强国”战略目标。2018 年 9 月 10 日的全国教育大会以现实、超前和高远的历史站位重申了教育现代化和教育强国的战略部署和制度设计，强调教育体制改革要能适应建设教育强国的需要，也要能加快推进教育现代化。“伴随着体制改革的变化，容易解决的问题都解决了，留下的是最难啃的骨头，特别是财政管理体制问题、教师编制问题和教师工资问题，都是制约教育改革深化的核心问题。”① 可见，改革中涉及利益分配的问题都是改革的难点，在改革过程中既要考虑到教师的需求，也要对保守和阻碍的力量做到心中有数，考虑如何破除。2020 年 10 月，中共十九届五中全会指出“坚持教育公益性原则，深化教育改革，促进教育公平”，为建设高质量教育体系确立了原则。教育制度是教育政策的基础，教育制度依赖于教育政策的支持。好的教育制度应当能激发政府、社会和学校的活力，它包括健全教育治理体系，拥有现代化的教育治理能力，为建设高质量教育体系赋能。其核心是构建政府、社会、学校之间的新型服务关系，路径是依法执教，抓手是管办评分离，以质图强。在推进教育治理体系建设的过程中，要理顺不同教育改革主体之间的权责关系，协调好社会系统中的“政府-学校”关系、教育系统中的“公-私”关系和学校内部的“党-政”关系。

二、将《关于深化教育体制机制改革的意见》立为教育改革新指南

2017 年，中共中央办公厅、国务院办公厅印发《关于深化教育体制机制改革的意见》（以下简称《意见》），内容涵盖学前教育、义务教育、职业教育、高等教育、教育投入、宏观管理等方面的体制机制改革，要求从方方面面健全教育管理体制，并把对效率和规范的追求摆在突出位置。《意见》指

① 高书国：《新时代中国教育改革内在逻辑与政策建议》，《国家教育行政学院学报》2018 年第 1 期，第 10 页。

出，深化教育体制机制改革的主要目标是：到2020年，教育基础性制度体系基本建立，形成充满活力、富有效率、更加开放，有利于科学发展的教育体制机制。体制机制改革真正着手回应人民关心的教育难点热点问题，各级政府依法进行宏观调控，学校依法自主办学，社会各界广泛参与教育事业，为提升解决教育问题的实际效能作出调整，合力推进教育改革进程，为建设具有中国特色社会主义教育体系和达到世界强国教育水平提供制度保障。《意见》成为教育改革新的行动指南。进入教育改革全面深化时期，国家所要做的是啃下教育问题“硬骨头”，它关系着教育改革进程的速度和深度。1985年中共中央决定“扩大学校的办学自主权”，1993年提出“政事分开”，1998年的振兴计划要求“依法自主办学，实行民主管理”，2004年明确提出“深化学校内部管理体制改革，探索建立现代学校制度”，2010年提出“政校分开、管办分离”，教育改革不断推进。而自2013年后，教育管理体制改革聚焦于激活各方改革力量，“深入推进管办评分离”，构建政府、学校和社会之间新型的服务关系，明确各级政府责任，规范学校办学育人的行为，鼓励社会参与改革过程。在深化行政管理体制改革、建设服务型政府的总要求下，强化政府教育公共服务职能，积极推进简政放权、科学决策、民主施政，其改革着力从教育内部管理走向教育内部管理与政府其他部门协作、从中央强制性的自上而下转为中央与地方双向互动、从政府单向度的统包统揽转向“管办评分离”的权责匹配管理。2013年11月，中共十八届三中全会提出要进行国家治理体系和治理能力的现代化，对于教育而言，其核心就是变革高度集权、政府包揽过多的局面，这意味着教育改革重新强化了体制改革的主题。2016年的《国家创新驱动发展战略纲要》再次强调深入推进管办评分离。2018年3月，《中共中央关于深化党和国家机构改革的决定》发布，预示着党对教育工作的全面领导进一步深化，在加强对教育的领导、调控的同时，更为注重“效能”，优化职能分配，转变政府职能，关键在于提高为教育服务的效率。尤其是组建了中央教育工作领导小组，其秘书组设在教育部。教育改革由国家主导，进一步从“嵌入式”改革转为“交互式”改革。在这样的转型过程中，教育改革工作的效率增加，进程加快，在保证量的基础上，实现质的提升。在中央与地方的教育管理职能方面，2014年国家教育体制改革领导小组明确要扩大省级政府教育统筹权的具体内容，由省级政府管理更方便有效的教育事项，一律下放给省级政府管理。2017 年 5 月，国务院办公厅印发《对省级人民政府履行教育职责的评价办法》。此后的《中共教育部党组关于加强落实工作的意见》再次明确提出健全省级政府教育统筹工作机制，扩大了省级政府教育统筹权。就高校管理体制改革而言，“支持高校科学选拔学生，深化考试招生制度改革”，“鼓励高校推进全面学分制等教育管理制度改革”，“完善高校生均拨款制度，建立高校生均拨款标准动态调整机制”，等等。这些体制机制改革举措为创建服务型政府和服务型高校提供了便利，优化了政府教育职能，开拓了为学校、教师和学生服务的新形式和新途径。2017 年 3 月，教育部等五部门出台政策文件，从高校学科专业设置机制、编制及岗位管理制度、教师职称评审、薪酬分配等方面进一步向地方政府和高校放权赋能，给学校更多自主权。

考试招生制度是国家基本教育制度，是衔接各级教育、输送和选拔人才的基本制度，是教育改革中最敏感、最复杂的部分，是教育改革真正需要攻坚之处。它的特殊地位和作用使得它的一个微小变化都可能引起整个社会系统的连锁反应，形成多米诺骨牌效应。中共十八届三中全会对考试招生制度改革作出全面部署，要求“探索招生和考试相对分离、学生考试多次选择、学校依法自主招生、专业机构组织实施、政府宏观管理、社会参与监督的运行机制”。经过四十多年的教育改革实践，我国初步形成了相对完整的考试招生体系，为学生发展、国家选才做出了历史性的贡献，也对维护社会公平产生了重要影响。考试招生制度基本符合国情，权威性、公平性得到社会认可，但也存在“唯分数论”、一考定终身、择校倾向过偏等社会热议的问题。2014 年，国务院出台《国务院关于深化考试招生制度改革的实施意见》，标志着新一轮考试招生制度改革全面启动，从改进招生计划分配方式、改革考试形式和内容、改革招生录取机制、改革监督管理机制、启动高考综合改革试点等五个方面进行，2014 年启动考试招生制度改革试点，2017 年全面推进，争取到 2020 年基本建立中国特色现代化教育考试招生制度，形成多元化的考试招生模式，保证考试招生的公平公正。同年，新高考招生制度改革在上海和浙江试点。多元化的录取方式包括“全国学业水平考试+高校自主招生”模式、

“全国统一学科知识考试＋集中录取”模式、高校自主考试等不同模式。2017年，新高考综合改革试点第一届学生的高考如期而至。上海和浙江两地在高考内容安排上，重点在于用知识启迪思维以分析和解决问题，探索融合了高考成绩、学业水平成绩和综合素质评价的多元化录取机制，以更加透明公开的方式增加高校和学生的双向选择机会，从而使新高考改革试点工作平稳着陆。在教育部要求下，北京、天津、山东、海南四省市作为第二批高考综合改革试点，于 2017 年秋季进入高考综合改革实施阶段。教育部在《教育部 2018 年工作要点》中继续提出，积极稳妥推进考试招生制度改革，指导上海、浙江落实高考综合改革试点方案以及引导第二批试点地区做好试点方案。教育改革试点就是允许试错，是在党和国家领导下，基层组织和群众基于教育体制机制改革要求自发进行实践探索，政府尽可能为基层组织和群众赋能，以包容性的政策环境促进制度创新，正如邓小平同志所说：“我们现在做的事都是一个试验。对我们来说，都是新事物，所以要摸索前进。既然是新事物，难免要犯错误。我们的办法是不断总结经验，有错误就赶快改，小错误不要变成大错误。”①

考试招生制度改革的推进对于教育改革进程有着实质性意义，尤其需要加强中央的顶层设计与通盘考量，同时调动地方的积极性，保持上下联动、协调，整体推进。纵观考试招生制度改革，可以说是权力不断下放的改革，中央是否能够发挥好主导作用，进一步放权，地方是否能够行使好自主权，关键在于是否能够科学落实考试招生改革的中央指导与地方探索。真正意义的多元录取，当是建立多元评价体系。杨东平认为：“需要通过高等学校内部管理制度改革，建立高校自主招生的公信力，降低自主招生导致高考腐败的风险。首先是信息公开，其次是建立问责制。”② 而加快《考试法》修订，以法律形式明确受教育者的考试权益，明确各教育主体在考试招生中的权责，保证考试招生的公正性，亦是一条重要途径。

2017 年，中共中央办公厅、国务院办公厅在印发的《关于深化教育体制

---

① 邓小平：《邓小平文选·第三卷》，人民出版社 1993 年版，第 174 页。

② 杨东平主编：《2020：中国教育改革方略》，人民出版社 2010 年版，第 162 页。

机制改革的意见》中提出“坚持以人民为中心，着眼促进教育公平、提高教育质量”，进一步要求“坚持放管服相结合”，标志着教育体制改革逐步走向基于教育治理现代化的教育转型道路。教育综合改革是点面结合式的推进，改革面面俱到，又有重点突破，关键还是在于继续深化改革，到 2020 年，教育基础性制度体系基本建立，形成充满活力、富有效率、更加开放、有利于科学发展的教育体制机制。此外，要利用制度优势集中力量解决人民群众关心的教育问题和难点，从宏观、中观和微观三个层面将政府、学校、社会等各方力量集合起来形成合力，建设具有中国特色且富有世界教育水准的现代教育制度。“人民中心”“公平公正”“高质量”“教育自信”等成为新时代教育改革的核心词汇。教育公平和质量需要法律加以维护，教育法、高等教育法、民办教育促进法等法律的修订，凸显了中央政府和地方政府全面推进依法办教、依法治教、依法执教。在教育经费方面，2015 年，国务院印发《关于进一步完善城乡义务教育经费保障机制的通知》，要求整合农村义务教育经费保障机制和城市义务教育奖补政策，建立统一的中央和地方分项目、按比例分担的城乡义务教育经费保障机制。2015 年 8 月 18 日，中央全面深化改革领导小组会议审议通过《统筹推进世界一流大学和一流学科建设总体方案》，开始部署“双一流”计划。2017 年在高等教育领域，改革注重改进教师职称评审机制，健全薪酬分配制度，逐步完善现代大学制度，对教师队伍建设更加注重质量提升、素质提高，使之成为教育质量提升的必要保障。2018 年 1 月，中共中央、国务院印发了《关于全面深化新时代教师队伍建设改革的意见》，提出要加强师德师风建设，培养高素质教师队伍，倡导全社会尊师重教，形成优秀人才争相从教、教师人人尽展其才、好教师不断涌现的良好局面。同年，教育部发布了我国第一个高等教育教学质量国家标准。[①] 2017 年，中共十九大对未来作出两阶段的整体规划，预示着未来一段时间内我国的教育改革是面向 2035 的教育现代化。进入新时代后，2017 年、2018 年、2019 年是对教育改革进行理性设计的关键年份，重要的会议和决策文件

---

① 中华人民共和国教育部：《普通高等学校本科专业类教学质量国家标准》（2018 年 1 月 30 日）。

依次出现，这种高频率教育改革动作预示着教育改革全面深化的落实。而到了 2020 年，突如其来的新冠疫情增加了教育改革的不确定性，优化了大规模在线教育作为非常时期教育发展的过渡方式，但并未改变此前教育体制机制改革的总体规划。“后疫情时代”的教育会在原有的设计框架下作出调整，并继续向着中国教育现代化 2035 的目标推进教育改革进程。

教育改革的人、财、物保障是建设教育强国的前提，尤其是优质教师队伍建设，人才是教育改革和教育现代化的核心要素。2018 年 1 月，中共中央、国务院印发了《关于全面深化新时代教师队伍建设改革的意见》，提出要以德育师，着重打造一支高素质强能力的教师队伍，营造全社会尊师重教的氛围，提高教师的地位和待遇，使得人尽其才。提高教师队伍整体素质成为教育质量提升的必要保障。随着我国经济的发展，国家财政性教育经费支出有了增加，2012 年国家财政性教育经费支出占 GDP 比例达到 4.28%，首次超过 4%。此后连续 8 年国家财政性教育经费支出占 GDP 比例都超过了 4%。这些数据反映了自 2013 年以来我国教育改革取得了令人瞩目的成绩，俨然从改革开放初期的教育小国发展成为一个教育大国。到了 2019 年，全国共有各级各类学校 253 万所，比上年增加 1.1 万所。全国各级各类学历教育在校生 2.82 亿人，比上年增加 660.6 万人，增长 2.4%；全国各级各类学校专任教师 1732.0 万人，比上年增加 59.2 万人，增长 3.5%。① 中国教育改革进程在此阶段处于质量为先阶段，“人本”“共享”“公平”与“质量”成为治理思维下教育改革的核心词，“将人文主义价值作为教育的基础和目的”。②

三、以“放管服”改革推进教育治理现代化

改革开放后，国家意识到学校缺乏自主权，于是开始了政府与学校关系的动态调整，逐步由统包统揽的“全能型”政府向分工明确的“服务型”政府转型，从“掌舵者”变为“服务者”。所涉及的教育体制机制包括教育管理

---

① 中华人民共和国教育部：《2019 年全国教育事业发展情况》，http://www.moe.gov.cn/，2020-09-20。

② 联合国教科文组织编、联合国教科文组织总部中文科译：《反思教育：向“全球共同利益”的理念转变?》，教育科学出版社 2015 年版，第 38 页。

体制、教育对外开放体制、现代学校制度等，自上而下体现理性设计和自下而上进行基层创新成为共存的两条改革路径。中共十八大后，教育优先发展战略进一步被强化，教育改革在教育现代化和教育强国的共同导引下回归到人的现代化，改革着眼于知识转型、价值更新、思维升级和实践创新，以“放管服”相结合的方式推进教育治理现代化，其核心是实现人的现代化。2019 年 2 月出台的《中国教育现代化 2035》成为推进教育现代化的指导思想，着重提出加强党对教育工作的全面领导，完善教育现代化投入支撑体制，全面落实物质保障、人才保障、技术保障、法治保障、组织保障等来加快推进教育现代化。在保证“量”的基础上，促进“质”的提升，逐步实现教育现代化的阶段性目标和总体目标。2019 年 10 月中共十九届四中全会召开，旗帜鲜明地提出“坚持和完善中国特色社会主义制度、推进国家治理体系和治理能力现代化”，延伸至教育领域亦是如此。从教育制度方面看，要坚持和完善中国特色社会主义教育制度，构建中国特色社会主义教育体系，发挥教育制度优势，建设教育强国；从教育治理与教育现代化的角度说，要基于新格局、新模式、新工业革命和新全球问题思考国家教育治理体系和教育治理能力现代化。

自 2013 年以来，教育部共取消或下放了 14 项教育审批事项，包括民办学校聘任校长核准、国家重点学科审批、高校博士学科点专项科研基金审批等；还要求要完善事中事后监管机制；优化服务，更好满足人民群众的教育需求。2013 年以来，教育改革着力解决教育行政管理权分配的科学与效率问题，逐步放权给基层教育管理部门，释放基层教育改革的活力。简政放权，优化结构，形成以政府为主导的教育总体管理，放权给学校自主办教育，通过社会专业组织和群体评估教育改革实施效果。2013 年中共中央要求“深入推进管办评分离，扩大省级政府教育统筹权和学校办学自主权，完善学校内部治理结构”。2015 年，教育部印发《关于深入推进教育管办评分离　促进政府职能转变的若干意见》，提出要建立“政事分开、权责明确、统筹协调、规范有序的教育管理体制”，继续深入推进教育内部与外部的“管办评”分离，更加明确了科学分配教育行政管理权、提高办学效率的方向。继续扩大对民办教育的支持和良序管理，2016 年教育部等五部门印发《民办学校分类登记实施细则》，加强对民办教育的管理，促进民办教育健康发展。2018 年教育部和国务院扶贫办印发《深度贫困地区教育脱贫攻坚实施方案（2018—2020 年）》，教育脱贫进入最后攻坚阶段。同年，《教育信息化 2.0 行动计划》出台，以教育信息化支撑教育现代化迈入新阶段。“十三五”规划中提出了“积极参与全球教育治理”的目标，在深化多边教育合作与深度参与国际教育规则制定的过程中，中国积极推动高层磋商机制和合作机制建设，主动在全球教育发展议题上提出中国方案和中国智慧。学分转换与学历、学位认证转换的实施，推动了人员往来，是建设国际化人才培育制度的必然要求。在加入世贸后，中国不断加大与国外高水平大学合作培养人才的力度，积极探索国内外共同培养高素质创新人才的有效途径。新的形势要求制定学分互认的政策，鼓励大学生出国留学，扩大国际视野。到 2017 年 4 月，我国已与 46 个国家或地区签订了学历学位互认协议，为我国教育对外开放减少了制度阻碍。

“‘放管服’改革的目的在于简政放权，厘清权责，创新监管，减少过多干预，促进市场主体的活力和创新。”① 以“放管服”相结合的方式实现教育改革的“收放自如”。“放”是对权力的分解，也是对教育的赋能，“活”起来的教育才能激发生命力；“管”是对教育行政管理体制的创新，打破体制壁垒，提升对教育改革的领导力、组织力和执行力，在正确的时机规约教育行为并在适当的节点疏通改革阻碍，对教育治理能力有了更高的要求；“服”是面向人民群众做好公共教育服务，为国家发展和人的发展服务，提供优质教育资源，依循教育规律和中国实际国情教情办教育，满足人民群众多样化的教育需求，提升教育的人民获得感。推进教育治理现代化源自改革开放以来对教育管理的经验积累和时代发展所作出的宏观调整，离不开政府职能的转型。而这体现在政府角色的新获得——“教育体系的构建者、教育条件的保障者、教育服务的提供者、教育公平的维护者、教育标准的制定者、教育质量的监管者。”2017 年 9 月，中共中央办公厅、国务院办公厅印发的《关于

---

① 周洪宇：《深化教育领域“放管服”改革，加快推进教育治理现代化》，《教育研究》2019 年第 3 期，第 15 页。

深化教育体制机制改革的意见》进一步明确了政府的教育管理职能，提出了三个管理的转向：从直接管理转向间接管理，从过程管理转为目标管理，从短期管理转向中长期管理。这一文件也指出了政府职能不是全能的，而是有限的。教育改革需要各方力量参与共管，实现政府从微观管理向宏观治理转变。“放管服”改革是在一个整体性的框架内进行的，包括中央政府、省级政府和县级政府所形成的教育行政管理体系。教育改革被整体性地带入治理思维中，走向教育“善治”，“从‘官员的权力本位’走向‘公民的权力本位’是其内容上的表征，‘善治’是其价值追求，实现公共利益最大化是改革目的”。[①] 2017 年 3 月，教育部等 5 部门出台《关于深化高等教育领域简政放权放管结合优化服务改革的若干意见》，其中从高校学科专业设置等方面深入探究了未来高等教育改革的重点，但“放管服”改革不仅限于高等教育，还应渗透到各级各类教育。知识经济将对教育产生深刻而深远的影响，新的教育改革趋势在百年未有之大变局中正在形成或已经形成。2020 年 10 月 26 日中共十九届五中全会召开，在对“十四五”时期我国经济社会发展作出系统谋划和战略部署的同时，还对 2035 年基本实现社会主义现代化的远景目标进行了清晰展望。此次会议通过了《中共中央关于制定国民经济和社会发展第十四个五年规划和二〇三五年远景目标的建议》，明确了“建设高质量教育体系”的政策导向和重点要求。以市场经济、投资驱动为特征的增长模式推动了经济发展，但达到中等收入水平后，未来中国发展要靠创新，需要一个服务型政府实施简政放权等，这些转变是中国走向高质量发展的关键。教育上也同样如此，要改变“粗放式”发展方式，转型到“高质量发展方式”，扩大教育开放，注重“教育创新”，充分发挥教育家的创新精神。“服务”与“治理”所耦合成的教育改革基调将为多样性、个性化和可持续发展赋能，建设高质量教育体系。

如何理解深化教育领域“放管服”改革的挑战？周洪宇教授认为，“放管服”改革是政府自身职能的改变。推进教育治理现代化，首先要解决的就是教育行政权力配置的科学性与效率性问题。中国的教育改革可概括为几个大

---

① 俞可平：《走向善治》，中国文史出版社 2016 年版，第 60—63 页。

方面："一个核心""四大改革""五大保障"。"一个核心"是指，教育改革要围绕培养创新人才模式进行改变，这是教育改革的核心，是出发点，也是落脚点。"四大改革"指的是，要进行现代学校制度的改革、办学体制的改革、政府职能转变，以及考试招生制度的改革。另外要把"一个核心""四个改革"进行好，必须有"五大保障机制"的改革。这"五大保障机制"包括组织领导机制改革、投入机制的改革、教师队伍建设、教育的法律保障、教育机制的保障机制。以教育体制机制为中心的教育改革越来越关注教育的多样化发展、个性化发展和可持续发展。目前，中国已从教育弱国进入教育大国，在迈向教育强国的征程中，教育需要从规模增长转为质量提升，这就需要教育战略、教育政策、教育管理和资源配置方式等转为相应的治理方式，主动适应教育治理现代化的新趋势、新需求和新特征，强化以人为本的改革观和以质图强的发展观。

2010年的《国家中长期教育改革和发展规划纲要（2010—2020年）》指出，教育管理体制改革的重点在于转变政府职能和简政放权，两者互为前提，简政才能放权，实现简政放权才能真正转变政府职能。政府退出对学校的直接管理和微观管理，但仍要履行其服务学校、监控和评价公共服务结果的职能。其中，四川省成都市青羊区教育局建设服务型政府、山东潍坊市创办教育惠民服务中心是较为典型的案例。2013年后，以"放管服"为核心的教育治理体系成为重点，在改革与开放的双重目标下，政府继续简政放权。"放管服"自上而下渗入到各级各类教育改革中，完善教育改革的必备条件，实现物与人的平衡。中共十八届三中全会以来，简化教育审批程序，取消不必要的教育行政审批，给予高校自主权以设置专业、申请编制、出台教职工职称评审举措等。在学校管理中，加强督导体系建设，突出了督政、督学和评估监测等功能。在以提高质量为主的教育改革时代，国家通过一系列政策和管理措施以改变规模效应式的教育投入方式。

教育体制改革中人才培养体制改革的内涵是对接"培养什么人，怎样培养人，为谁培养人"这一问题，其外延也是与此相关联，进一步从战略高度上确定了"德育为先，能力为重，全面发展"的人才培养目标。其外延是以培养各类具有创新性人才为核心，建立健全现代学校制度、改革公办学校独大的办学体制、改革考试招生制度和转变政府自身管理职能，形成领导组织保障、师资队伍建设保障、经费投入保障、教育立法保障以及信息技术手段保障。简单说就是“一个核心、四大体制改革、五大条件保障改革”，涵盖了教育管理体制、教育实施机构、教育制度规范三方面的改革，通过各个环节落实到位，共同搭建成国家教育治理体系，提升国家教育治理能力。2013 年到 2020 年中国教育改革逐渐形成了“五个战略和一条路径”，这种战略叠加是当代中国教育改革演进的结果。“五个战略”分别是“教育现代化战略”“科教兴国战略”“人才强国战略”“教育优先发展战略”和“教育强国战略”，这五个战略是教育改革进程不同时期不同阶段的决定，带有时间延续性，是在“两个一百年”的总体目标下，不断衍生出来的，是对实际教育需求的回应。“一条路径”指的是中国教育改革进程体现出国家主导的内生性渐进改革，不是一种外铄性激进变革，这是两种改革思维的取舍（见表 4.1）。稳中求进是中国教育改革乃至中国改革的基本节奏。内生性渐进改革过程中的新旧制度并存局面，相比于外铄式激进变革仍然是可以接受的。“国家主导的内生性渐进改革”中的“内生性”是中国教育改革内在发展所形成的一种自发性结果，脱胎于中国教育本色本身和人民群众的教育需求，教育改革及其进程的内生性源自“时代需求”与“学科担当”的双重使命，不是外界强加的，外在因素是内生性产生的催化剂。教育改革有时也会在“国家主导”不力的情况下发生，推动教育改革出现，在取得成效、形成经验后再由国家接受并推广，这种情况在四十多年的教育改革中很常见（如各类民办教育的出现和发展、基础教育领域为实施教育均衡化而产生的“教育集团制”“联校制”“联片制”“走读制”“流动制”“学区制”等，其中不少都是地方或基层自己创生的）。“国家主导的内生性渐进改革”符合马克思主义历史唯物主义的世界观和方法论。在国家主导下，以国情和教情为出发点，大胆尝试新制度、新政策和进行新试点，渐进式推进各项改革，以求能够行稳致远。“国家主导的内生性渐进改革”也是一种整体秩序，“一个事情要有秩序，就需要所有事情都有秩序；部分要有秩序，就需要整体有秩序”。[1] 2013 年中共十八届三中全会制定的改革计划就是要更加注重改革的内生性、系统性、整体性和交互性，搭建起改革的梁柱。教育改革也由此更加注重整体效应、系统效应和协同效应，确定了这一阶段的秩序规则。

表 4.1　渐进改革与激进变革的比较

	渐进改革	激进变革
教育发展观念	教育发展是不断生成、适应的过程	教育发展是人类有意识设计的结果
教育改革方案	渐进修补、摸索前进，“摸着石头过河”	按照理想目标进行突变式的改革
改革包容程度	以多元逻辑构建包容性制度体系	以单一逻辑进行一次性建构

四、将人类命运共同体作为全球教育治理目标

“教育实力、教育质量、教育制度和教育模式是 21 世纪世界教育竞争的四大支柱。”[2] 在全球产业链形成的新时代，不管愿不愿意，全球化已成为不可逆转的形势。世界面临着百年未有之大变局，政治多极化、经济全球化、社会信息化等加深了国与国之间的联系，但也带来了诸多挑战。对此，中国已经开始明确要构建相互关联的教育结构，以国家视野考察教育改革的演进与趋势，向世界展示一个真实、立体、全面的中国教育改革格局。中共十八大以来，我国全面加强了对外开放。教育领域也在积极回应国家开放战略，拓展留学教育和国际教育，加强同世界各国的教育交流，通过参与全球教育治理活动，发出中国声音，提出中国方案，贡献中国教育智慧。从基础教育到高等教育，中国秉持着以我为主、为我所用的原则，越来越以开放、包容、自信的态度去接纳其他国家的教育文化。自 20 世纪 70 年代以来，国际化成

---

① 赵汀阳：《天下体系：世界制度哲学导论》，中国人民大学出版社 2011 年版，第 21 页。

② 高书国：《教育强国：中国教育发展战略选择》，广东高等教育出版社 2018 年版，第 147 页。

为全球教育趋势。全球国际学生总数从 2000 年的 210 万人增长到 2010 年的 410 万人，增幅达 95.2%。2016 年，在华学习的留学生超 40 万人次，表明中国已成为亚洲最大、全球第三的留学目的国。孔子学院是中国教育对外开放的典型，这一时期中的孔子学院遍布全球 140 多个国家和地区，数量达到 500 多所。我国还与 188 个国家和地区、46 个重要的国际组织建立了教育合作与交流关系。2013 年以后，随着“一带一路”战略部署，区域教育治理合作加强，中国教育对外开放格局在“一带一路”加持下，进入高速发展期。“人类命运共同体”的提出，为教育对外开放提供了新的坐标。

中共十八大以来，中国在世界教育话语体系中的分量逐步提高，增强了中国教育的创造力、感召力和公信力。2014 年 6 月，世界语言大会在苏州召开，以中国政府为主导形成的成果文件《苏州共识》，首次在联合国教科文组织会议上提出了“语言能力建设”的概念；推动落实《亚太地区承认高等教育资历公约》、牵头组织制定《亚太经合组织教育战略》《中国落实 2030 年可持续发展议程国别方案》。此外，2009 年、2012 年、2015 年上海先后三次参加 OECD 组织的 PISA 测试，虽说不能代表整个中国，但中国基础教育给全世界留下了深刻印象。这说明我们的基础教育质量有了很大提升。越来越多的中国教育者出现在世界教育舞台上，积极参与区域性和全球性的教育治理问题，发出中国教育的声音，提出中国方案，更加坚定了中国特色社会主义教育的道路自信、理论自信、制度自信和文化自信。

五、服务导向：从教育管理到教育治理的思维转型

自中共十八大以来，教育体制逐渐从管理思维转变为治理思维，服务观念越发明晰。教育积极服务于国家发展需要，国家努力服务于教育进步。国家与教育之间的关系因社会主义现代化教育建设需要、制度安排而具有教育自身的历史内涵与特征，教育历史的延续性为教育改革提供了参考基础，也是中国特色社会主义教育发展道路的“源头”。教育改革不是单向服务的，旁涉政治、经济、社会多个领域。转为法治服务型导向的教育改革，把公平正义作为教育改革的核心价值，明晰教育改革与教育治理、教育现代化、教育强国之间的概念耦合与实践联系。

“未来中国必将是在发展生产力的同时，全面推进科学发展。”[①] 生产力与生产关系之间的匹配问题是教育治理体系的核心问题，有限的资源和技术革新为教育改革的内发与外引提供一个分析框架。教育在技术时代有着质变性和超越性，基于现实又高于现实。教育改革在不同阶段的科技思想和人文精神影响下进行制度与政策演进，更加明确教育改革的边界、类型与生态要求，加速集约型教育改革进程。同时，教育改革在稳定性和复杂性之间会出现起伏，增加其不确定性。改革是要为教育发展服务，为政治建设、经济建设和社会建设服务。从管理到治理，尤其是县域一级的教育改革会面临转型的困难，学校教育改革的长短期效益之间的矛盾需要一个强有力的教育组织机构通过系统治理来实现平衡。据此，教育治理也要以问题为导向，从多元主体、专业能力等方面搭建教育治理体系。

服务导向的教育改革为的是从教育规约走向教育赋能，变被动为主动，深化科学发展观。从教育管理到教育治理的本质就是从管制到服务，教育改革应继续落实将政府职能转变到宏观调控、社会管理和公共服务方面，延续2004年国务院提出的“建立服务型政府”。重在提高教育体制机制改革的效率，建立健全中国特色社会主义教育体系，改善教育生态环境、加快教育行政管理体制改革、融入国家治理体系，对服务型导向的教育改革提出了新的要求。教育的“双服务”模式的核心在于我为人人、人人为我的等价服务交换，彰显公正，催生社会发展动力，通过改革扩大制度优势，并转化为教育治理能力。

服务导向的教育改革是对政治、经济和社会三种导向型教育改革的综合考量，从管理走向治理，通过改革完善制度并为教育赋能。政治导向、经济导向和社会导向统归于服务导向，大有百川归海之势（见图4.1）。政治、经济和社会彼此之间有联系，在不同时期并非完全割裂，而是侧重点有所不同，服务型教育改革囊括了政治、经济和社会对教育的要求，通过教育改革优化教育体系和结构，继而服务于政治、经济和社会发展需要；反过来，政治、经济和社会为教育进步和人的全面发展提供支撑，促进其正向发展。“改革开

---

① 陈锦华等：《中国模式与中国制度》，人民出版社2012年版，第223页。

放以来，中国发生了两个重大变化，其一是市场化带来了很大程度的经济自由，其二是民主政治（特别是基层民主）迈出了步伐。”[①] 经过教育改革四十多年的努力，以教育体制机制为核心的教育改革思路已然形成，对接国际教育改革趋势。我国现已处在教育和学习资源的“百花齐放”时代，教育需求更加关注教与学行为的目的性和实用性，教育供给越来越重视精准定位、量身定制和服务为上，但教育改革依然是政府主导、多元主体参与的，需要形成教育治理体系，维护和强化教育公共服务资源的公平性和便捷性。同时，要紧密结合市场机制的作用，提供多样化、个性化且富有竞争性的教育资源，规避教育改革的弥散，聚焦教育现实问题，强化教师队伍对教育改革的现实意义和实践价值。在传授与辅助、解构与重构、守正与创新并存的辩证存在中，建成学习型社会，迈向教育强国。当前，中国教育正处于服务型导向时期，将坚持以提高质量为核心，以优化结构、深化改革为动力，走向融合式发展，建立包容性教育制度。

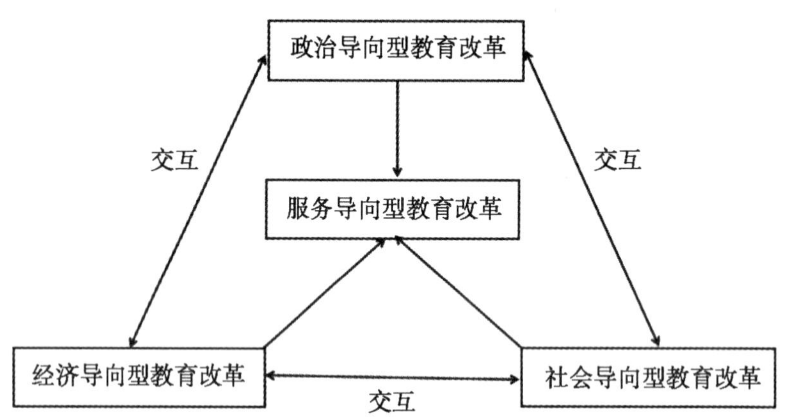

图 4.1　四种教育改革导向的关系简图

在国家主导下，以体制机制为核心的教育渐进式改革根据时代变迁和社会发展等内外因素，采取分合有度的调适策略，化“危”为“机”，保证教育改革的正确方向，除制度因素外，有三个核心思想和原则在影响着教育决策

① 郁建兴、王诗宗：《治理理论的中国适用性》，《哲学研究》2010 年第 11 期，第 118 页。

和理念，也是教育改革必须继续坚持遵循下去的“法宝”：实事求是、稳中求进、局部超越。首先，任何改革都要持有务实的态度，依据现有的实情和条件作出适宜的政策举措，“务实”应为改革的基本认知。“实事求是是马克思主义的精髓”，且“我们改革开放的成功，不是靠本本，而是靠实践，靠实事求是。”[①] 改革开放以来，中国制度优势和政策部署的有效性靠的就是实事求是，成功和教训都被客观看待，根据现实要求作出调整。其次，稳中求进是对“秩序”的维护和“方向”的抉择，教育改革总体是向前发展、进步的，在维持现有教育教学秩序的前提下发现问题、分析问题和解决问题，不冒进不保守，基于事实作出制度调整和政策部署。最后，局部超越是对教育要面向现代化、面向世界、面向未来的回应，找出“应然”与“实然”之间的差值，对当前教育现状作出考量，具有持久性和前瞻性，尤其是新兴科技在未来所带来的可能教育变革。另外，教育改革是一项具有科学性和人文性的事业，它是一项系统的工程，需要有科学合理的系统规划，设计教育制度和政策，确定战略目标和战术任务，以“工程控制论”观念统管全局、全过程，依赖落实各项保障继而推进教育改革由大到小、由器到人。

教育发展不等于教育体制改革，也不能代替教育改革。当今世界在经济与人才方面的竞争可以归结于教育竞争，而教育竞争更多体现在教育制度的竞争。教育强国建设最终也是制度改革的结果。基于此，教育体制改革是我国教育发展的内在需要，它既是教育观念的产物，也是教育观念的载体。教育体制改革具有纲领性和整合性，起到纲举目张的效果。以上是从教育问题的“内部性”审视教育体制改革，除此之外，教育体制改革有着很大的“外部性”，不能仅在教育圈里谈教育，教育体制与经济体制、经济体制改革联动催生了 20 世纪 80 年代以来的教育变革模式。我国教育发展在经过规模与数量的高速增长后，各级各类教育内部的体制性问题逐渐暴露出来，教育体制不适应市场经济发展的需要，呈现出滞后性，因此公平而有质量的教育直接要求建立新的富有包容性的教育体制。

---

① 邓小平：《邓小平文选·第三卷》，人民出版社 1993 年版，第 382 页。

第二节　迈向现代化教育强国的中国教育改革

到 2018 年，中国教育改革走过了四十个春秋，中国已由改革之初的“教育弱国”发展为“教育大国”，并正在向“教育强国”迈进。这总体呈现出教育改革与发展的历史轨迹，对接国家发展和民族富强。教育改革四十多年来所取得的成绩主要包括：一是教育总体规模持续扩大且有跨越性升级表现；二是财政性教育经费投入持续加大；三是教育质量显著提升，各级各类教育皆有发展；四是教育公平取得新成绩，人民对教育更加满意；五是师资队伍建设速度加快、质量提高，优秀教师典型不断涌现；六是教育对经济社会发展的支持作用显著增强，为社会主义现代化建设提供了有力的人才支撑；七是教育对外开放工作全方位推进，中国教育的国际地位得到很大提高。2017 年的《关于深化教育体制机制改革的意见》和 2019 年的《中国教育现代化 2035》的出台，预示着迈向现代化教育强国蓝图规划的完成。在四十多年的教育改革进程中，中国教育大体经历了四个时期八个阶段的发展，并会将教育改革对接“大改革圈”继续进行到底。这四十多年教育改革由改革之初的缓慢推进到全面进行教育体制机制改革，再由市场作为突破口进入跨越式发展时期，而后经过对市场化改革的“冷思考”，将效率、公平与质量整合起来，形成渐进式教育改革。存量更新、增量优化是迈向教育强国战略目标下教育改革的基调。教育改革进程体现在“量”与“质”的交互作用上，表征为国家现代性与人的现代性的“双增长”、教育强国与教育强人的“共振”，最终指向人的自由和全面发展。

一、由“大”到“强”的新时代教育改革图景

2019 年中共中央、国务院印发了《中国教育现代化 2035》，在准确研判国际教育发展趋势和我国教育发展历史方位的基础上，提出了一系列重大战略和举措，成为当代中国教育由“大”到“强”的新时代改革设计图，其提出的“八大基本理念”将会在制度、政策、管理、教学等层面加以转化实施。顾明远先生认为，当代中国教育改革的成绩包括“教育观念的转变、教育事

业的发展、教育法制逐步完善、教育科学的繁荣”。① 四十多年的教育改革成效从各级教育对人均受教育年限增长贡献率中可窥见一斑（见表 4.2）。人均受教育年限增长贡献率在四十多年间一直在增加，意味着各级教育在发展，总体呈上升趋势，但存在结构性问题。四十多年改革的关键认知是：教育改革开放是中国教育转型发展、从教育大国迈向教育强国的根本着力点。而教育强国是“教育综合实力”的体现，不只是“教育的硬实力”，还有“教育的软实力”。教育的软实力很大程度上取决于“教育的品质”，“即教育的自由、平等、担当、激活、区分的程度”。②

表 4.2　中国各级教育对人均受教育年限增长贡献率※

时间	人均受教育年限增长/年	初等教育贡献率/%	中等教育贡献率/%	高等教育贡献率/%
1975—1980	0.783	69.5	30.5	0.1
1980—1985	0.499	53.3	43.0	3.7
1985—1990	0.377	35.8	60.6	3.6
1990—1995	0.782	41.6	53.0	5.4
1995—2000	0.699	36.6	57.3	6.1
2000—2005	0.516	20.9	68.5	10.6
2005—2010	0.546	15.2	69.0	15.8

※资料来源——教育部教育规划与战略研究理事会秘书处：《人力资本投资与发展方式转型》，教育科学出版社 2012 年版，第 85 页。

教育愿景是由“大”到“强”，教育改革要为建设教育强国服务。教育强国与教育大国本质上的区别在于质。“从大到强，已经不只是规模、外延与数量问题，而是聚焦体制机制、内涵和质量等深层次瓶颈问题。”③ 中国教育还

① 杜冰、颜维琦：《改革开放 40 年：教育现代化的中国之路》，《光明日报》2018 年 8 月 4 日第 6 版。

② 吴康宁：《教育的品质：教育强国的“软实力”》，《教育发展研究》2015 年第 11 期，第 1 页。

③ 汤林春：《2035 教育现代化义务教育的使命与担当》，《中国教育学刊》2018 年第 9 期，第 14 页。

面临不少困难和挑战，主要有：第一，教育局部差距依然存在，区域、城乡、校际、群体之间还有较大差距；第二，个性化、多样化教育需求仍未得到有效满足；第三，人才结构性矛盾尚未得到有效解决；第四，人民群众渴望接受优质教育，但如何遏制片面追求升学冲动、促进学生全面发展的问题，仍然没有得到很好解决；第五，信息化对教育改革带来的挑战依然存在，信息技术与教育发展有待进一步融合。这些困境依然继续推动教育改革的深化，尤其要进一步推进全方位、多层次、综合性、立体化、高质量的教育体系建设。“建设教育强国要有强大的经济支撑，教育强国要为其他强国战略提供支持，并要对全世界具有足够的吸引力。”① 我们所要实现的教育强国是教育综合实力、制度能力、培养贡献能力、国际竞争力强大并具有世界影响，逐步实现教育战略优、教育体系全、教育结构佳、教育制度强、教育质量好、教育保障硬、国际地位高的教育改革与创新目标。“实施教育强国战略，强调教育内涵式发展，办好‘优质公平’的教育，要求将规模与质量、优质与公平统筹考虑，将过程与结果统筹考虑，实现有机统一。”② 以此推动教育高质量发展，建设高质量教育体系，坚持以人为本，优化教育结构体系，完善教育质量标准体系，提升教育开放的层次和水平，利用信息化手段扩大优质教育资源覆盖面。

迈向教育强国的教育改革要创设公平而有质量的教育格局，人的现代化是核心，公平公正是应有之义。“在整个社会向市场经济转型过程中，教育公平是不能完全通过市场机制实现的，政府应该发挥自己应有的作用。政府应当制定相关政策，采取有力措施，确保教育均衡发展，提供更多的优质教育资源。”③ 而在教育改革全面深化期，“人”在教育中的地位被重新确立，更加注重“立德树人”，追求“以人为本”。这不是对教育改革进程数字的增量要求，而是要在盘活存量的基础上，实现结构优化和升级，走优质化教育发展道路。教育体制机制改革的目的是以制度为人的发展赋能，找寻制度之内

---

① 张力：《教育强国战略》，学习出版社 2012 年版，第 38 页。

② 王嘉毅：《吹响建设教育强国的冲锋号》，《中国教育报》2017 年 8 月 1 日第 1 版。

③ 周洪宇：《努力让人民享有更好更公平的教育》，《中国教育报》2017 年 10 月 12 日第 1 版。

的育人意义。

二、框定新时代教育改革进程的实践路径

自中共十八届三中全会以来，教育治理思维确立，更加注重以“放管服”相结合的教育体制机制改革为教育赋能。有关部门在2017年、2018年和2019年相继举行多次重要决策会议，并出台重要的教育改革文件，为推进教育改革进程进行系统性、整体性和协同性的规划设计，确定了中长期推进教育改革进程的实践路径。教育改革通过各项政策来调节多方主体间的矛盾，以国家主导、多元统筹的方式确立服务导向，通过更为深入透彻的改革举措提升教育质量与效率、维护教育公平、办出让人民满意的教育。不过，教育改革的方法、路径、策略、模式等在未来还需要优化，在情理法理上都应立住脚。政府在中国教育改革进程中始终居于主导地位，在体制机制优化和政策制定实施中提升组织力、政策力和执行力，在推进教育改革的过程中便形成了“合力”，渐进且可持续的教育路径逐渐明晰。在教育改革全面深化时期，2017年的《关于深化教育体制机制改革的意见》和2019年《中国教育现代化2035》等关键性教育政策文件强化了教育改革从管理转向治理的趋向性，确定了未来中国教育改革的理念、利益、权力、制度等方面的推进路径。

促进理念更新与发展。理念是教育改革的文化底蕴，作为一种主观的认知，隐含在改革行为中，为行为注入了动力和持续力。任何一项教育改革的背后都有着潜在理念，从文化视域来看，教育改革本就是一种理念的贯彻与实践，体现为一种思想践行和价值彰显。文化理念是教育改革的软实力，教育改革离不开理念更新，没有理念的变革很难有教育改革创新，这正是“解放思想”的重要意义所在。教育改革的理念创新能够带动政策创新，诸如教育优先发展理念、以人为本理念等。新旧理念的冲突会带来教育认知的升级和制度更新，影响着教育改革的节奏。内涵式教育发展即教育的高质量发展，由先进教育理念、合理制度安排和适宜教育方式共同推动。其中，人的全面发展是人才培养模式改革的关键所在。教育理念是对古今中外文化的继承和发展，结合现实因素构成复杂多维的教育改革组合体，教育政策制定者、教育管理者、教师、家长、学生等主体在教育改革进程中各司其职，共同创造

了教育改革所需的文化土壤。新文化和旧文化的碰撞带来教育改革知识体系的转型，加速推进教育改革的知识化、专业化和体系化。

落实利益分配与重组。教育改革是在不同主体的权益博弈中尽可能平衡各方利益，最终回归于群体利益冲突的调适。四十多年教育改革进程中的各项教育政策即是对利益的强制分配，从而带来教育主客体关系的变动，将教育放置于政治经济视域中，创新教育政策，充分考虑个人、社会和国家之间的利益重组，基于教育强国、教育现代化、教育治理的战略部署，维护教育法治，凸显改革的人学诉求，更好地培养人、塑造人。教育改革的经验和教训即在于利益分配与重组对人的发展的影响，不同改革方案隐含着不同的利益调适机制。未来中国教育将走向更加公平且优质的道路，在制度规制下，尽可能地通过制度赋能让更多的教育资源能够进行分合有度的调配。

做好权力集中与分化。政府主导依然会是中国教育改革的一大特征，政府是权力运行的载体。中国教育改革与政治、经济、文化等相关联，基于中国国情和教育实际，需要以政府为主导进行自上而下的改革来祛弊立新。在此过程中，改革涉及权力的集中与让渡。四十多年的教育改革历史证明，教育政策活动的背后隐含着权力的“集”与“分”，“管办评”分离与“放管服”结合即是对权力的配置方式以及权责明晰的过程。在不同时期、不同地域开展教育改革活动，权力有分有合，关键在于能否促成整体和部分的改革成效。教育改革应继续坚持党的领导和政府主导，集合一切有利于国家发展、教育进步和个人成长的力量；做好权力的集中与分权，依据教育战略部署有目标分阶段地制定教育政策、落实教育保障体制、健全基层教育运行机制，打破原有稳定的关系格局，构建新的权力运行制度；加强教育部门同高校、教育研究机构、教育智库等专业组织机构的合作，加速教育改革研究、决策、行动的专业化。在集权与分化的过程中，尽可能找到两者较为适宜的距离，对权力进行合理规划，让权力更好地服务教育改革，提高政府的教育治理能力。

夯实制度变迁与重构。教育制度变迁包括演进性制度变迁和强制性制度变迁。继续夯实教育制度变迁与重构是未来必须重点考量的问题。教育改革的关键点在于制度的确立和运行，不管教育制度如何变迁和重构，依据教育改革四十多年的经验来看，应当且必须继续坚持制度的正义价值与秩序价值。

教育主体间的利益博弈与互动关系，加速了信息与知识的最大限度交流与共享，维护了最广大人民群众的根本利益，最大程度确保了正义价值与秩序价值，维护了教育正当与教育美善。教育制度在教育理念、主体利益和权力运行等要素的共同作用下形成相对稳定的组织架构和规范体系，并延伸出教育政策，而教育政策又反作用于制度构建。同时，包括教育体制和教育机制在内的教育制度为教育政策的出台提供制度保障。需要明确的是，这里的制度不仅限于教育制度，还包括更大范围的政治制度和经济制度，共同改造着教育系统。制度的变迁与重构是为了健全国家教育治理体系和提升国家教育治理能力。当现有教育制度框架由于外部性、教育规模、教育抗风险能力和教育成本引起教育滞后时，一种新的教育制度便随之产生。制度变化是为了符合发展带来的新诉求，化解矛盾冲突，继而改善教育生态环境，走可持续发展道路，在开放的环境中吸纳各国教育改革的优秀经验，立足中国国情进行制度设计，以解决中国实际存在的教育矛盾。

三、教育改革进程中人学观念的失位与复归

自新中国成立后，教育起起伏伏，在动态变化中折射教育在恢复、建设、探索的不同阶段的战略趋向。受历史局限性影响，教育曾被视为一种工具，这是历史特殊需要所导致的。在 20 世纪五六十年代，教育让位于国家政治建设。政治化或革命化教育改革使得教育性被弱化，将教育作为培养国家所需人才的工具，背离了教育应有之规律，但客观上为当时的中国培养了一批急需的建设人才。直到改革开放后，教育工具论在教育本质的讨论中走下舞台，被“服务论”所取代。虽然教育的战略地位被提升，教育优先发展逐步确立，但在 20 世纪 90 年代，教育还是让位于经济建设，工具论的色彩依然存在。教育工具论是一种偏狭的教育理论，将人的发展作为一种机械化的存在，忽视了生命本体，在特殊的历史时期发挥过积极作用，但也留下了后遗症。基于这种思想观念，各级各类教育要形成一种合力，共铸成国家发展的“助推器”，从而使得教育中“个人”或真正人学观念的失位。21 世纪后，随着改革开放的深化，教育工具论被纠正，人的现代化进入教育视野，教育理论也逐渐由单一走向多元。另外，“政府主导下的教育改革直指教育现代化，在更

多时间里考量的是国家整体发展和社会持续稳定”[①]，这折射出教育现代化的系统性、整体性和协同性。“中华人民共和国成立70余年来，中国实现了从世界上文盲率最高的国家到世界最大的现代教育国、人力资本国，人力资源强国的全局性、根本性、历史性转变，为中国式现代化创造和积累了最丰富、最具竞争力的人力资源与人才资源优势。”[②] 中国特色社会主义教育体系在发展中形成独特特色，经历了从工具论到服务论、单一论到多元论的转变，体现了教育与人的现代化。未来，应深化改革，推动教育全面发展，为国家发展和社会稳定提供支持。

迈向“教育强国”的教育改革也是“教育强人”。教育的核心是人的发展问题，育人为本是教育的应有之义，教育要促进人的自由而全面的发展，其核心要义源自马克思主义。“马克思关于人的自由而全面发展思想及其在社会主义社会中的运用和发展。指作为社会主体的每一个人在个性、道德、能力等方面的和谐、自由、全面地发展和完善。”[③] 新中国成立初期，“全面发展”就成为教育方针的关键词，对马克思主义关于人的全面发展观有着继承和发展。1951年3月的第一次全国中等教育会议上，提出：“普通中学的宗旨和培养目标是使青年一代在智育、德育、体育、美育各方面获得全面发展，使之成为新民主主义社会自觉的积极的成员。”这是新中国成立后首次提出智、德、体、美全面发展。到了1957年2月，毛泽东针对教育界与教育方针有关的“全面发展教育”的讨论指出：“我们的教育方针，应该使受教育者在德育、智育、体育几方面都得到发展，成为有社会主义觉悟的有文化的劳动者。”明确了我国教育的性质、方向、培养目标等，在很长一段时间内成为指导我国教育的方针，对新中国教育的发展影响深远。可以说，全面发展的教育基因在新中国成立之初就已被植入。虽然中间有过断裂，但改革开放后，“人的全面发展”的教育学意蕴被重新续接上。教育重在要面向人，强化终身

---

① 周飞舟：《政府行为与中国社会发展——社会学的研究发现及范式演变》，《中国社会科学》2019年第3期，第21页。

② 胡鞍钢、王洪川：《中国式教育现代化与教育强国之路》，《新疆师范大学学报（哲学社会科学版）》，2023年第1期。

③ 余源培主编：《邓小平理论辞典》，上海辞书出版社2004年版，第638—639页。

学习，讲求因材施教，重视知行合一，注重共建共享。将人的全面发展融入人的现代化过程中，国家现代化离不开人的现代化，两者在教育现代化过程中基于“双服务”实现共生。推进人的全面发展，同推进经济、文化等领域的发展互为前提基础，人的全面发展是教育现代化的内核。“个人的全面性不是想象的或设想的全面性，而是他的现实联系和观念联系的全面性。”[①] 全面发展论是人的现代化的集中体现，将个体的符号世界与生活世界对接起来，遵循以人为本的理念，从政策文本中解读出教育的生命意蕴，以生活实践为主导，既要培养学生的正确价值观念、健康人格与必备品格，又要培养关键能力。基于此，教育改革中的类属性、群体属性和个体属性在全面发展论的作用下复归，即教育改革人学观念的复归，回归到教育的本原，育人成长，共促发展。

教育改革人学观念的缺位与复归可以从改革开放以来的教育目的中窥见一二（见表 4.3）。教育改革的每个关键点都带有对“人”的思量，所制定的规则多是从群体角度出发的，而“规则并不只是冰冷冷的否定性禁令或限制，而是可资利用的建构性因素”。[②] 不同历史阶段的教育目的是不同的，因为它是不同阶段的人学观在教育上的反映。无论是理论上的教育目的观，还是实践中的教育目的，都是人的形象的反映。“真正的教育者并不仅仅考虑学生的个别的功能，像任何一个教育者那样只打算教学生认识某些确定的事物或会做某些确定的事情；而是他总是关切着学生整个人，即当前你所看到的他生活的现实情况，以及他能成为什么样的人的种种可能性。”[③] 教育改革中“人”的形成所折射出的教育变化既是时代对人的要求，也是教育自身进步的结果。“人学观念视域下的中国的教育改革是针对工具理性、功利主义等观念影响下的教育的异化和物化，所要解决的是“无人的教育”问题，强化“人的自由全面发展”，将个人、社会和国家统合在教育改革中，还教育以人性，

---

① 中共中央马克思恩格斯列宁斯大林著作编译局：《马克思恩格斯文集·第八卷》，人民出版社 2009 年版，第 172 页。

② 杨善华主编：《当代西方社会学理论》，北京大学出版社 1999 年版，第 228 页。

③ 华东师范大学教育系等编译：《现代西方资产阶级教育思想流派论著选》，人民教育出版社 1980 年版，第 229—230 页。

为教育注入人的生命哲学，培养富有生命性、主体性、实践性和责任性的时代新人。

表 4.3　改革开放以来的教育目的中人的形象概览※

时间、文件	时代背景	人的形象
1981 年《关于建国以来党的若干历史问题的决议》	改革开放时期、社会主义建设时期	政治人
1985 年《关于教育体制改革的决定》	改革开放时期、社会主义建设时期	政治人 技术人
1986 年《中华人民共和国义务教育法》	改革开放时期、社会主义建设时期	政治人 经济人
1993 年《中国教育改革和发展纲要》	改革开放时期、社会主义市场经济时期	政治人 经济人 道德人
1995 年《中华人民共和国教育法》	改革开放时期、社会主义市场经济时期	政治人 经济人 道德人
1999 年《关于深化教育改革全面推进素质教育的决定》	改革开放时期、社会主义市场经济时期	政治人 经济人 道德人 个性人
2001 年《基础教育课程改革纲要》	改革开放时期、社会主义市场经济时期	政治人 道德人 个性人
2010 年《国家中长期教育改革和发展规划纲要（2010—2020 年）》	改革开放时期、社会主义市场经济时期	政治人 经济人 道德人 个性人

续表

时间、文件	时代背景	人的形象
2017年《关于深化教育体制机制改革的意见》	改革开放时期、社会主义市场经济时期	政治人 经济人 道德人 个性人
2019年《中国教育现代化2035》	改革开放时期、社会主义市场经济时期	政治人 经济人 道德人 个性人

※资料来源——肖庆华：《教育改革的人学探究》，中国社会科学出版社2012年版，第139—140页。表格内容在此基础上有所补充。

自十八届三中全会以来，教育改革进入全面深化时期，教育改革的结构化成果便是形成了中国教育改革模式，从20世纪80年代到90年代末，通过多次教育机构的改革，中国确立了基本适应市场经济的教育行政结构，实现了政府教育职能转变，强化了“国家主导下的渐进式改革”，由是延展开来，将政府、市场与学校联结起来，构成稳固的三元结构。从“教育管理”到“教育治理”仅一字之差，却包含着教育改革从思想观念、管理模式到组织结构、制度机制等各方面的深刻变革。教育治理是政府、社会组织和利益群体、公民个体通过一定的制度安排进行合作活动，共同管理教育公共事务的过程。[①] 教育治理体系中制度设计、体制安排更多的是为“双服务”赋能。教育治理本质上是要回归治理活动本身，教育现代化承载着教育使命和愿景，如何践行，需要教育战略目标、教育治理目标、教育改革目标以及具体教育活动等形成自上而下的结构化体系，使得每个组成部分依据制度所赋予的权力和职能高质量完成活动任务，最终实现整个教育现代化的战略目标。政府的宏观管理需要按照市场经济的逻辑进行改革和完善。从“规制”到“赋能”是对教育“放管服”的深化，各级教育主体由“被动”转为“主动”能够有

① 褚宏启：《教育治理：以共治求善治》，《教育研究》2014年第10期，第4页。

意识地参与到简政放权、放管结合、优化服务中，教育参与性和教育主体性被凸显出来。赋能更是为了强化“双服务”的优势，保证教育质量。赋能包括“谁赋能、赋能给谁、怎样赋能”的问题。中国的教育现代化与教育改革是通过自上而下的方式进行，在国家主导下通过法律和制度赋能给教育管理者、施教者和受教育者等教育主体，最终的归宿还是依法治教、求得制度合理性及其优势发挥。“双服务”随同制度优势和时代发展而升级，“教育制度变革的目的在于寻求规制与赋能之间的合适张力，激发教育活力”。[①] 教育更好地为国家和社会发展服务，国家和社会为教育提供更切实的保障服务，彼此之间形成共存共荣关系。教育现代化进程中的“双服务”符合并反映了新中国教育发展道路的一般性特征和特殊实践，既有政治制度安排下的服务规制，也有市场竞争机制催生下的服务订制。

---

① 范国睿：《教育变革的制度逻辑》，《探索与争鸣》2018 年第 8 期，第 19 页。

第五章　中国教育改革进程的影响因素与逻辑理路

中国教育改革经历了“四个时期八个阶段”，呈现出“国家主导的内生性渐进改革”特征。从马克思主义唯物史观出发，将教育放置于大改革观中加以审视，能够反观中国改革开放的历史进程。中国教育改革充斥着多元复杂的因素，传统社会中隐匿的“人治”还实实在在地存在着，很大程度上影响了教育改革的观念、制度、行动和情感的稳固性，传统社会中所形成的“超稳定结构”既是优势又有阻碍，这种植根于文化深层的结构很难轻易被打破。如此就存在教育改革追求突破与超越的模式和坚守传统社会中的历史延续与文化承继之间的矛盾，这就需要构建出不同于其他国家的教育改革之路，形成“国家主导的内生性渐进改革”，彰显中国特色社会主义教育道路，立足中国国情去诠释中国教育改革和把握中国教育改革在世界教育改革中的应有位置和影响力。中国教育改革历程及其得失是多重因素导致的，在此过程中，政府、市场、社会、国际等外部因素会影响教育改革的进退，校长、教师、学校管理等内部因素也会加速或延缓教育制度、教育政策的落实，继而影响改革成效的高低。除此之外，协同公平与质量的价值冲突、不同主体的利益博弈所产生的价值因素也会潜在影响着教育改革进程。我们要以马克思主义唯物史观检视历史合力论的正当性，并从内因与外因的关系探讨中国教育改革进程研究的历史哲学，即内因决定外因，外因通过内因起作用。

在教育改革进程中，教育体制从管理思维逐渐转变为治理思维。教育积极服务于国家发展需要，国家努力推动教育进步，通过教育理念上升为教育制度，制度设计从规制走向赋能，成为当代中国教育改革及其进程的历史逻辑。历史逻辑决定了教育改革的实践逻辑，在世界视域中形成了“国家主导下的追赶-超越型”教育现代化模式。同时，历史逻辑决定了教育改革的理论逻辑，逐渐澄清了教育本质问题，教育理论也趋向于融合式发展。以“双服务”为线索，基于历史逻辑-实践逻辑-理论逻辑的分析框架来审视教育改革进程，厘清三重逻辑关系，可助力国家教育治理体系和教育治理能力现代化建设，继而形成教育改革进程研究的历史哲学。从认识论和方法论的层面说，马克思主义唯物史观当为教育改革进程研究的历史哲学基础。“马克思始终把实践和主体联系在一起来考察人类历史，并认为人既是历史的‘剧中人’，也是历史的‘剧作者’”①，教育改革进程也存在这样的镜像，折射在教育观、历史观和制度观上，实事求是是教育改革进程研究能够以唯物史观解读的原则。

第一节　当代中国教育改革进程的影响因素

教育改革离不开历史根基的滋养，教育方针是教育制度的延续与变迁，其主要源自教育内在动力，但也离不开中外比较视域下的外在影响，在同一时空中发现中国教育的优势与劣势，除弊更新。教育改革的历史逻辑根源于教育制度演变，教育方针是“纲举目张”的依据，在教育改革与教育现代化互动过程中形成教育治理的自主性、内生性、外铄性和调适性。2017 年中共十九大作出社会基本矛盾转变的判断，2020 年 10 月的中共十九届五中全会提出“建设高质量教育体系”，这些主张既是对改革开放以来社会发展的基本总结，也是对未来一段时期社会进步的方向引领。教育改革与发展已取得了重大发展，我国正由教育大国迈向教育强国，逐渐走向可持续发展的教育道路。教育现代化依托于持久性的教育改革，教育由新中国成立之初的工农教

① 杨耕：《马克思主义历史观研究》，北京师范大学出版社 2012 年版，第 3 页。

育转变为改革开放之初的普及教育，再到21世纪后逐渐形成的质量追求。国家与教育之间的关系因社会主义现代化教育建设需要、制度安排而具有教育自身的历史内涵与特征，并在各种影响因素的共同作用中展现教育改革进程的细节。总体来说，影响中国教育改革进程的因素主要包括外部因素、内部因素和价值因素。

一、外部因素：国内外大环境的变化

对影响中国教育改革进程的外部因素，在此主要采用的是宏观环境分析法，即PEST分析法。从政治、经济、社会、技术四个方面来分析中国教育改革所面临的外部宏观环境状况。外部因素加速或延缓了中国教育改革进程，其作用的发挥还得通过内部因素发挥作用。

（一）政治与经济是影响教育改革进程的主导因素

1. 政治制度牵引着教育改革的大方向

教育改革依托于一定的制度环境进行，尤其是政治制度与经济制度对教育改革的影响最为直接。从政治角度看，集权与分权、权利与义务、国家政治战略等成为制约教育改革“改什么”“改多少”“改到哪”等。教育同政治与经济之间有着很多弥合之处，关系甚是紧密，与我国现行的政治制度和经济制度是同气连枝。① 教育决策、体制变革等从政治与经济角度看是合理的，但不见得就一定与教育自身的发展逻辑相吻合。政治归因主要在于政府的集权与分权，国家教育制度的演变或者说教育方针的变迁所影响的是教育部门拥有教育改革的权限，直观地看是规范教育改革，实则是关于教育利益分配的制度化，主要是对教育资源的调控。政治主要是国家或准确说是政府利用国家职能影响教育改革与发展的方向，而关于教育改革的政策和决策，通常会带有一定群体利益的烙印。政治对教育改革的影响主要是通过法律、组织机构、政策文件、会议决议等形式来实现的。党的建设、国家根本制度、民主协商制度、行政改革、政府职责、政治监督等具体政治领域早已渗透在教

① 容中逵：《基础教育改革的政治逻辑》，《当代教育与文化》2015年第1期，第46—57页。

育改革进程中，例如1977年恢复高考制度即是在政治干预下，以强势姿态展现教育改革决心，开始了中国教育新篇章。中国的教育改革是一个制度体系的延伸，而有效的教育改革涉及三个基本问题：谁改革、如何改革、依靠什么改革。这其实是每个领域改革的三大基本要素，即改革主体、改革体制机制和改革工具。与此相应，政府官员的素质、政府治理的制度和政府治理的技术，便成为影响国家治理现代化的三个基本变量。[①] 每个政治领域对教育改革都有直接影响，教育改革的政策措施需要经过行政部门审批，也就是说教育改革要经过政治规制和赋能才能具有合法性。新中国成立初期，我国将教育定位为民族的、科学的、大众的文化教育，教育制度基于新生政权而产生，教育面向工农劳动人民，教育重心下移，并积极推动工农教育培养一批新人，助力新民主主义教育建设，实行三大改造。这期间通过各项教育制度的确立，让教育回归常态。教育制度的制定模式还处于革命模式，全力为国家发展服务，从制度设计保障无产阶级、人民群众的受教育权，并借助政治斗争、学制改革、扫盲运动来保障工农大众的教育权益。1956—1966年迎来全面建设，但也在曲折中发展，国家与教育之间的“双服务”所依存的教育制度在革命模式和建设模式中交替产生。尤其是1958年教育方针成为后来近二十年的指导方针，教育改革依托于强制性教育体制机制，政治意图太强。1966—1976年社会主义教育遭受严重挫折，国家与教育之间的双向互动失去了赖以存在的制度土壤，政治上的“左”倾思想在教育中蔓延，革命模式将教育制度的合理性和合法性淡化，教育秩序和教育生态被严重干扰。教育在国家政治目标中占有重要地位，国家的“教育战略意识”初现。教育改革方向更多变为教育为无产阶级统治服务，政治教育为重。教育制度多属于强制性的规制，以发挥教育的集体力量，发挥社会主义制度优势集中力量办大事。

四十多年的改革开放，教育结构作为社会结构的一部分，既离不开集中规划和治理，也需要适时适地适度地分散自治，这种教育体系的建构很考验执政者的教育治理能力。我国的教育改革多是自上而下的教育行动，其成功

① 俞可平等：《中国的治理变迁（1978—2018）》，社会科学文献出版社2018年版，第4页。

离不开教育行政部门的参与。教育行政部门面临如何准确定位自己的角色，如何防止自己角色职能的泛化和窄化的问题。如果教育行政部门过于狭隘则会出现教育职能发挥不到位，以所谓合理的理由推脱教育正当行动，出现缺位现象；如果教育行政部门的职能泛化则会干涉其他教育主体，出现越位现象。所以，政府教育职能的正常发挥与否在于能否建立合理科学的教育行政体制机制，澄清教育行政部门的地位作用和权力边界，集权与放权，该管的一定有作为，不该管的让渡权力使之自治，最大化地提高教育治理能力，优化政府教育职能。我国教育改革指导思想大多是以会议决议、政府文件的形式出台，政策导向性比较明显，教育领域内的学术研究多是对会议决议和政府文件的解释和宣传。改革开放后，这些特征依旧存在，但出于对人的因素的探究，教育改革开始将“以人为本”作为战略追求和题中之义。基于政治制度的考量和教育发展的需要，教育领导机构在教育改革中处于核心位置。中国教育改革多是自上而下进行的，强有力的组织领导是保证政通令达的首要前提。在制度约束的框架下，教育改革应有章可循、稳中求进。教育政策、教育法律条文、教育行政规范等都可视为教育改革的影响因素。教育制度约束需要具体组织架构加以运行，这离不开党对教育事业的全面领导，各级各类教育管理部门及学校组织有步骤有条理地实现教育强国的阶段性目标。办好中国的事情，需要建立党委统一领导、党政齐抓共管、有关部门各负其责、全社会协同配合的全域性工作格局。从决定改革开放到“面向现代化”，从基于市场经济改革教育到加快推进教育现代化建设，再到教育治理体系和治理能力现代化，等等，都有党的领导在发挥至关重要的作用。当前教育管理部门和各级各类学校党组织要增强“四个意识”、坚定“四个自信”、坚决做到“两个维护”，在教育管理和教育教学过程中，党的领导是根本保证。党的领导以及其他教育行政组织机构是政治体制在教育领域的体现，归根到底是通过制度规约教育事业发展的正当性和育人性。“教育发展与进步背后的核心机制是教育制度变迁”①，而制度变迁是对教育公正的维护；要确保党的领导在

---

① 田正平、李江源：《教育制度变迁与中国教育现代化进程》，《华东师范大学学报（教育科学版）》2002年第1期，第40页。

教育改革中的核心地位，党是教育改革的组织领导者。

改革开放前，中国教育改革推进多是源于政治稳定的需要，对经济因素的要求比较少，对人的因素的关切也少。“教育改革的本质是如何通过教育促进人更好地发展，因此，这就需要从人学的角度对其予以理论观照。”[①] 我国的政体和国体决定了教育改革的基本方向，守正政治大方向，对教育改革的内容与方式、目标与途径有着直接影响。在诸多外部因素中，信息技术、互联网等新媒介的出现，为教育改革提供了可利用的技术手段，加速了教育改革进程，并为教育制度、教育理念的变迁指明了方向。在政治与经济的双重作用下，权力的“集”与“分”、利益的冲突与平衡为教育改革提供了动力。政治权力机关、教育制度、经济结构、新型媒介技术等诸多因素交织在一起，共同构成了影响教育转型的外部因素，若全部落实到位，将成为教育改革的助力；若出现掣肘，则会成为教育改革的阻力。

2. 经济发展为教育改革增添可持续动力

改革开放以来，“随经济体制、财税体制、教育体制的改革，作为教育财政制度组成部分的教育经费投入制度不断改革，形成了符合教育服务性质和国情的、以政府投入为主、多渠道投入的教育经费投入制度，支持了我国教育的快速发展”[②]。经济对教育体制改革的影响主要从两方面来看：一方面，经济体制改革的思路、目标、途径等为教育体制改革提供了可参考的对象，影响着教育体制的模式；另一方面，公共教育财政制度本身即是教育改革的一项制度保障，包括教育经费投入、教育预算、教育经费拨款、学费（现主要指非义务教育阶段的学费）、学生资助等具体制度，影响着教育改革进程快与慢、好与坏等。“只搞经济体制改革，不搞政治体制改革，经济体制改革也搞不通，因为首先遇到人的障碍。事情要人来做，你提倡放权，他那里收权，你有什么办法？从这个角度来讲，我们所有的改革最终能不能成功，还是决定于政治体制的改革。”[③]

---

① 肖庆华：《教育改革的人学探究》，中国社会科学出版社 2012 年版，第 4 页。

② 王善迈、赵婧：《教育经费投入体制的改革与展望——纪念改革开放 40 周年》，《教育研究》2018 年第 8 期，第 4 页。

③ 邓小平：《邓小平文选・第三卷》，人民出版社 1993 年版，第 164 页。

经济增长及其体制改革是教育改革正向发展的积极因素，改革开放后，经济的理性改革与发展模式尝试性地解决了中国发展问题。经济改革习惯于从“本质、规律、原因”的层面思考，发现普遍性问题，并着力解决国家、社会、家庭中存在的“现象、结果”层面的具体问题。这些问题会阻碍经济改革，也会蔓延至教育领域。20 世纪 90 年代的教育体制改革全面走向市场经济方向，“教育产业化”成为当时的焦点，带来了教育公共属性的弱化，走向了功利主义，不利于人的全面发展，加剧了地区教育差距。[①] 由此可见，经济对教育改革的影响并不总是正向的。经济体制改革为教育体制改革提供了可以发现问题本质的线索，但必须沿着教育自身的育人规律去探寻解决之道，兼顾价值理性和工具理性。经济体制改革影响着教育体制改革，关乎教育改革的持续性动力。早在 1993 年的《中国教育改革和发展纲要》就确定要在 2000 年前将国家财政性教育经费支出占国内生产总值的比例提升至 4%。当时，世界平均水平为 4.9%，发达国家为 5.1%，欠发达国家为 4.1%。我国是在 2012 年才达到 4.28%。自 2012 年首次超过 4%以来，已连续多年保持在 4%以上。历史实践证明，只有足够的财政性教育经费支出，利用多渠道获取教育经费，走多元教育经费筹措之路，才能确保教育改革有足够的经费。那么，国家财政性教育经费支出占国内生产总值的比例应当根据经济发展状况和世界教育发展趋势作出调整，超过 4%这一比例。经济增长是教育投入的前提基础，教育投入比重反映了经济对教育的支撑，尤其是国家财政性教育经费投入。1978—1985 年间党中央和国务院作出把教育列为国家发展战略重点的重大决策，国民经济投资比例出现转变，优先投资于教育，基础教育投资有了明显的加强。1980 年邓小平曾针对教育投资比例过低的问题指出：“经济发展和教育、科学、文化、卫生发展的比例失调，教科文卫的费用太少，不成比例……从明年、至迟从后年开始，无论如何要逐年加重这方面，否则现代化就化不了。”[②] 此后，随着《中共中央关于教育体制改革的决定》

① 容中逵：《基础教育改革的经济逻辑》，《湖南师范大学教育科学学报》2018 年第 3 期，第 67—77 页。

② 邓小平：《邓小平文选·第二卷》，人民出版社 1994 年版，第 250 页。

（1985 年）和《中华人民共和国义务教育法》（1996 年）的出台，基础教育管理体制改革极大地调动了地方积极性，教育经费持续增长，以财政拨款为主、多渠道筹措教育经费的体制初步形成。1993—1997 年期间是我国教育经费投入增长最快的时期之一，国家教育经费总支出、国家财政性教育经费支出以及各财政教育拨款均比"七五"期间翻了一番以上（见表 5.1）。我国从 1985 年提出的"两个增长"到 1993 年的"三个增长"，直到 1995 年《中华人民共和国教育法》用法律形式规定了教育经费投入的"三个增长"。进一步从教育拨款与国家财政收入的匹配度看，1981—2015 年间除个别年份外，中国预算内教育财政拨款增长率基本高于或是基本接近于国家财政收入的增长率（见图 5.1），各级政府竭力保证了教育拨款的增长要高于财政经常性收入的增长的要求，确保了教育改革的经费需要。

表 5.1　1986—1997 年中国教育经费投入增长情况※

年份（年）	教育经费总支出（亿元）	年增长率（%）	国家财政性教育经费支出（亿元）	年增长率（%）	财政预算内教育拨款（亿元）	年增长率（%）
1986—1990	2446.10	16.54	2167.76	16.49	1680.64	13.64
1991—1995	5985.22	23.29	4800.60	20.14	3552.22	19.27
1991	731.50	10.94	617.83	9.55	459.73	7.88
1992	867.05	18.53	728.75	17.95	537.73	16.97
1993	1059.94	22.25	867.76	19.08	644.39	19.84
1994	1488.78	40.46	1174.74	35.38	883.98	37.18
1995	1877.95	26.14	1411.52	20.16	1028.39	16.34
1996	2262.34	20.47	1671.70	18.43	1211.91	17.85
1997	2531.73	11.91	1862.54	11.42	1357.73	12.03

※资料来源——《中国教育经费投入 20 年：1978—1998》，见《教育研究信息》（内刊）1998 年第 12 期刊登的中国教育经费投入情况分析。

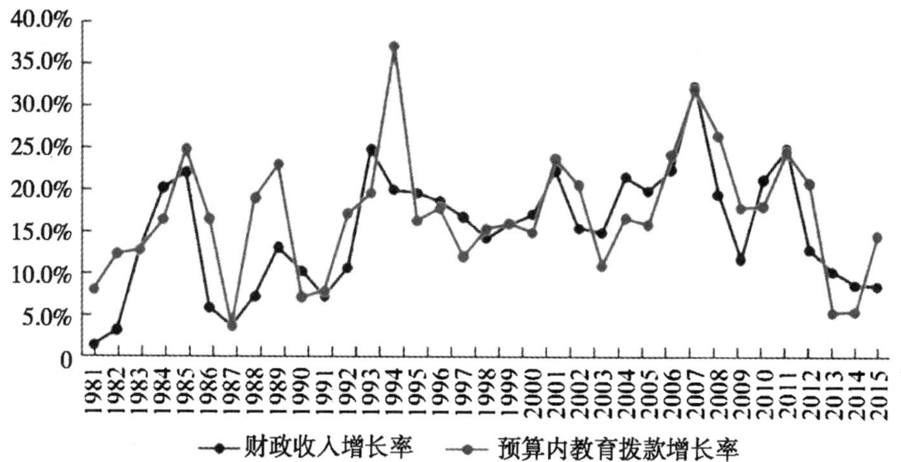

图 5.1 1981—2015 年我国财政收入增长率和预算内教育财政拨款增长率变化※

※资料来源：历年《中国统计年鉴》和《中国教育经费统计年鉴》。

表 5.2 1993—2018 年国家财政性教育经费投入情况※

年份（年）	GDP（亿元）	国家财政性教育经费占GDP的比例	国家财政性教育经费（亿元）
1993	35673.2	2.43%	867.76
1994	48637.5	2.51%	1174.74
1995	61339.9	2.30%	1411.52
1996	71813.6	2.33%	1671.70
1997	74772	2.49%	1862.54
1998	79553	2.55%	2032.45
1999	81911	2.79%	2287.18
2000	89404	2.87%	2562.61
2001	95933	3.19%	3057.01
2002	102398	3.41%	3491.40
2003	117252	3.28%	3850.62
2004	159878	2.79%	4465.86

续表

年份（年）	GDP（亿元）	国家财政性教育经费占GDP的比例	国家财政性教育经费（亿元）
2005	183084.80	2.82%	5161.08
2006	210871	3.01%	6348.36
2007	249529.9	3.32%	8280.21
2008	300670	3.48%	10449.63
2009	340507	3.59%	12231.09
2010	401202	3.66%	14670.07
2011	472882	3.93%	18586.70
2012	518942.11	4.28%	22236.23
2013	568845.2	4.30%	24488.22
2014	636139	4.15%	26420.58
2015	685505.8	4.26%	29221.45
2016	744127.2	4.22%	31396.25
2017	827122	4.14%	34207.75
2018	900309.5	4.11%	36995.77

※注：1993—1996年数据来源于中华人民共和国国家统计局国家数据，详见中华人民共和国国家统计局官网 http://data.stats.gov.cn/；1997—2018年数据来源于历年《全国教育经费执行情况统计公告》，详见中华人民共和国教育部官网 http://www.moe.gov.cn/jyb_sjzl/sjzl_jfzxgg/。

国家财政性教育经费投入对教育改革有着直接作用，若投入多、结构合理，教育改革则能平稳前进，反之教育改革难以推进。自改革开放以来，国家财政性教育经费逐年增加（见表5.2），国家财政性教育经费占GDP的比例也在2012年达到4%。自1993年提出在2000年前实现4%的目标后，国家对教育的经济投入是在增加的，国家财政性教育经费随GDP的增长而增长，国家财政性教育经费占GDP的比例整体上呈现增长态势，但其中也有涨有落，与国家的大政方针是匹配的。尤其是党的十八大以来，经济对教育的扶持力度在政策保障下连续 8 年达到“4%”，形成了强大有效的教育改革与发展投入机制。

政府作为重要的制度创造者，如推动建立与市场经济体制有关的一系列教育制度创新，并以法律形式将其巩固下来，有效维护了国家、社会、教育三方的“共生关系”，并在此过程中将经济中的“信用”“契约”“法治”等理念深入教育改革中。经济是教育改革的外部影响因素，经费投入机制是建设教育强国所需要的财政经费保障，既是发展高质量教育的保障条件，也是建设教育强国的基本资源。我们需进一步加大教育投入，优化教育供给结构，实现教育资源配置方式转型升级，补齐教育短板，满足人民的多样化、多方面、多层次的教育需求，形成公平而有质量的教育生态环境。经费投入机制也是确保教育公平的关键。“在整个社会向市场经济转型过程中，教育公平是不能完全通过市场机制实现的，政府应该发挥自己应有的作用。政府应当制定相关政策，采取有力措施，确保教育均衡发展，提供更多的优质教育资源。”① 目前，我国教育投入的稳定增长机制尚待建立，义务教育经费保障机制有待进一步完善，部分地方教育投入缺乏长效机制，农村中小学生生均公用经费标准偏低，难以满足日益增长的办学需要；一些地区公用经费政策执行不到位、不规范，公用经费被挤占、挪用来支付聘请代课教师和食堂从业人员等现象依然存在；在教育投入结构方面，教育经费配置不合理，重高等教育、轻基础教育和职业教育的局面依然存在等。经费投入的不足和结构性失调导致了教育资源的有限性，使得教育不公的问题突出，亟须加强投入保障，完善教育经费投入机制，夯实教育强国的基础。

政治与经济是影响教育改革进程的主导因素，起着基础性作用。教育的各项决策既要符合政治与经济发展需要，又要通过政治与经济相应措施来落到实处。② 面对政治与经济的内外挑战和复杂形势，我们要将其所要求实现的战略布局牵引到教育改革中，利用政治与经济所形成的制度优势，凝聚共

---

① 周洪宇：《努力让人民享有更好更公平的教育》，《中国教育报》2017 年 10 月 12 日第 1 版。

② 王保星：《历史制度主义与我国教育政策史研究的方法论思考》，《河南大学学报（社会科学版）》2017 年第 1 期，第 136—141 页。

识，总结经验，在教育改革中实现发展、完成转型，继续坚定深化教育体制改革，解除对教育发展的枷锁束缚，增强教育的可持续发展力。“从更广阔的历史视角来看，在世界各国的现代化进程中，不同发展阶段会遇到不同的发展陷阱，每个陷阱都意味着压力。”①政治与经济的双重制度变奏曲为教育改革奠定了制度节奏和最终乐章。“在实践中，制度调整有两种导向：一是问题导向，也就是出现矛盾和问题之后，被迫进行制度调整。二是战略导向，也就是通过顶层设计进行前瞻性、主动性调整。”② 教育改革也要基于这两种导向进行体制机制调整。“中国式的制度变迁是单纯的诱致性制度变迁和简单的强制性制度变迁的互动与融合，以一种包容的方式形成了中国独特的制度变迁模式。”③

（二）法治体系是教育改革顺利推进的强力后盾

改革开放以来，从 1978 年十一届三中全会提出民主法制、1999 年将“实行依法治国，建设社会主义法治国家”写入宪法，再到 2014 年十八届四中全会提出“全面推进依法治国，总目标是建设中国特色社会主义法治体系，建设社会主义法治国家”，完成法律体系话语从“法制”转变为“法治”，经过“人治”与“法治”、“法制”与“法治”的争论后，法治的法理、情理、价值、内涵等渐渐清晰。“法治是价值和形式的统一。从法治的视角看，40 年教育改革的核心命题就是在法治理念下重新确认和配置教育主体的权利（权力）和义务（责任）。”在此基础上，重构政府、社会、学校、个人之间的法律关系，明确师生的权利和义务，实现以权利制衡权力，利于教育“管理”和“共治”，并走向“善治”。

教育改革从“管理”转变为“治理”，也包含着教育改革从政策思维转向法治思维。当代中国教育改革进程也是教育法治化不断深化的过程。1995 年 3 月第八届全国人民代表大会第三次会议通过《中华人民共和国教育法》，作

---

① 蒲宇飞：《发展压力与制度弹性——改革推进机制研究》，经济科学出版社 2013 年版，第 20 页。

② 蒲宇飞：《发展压力与制度弹性——改革推进机制研究》，经济科学出版社 2013 年版，第 23 页。

③ 李拯：《中国的改革哲学》，中信出版集团 2018 年版，第 101 页。

为国家教育的“大法”，在《中华人民共和国宪法》这一根本大法下坚定走依法治教之路。随着《中华人民共和国教师法》（1994 年）、《中华人民共和国职业教育法》（1996 年）、《中华人民共和国民办教育促进法》（2002 年）等法律先后颁布实施，《教师资格条例》（1995 年）、《幼儿园管理条例》（1990 年）、《学校体育工作条例》（1990 年）、《学校卫生工作条例》（1990 年）等法规陆续出台，教育法律法规逐渐完备，法治体系初步确立起来。改革开放四十年来，“我国教育法治建设始终立足中国实践，坚持着历史、价值与实践的逻辑统一……随着国家法制建设向法治建设的转变，以权利制约权力的理念开始进入教育领域，并在立法、执法、司法等领域逐渐得到深化”。[①] 教育法律法规是作为教育改革的保障性因素，为我国实现依法治教提供了基本的法律依据，故而要形成教育法治保障机制。教育法治保障机制是将教育发展规制在法律体系下，用强有力的法律维护各教育群体的权益。教育公正是教育高质量发展的内在要求，法治保障机制能够确保教育改革与发展的合法性和正当性。中共十八届四中全会明确提出建设中国特色社会主义法治体系，建设社会主义法治国家的总目标。依法治教是依法治国方略在教育领域的体现，既包括教育立法也包括教育执法，是教育法治化的基本要求和内容。不同教育主体之间的利益关系要通过教育法律来调适，全面依法治教，实现教育领域的有法可依、有法必依、执法必严、违法必究。坚持教育事权法治化，完善学校组织和行政程序的法律制度，实现机构、职能、责任、程序的法治化。“全面推进依法治教是加快教育现代化、建设教育强国的迫切要求。教育法治在教育现代化进程中具有引领性、基础性、规范性、保障性的重要地位和作用。”[②] 目前，教育法律体系尚不健全；在教育活动中，有些教育关系和教育行为没有明确的法律规范予以调节；部分教育立法和修法不及时，与新兴社会管理体制、市场经济体制脱节等。因此，我们要继续完善法治保障机制，

① 申素平：《以权利制约权力：教育改革 40 年的法治命题》，《探索与争鸣》2018 年第 8 期，第 26 页。

② 陈宝生：《全面推进依法治教，为加快教育现代化、建设教育强国提供坚实保障——在全国教育法治工作会议上的讲话》，《国家教育行政学院学报》2019 年第 1 期，第 4 页。

构建具有中国特色的教育法律体系，倾力实现教育法治化，为教育改革顺利推进打造坚实后盾。

(三) 教育信息技术是教育改革的辅助器

1978年以来，在对内进行教育改革的同时，我国也积极加大教育对外开放。第三次工业革命为中国教育改革提供了新契机，科学知识的解构与重构，带来教育知识、课程改革、教学改革的新趋向。其中，信息技术的快速发展使得教育改革逐步走向信息化，用信息技术助推教育改革，增强改革效率，扩大改革成果，以教育信息化支撑教育现代化。20世纪70年代，德国、欧共体和联合国教科文组织等国家及国际组织先后出台了一系列政策推动信息技术在社会中的应用，紧接着美国在1993年9月，提出“信息高速公路”(Information Superhighway)计划。“教育信息化”是在20世纪90年代美国“信息高速公路”计划开启后而提出的，中国在20世纪90年代末开始进行教育信息化，“教育信息化”逐渐见诸政府文件中，《教育信息化十年发展规划(2011—2020年)》(2012年)、《教育信息化2.0行动计划》(2018年)等政策文件既是教育信息化与教育改革历史互动的见证，也是信息技术从教育管理领域进入教育多方面、多层次领域的演进结果。教育信息化一方面具有技术属性，另一方面有着教育属性，恰如其分地在教育改革进程中将这两方面糅合起来，将政府、市场、社会、教育四个场域整合在一起，形成整体教育改革运动，加速了各级各类教育的协同改革，使教育改革的时空限度被打破。互联网技术、信息技术等技术和理念的升级换代，也在影响着教育改革的思维方式和制度方向。

技术为教育赋能是教育适应时代变革与现实发展的需要，能够加快信息技术与教育教学的深度融合，以信息技术支持的结构性变革推动教育信息化的创生性发展，扩大教育成果的共享范围，提高教育改革和发展的效率。新一代信息技术与教育教学的融合，不仅正在改变人类的思维方式，也对教育内容方式、形态模式和学习方式产生了革命性影响。同时，技术变革为教育管理活动提供了大数据支持，给教师的知识储备和能力素质带来了新变化，优化了人才和教学的量化评价，升级了考试和测验的方式，提高了教育管理和教学活动的效率，使得教育信息化进入加速期。“教育信息化的核心使命是运用现代信息技术来优化教育、教学过程，提升教学质量。”[1] 目前，我们对建设教育强国的技术保障还不充分，教育信息化发展不足以应对信息技术革命带来的挑战，因此利用信息技术来辅助教育高质量发展势在必行。尤其是人工智能技术既成为教育强国建设不可忽视的学科领域，也成为建设教育强国的技术支撑。人工智能作为教育信息技术的更高级阶段，能打破教育发展的时空壁垒，推动深层次的教育教学改革。人工智能技术使传统讲授式教学将被丰富生动且更具针对性的信息传播所替代，机械的练习、作业批改可能被人工智能取代。在互联网时代，应构建“互联网＋”条件下的人才培养新模式，探索基于信息技术的新型教学模式，实施因材施教、个性化学习的新型教学组织方式。我们应尽快将数字化平台整合到教师培养的全过程，形成以教育云为依托的智慧学习环境，在教学资源、工具、教和学的方式等方面形成系统化、数字化云端平台；应启动人工智能＋教师队伍建设行动，重视“整合技术的学科教学法”的培训，将涉及批判能力、创造性思维、问题解决能力、合作交流能力的课程纳入教师教育课程体系，实施教师教育信息技术能力和素质提升工程。信息技术所代表的新媒介既是教育改革的辅助器，也是今天教育发展所面临的新挑战。现代教育正处于新旧技术、知识、理论的交替之际，教育信息技术在教育改革中的影响愈发深远，我们不应该也不能忽视教育信息技术对教育改革的影响。

（四）社会文化环境倒逼教育进行改革

改革开放以来，中国社会文化环境逐渐由学习苏联教育模式转为向欧美等发达国家学习，引进其重要理论和方法、进行实地考察，着重解决教育“引进来”的问题。伴随着全球化的不断拓展、世界经济格局的不断变化，世界各国纷纷进行教育改革，体现出“重视人力资本、倡导教育平等、发动全民教育、开展国际评估、统一大学学制、构建学习化社会等典型趋势”。[2] 中国教育改革进程应被放置于世界教育改革进程的大背景中加以考察，只有提

---

① 袁振国：《我们离教育强国有多远》，高等教育出版社 2014 年版，第 201 页。

② 王晓辉主编：《全球教育治理——国际教育改革文献汇编》，教育科学出版社 2008 年版，第 2 页。

高对教育变革整体的意识和洞察力，才能够有所作为，虽然不可能解决“变革问题”，但可以学会预先了解它和更有成效地和它相处。[①] 不同于美国服务其全球战略而展开的国际教育援助，也不同于日本为改良国家形象而进行的国际理解教育，中国的教育对外开放对接国际教育，本质是教育现代化的外在探索，培养具有全球服务能力的中国人，有选择地吸收其他国家优秀的教育经验，逐步形成中国自身的国际教育体系和话语体系。中国教育体制改革与世界其他国家的教育改革在改革层面上来说，有共性也有个性。新中国成立以来，中国经历了政治导向型、经济导向型、社会导向型和服务导向型的四种教育改革样态。马克思主义唯物史观解释了社会历史发展的内在本质是历史与逻辑的统一，教育的终极价值是实现人的全面发展。中国特色社会主义教育制度和教育治理体系与四十多年间的中国教育实际、社会发展需要和时代技术发展紧密联系，与知识体系、教育理论、教育实验、体制机制完善等交织在一起。

新中国成立后的教育改革采取了照搬模仿苏联模式并加以改造适应的举措。到了改革开放后，中国教育改革逐渐由“外铄”转为“内生”，在学习西方优秀教育改革经验的同时，更加注重扎根中国大地办教育。党的十八大以后，党中央厘清了中国要从“教育大国”迈向“教育强国”的前进路线。这些历程与国际教育趋势密不可分，特别是全球化、国际化对中国教育改革有着直接影响。20 世纪 80 年代全球化与教育改革有了关联性，教育改革的国际化、全球化导向，对教育改革的内容、方向有着牵引作用。所谓的全球化是“世界范围内的社会关系的强化，这种关系以这样一种方式将彼此相距遥远的地域连接起来，即此地所发生的事件可能是由许多英里外的异地事件而引起，反之亦然”。[②] 教育改革包括两个方面：对内改革和对外开放。国际教育环境与中国教育改革在“对接”与“并轨”上存在合作空间，将中外合作办学、课程设置、语言学习、学历互认等方面融入中国教育改革中，催生出

---

① ［加］迈克·富兰著，中央教育科学研究所、加拿大多伦多国际学院译：《变革的力量——透视教育改革》，教育科学出版社 2004 年版，前言。

② ［英］安东尼·吉登斯著，田禾译：《现代性的后果》，译林出版社 2000 年版，第 56—57 页。

教育改革新任务。2013 年后，随着“一带一路”战略的推进，教育改革迎来新的契机和使命。就高等教育来说，“我国高等教育将出现从‘参与’到‘主导’、从单向‘学习’到‘学传’并举、从‘边缘’到‘主场’三个转变”。[①] 高等教育改革将沿着这些转变作出制度和政策回应，为国家重大战略服务，并在此过程中，借机实现教育自身进步。因此，中国教育在面对自身社会主要矛盾变化，扎根中国大地办教育时，应考虑与世界教育接轨，尤其是人才培养目标的对接，直接影响教育改革的目标、内容与途径。

改革开放四十多年来，随着社会体制的演化和变迁，社会管理和社会治理的变革成为四十年社会改革与发展的典型特征。[②] 从“管理”到“治理”不只是概念的转换，而是党和国家一种全新改革理念的升华。社会改革反推教育改革，教育改革从“教育管理”转变为“教育治理”。2017 年中共十九大重申构建共建共治共享社会治理格局，2019 年中共十九届四中全会提出“坚持和完善中国特色社会主义制度、推进国家治理体系和治理能力现代化”，2020 年 10 月十九届五中全会提出要“建设高质量教育体系”，这些决定影响着教育改革的总体方向、制度安排和基层落实，凸显出教育改革的整体性。实际上，教育管理和教育治理都是为了改良教育秩序，对教育事务和教育活动进行规范和协调的过程，是以实现公共教育利益为核心的公共管理实践。由于教育问题的复杂性、教育需求的多样性和教育价值的多元性，导致教育与政府、市场、社会之间的互动变得复杂。从社会治理着力解决社会问题、满足社会需求和创造社会价值出发，治理理论强调的共治性、公共理论强调的公共性以及价值多元主义强调的多元性，为教育改革的管理和治理提供了理论基础（见图 5.2）。此外，社会组织作为第三方的力量存在，是构建教育改革“类公共领域”的组织基础，通过新闻媒体、网络报刊、学术论著等形式影响着教育决策，呈现出中介联通的作用。近年来，一些教育协会、教育研究中心、教育智库等社会组织在教育改革各项决策的调查、拟稿、建言、

---

① 周洪宇、胡佳新：《近年有关“一带一路”主题的高等教育研究回顾与展望》，《大学教育科学》2018 年第 5 期，第 72 页。

② 俞可平等：《中国的治理变迁（1978—2018）》，社会科学文献出版社 2018 年版，第 331—332 页。

献策、出台等过程中发挥了越来越重要的作用，但通过社会渠道参与教育决策上还有很多环节有待完善。

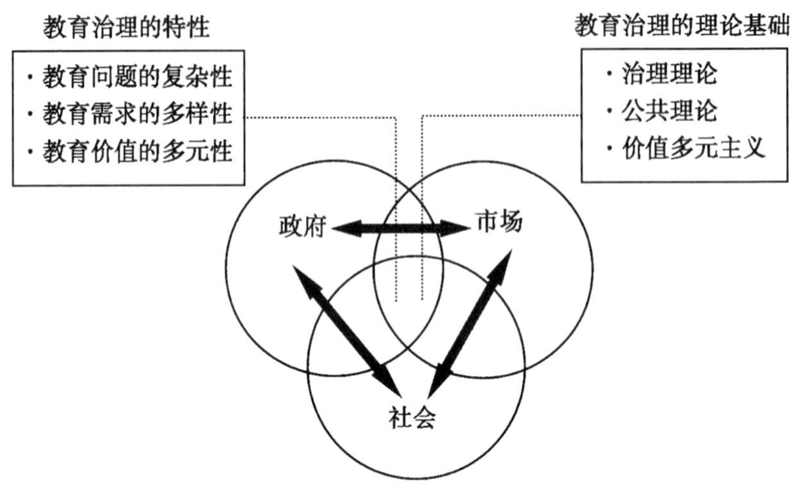

图 5.2　教育治理理论示意图

改革开放以来，党和政府对我国国情的判断是我国正处于并将长期处于社会主义初级阶段。1981 年，中共十一届六中全会指出当时社会的主要矛盾是人民日益增长的物质文化需要同落后的社会生产之间的矛盾。基于这一社会主要矛盾，教育改革要通过目标确立、制度设计、体制机制落实最大化地培养高质量人才，用教育软实力刺激社会生产力，满足人民多样化的教育需要。到了 2017 年，中共十九大基于新时代的国情，指出我国社会主要矛盾已经转化为人民日益增长的美好生活需要和不平衡不充分的发展之间的矛盾。同样地，教育改革要正视这一主要矛盾转变，作出相应的调整，办好人民满意的教育。“在当前阶段，作为社会资源配置重要手段的户籍制度已经成为导致教育公平问题的焦点所在，现行干部人事制度则在很大程度上制约着教育改革的专业性与民主性诉求，而现行行政管理制度则成为学校教育过度行政化的根本性原因。”① 另外，社会发展的地区差异加深了教育改革的地区差异，那么，就要处理好顶层制度设计与地方教育落实、地方教育竞争与政府

① 王有升：《中国教育改革的社会治理体制支持》，《教育学报》2014 年第 4 期，第 57 页。

管控失灵、社会逻辑与教育逻辑，以及教育主体间利益需求等关系，这些都会影响教育改革的快慢与成效。

二、内部因素：教育生态结构的完善

教育改革受惠也受制于外部诸因素的同时，其自身内部生态也会影响其进程，包括教育行政管理部门、学校校长、教师、学生等。教育改革终归是要推动人的全面发展，建立现代学校制度。教育内部自成一个“小生态”，有着沟通与批判、答疑与解惑、交流与育人等功能，彰显出教育公共领域，包括宏观层面的制度设计、文化创造、政治参与；中观层面的社会组织作用、学校管理；微观层面的教师、家长、学生之交互作用。其中，社会矛盾的变化带来教育矛盾的变化，人民群众的教育需求直接决定教育改革的行动方向和力度。此外，内部因素涉及的是教育管理、课程设计、教学实践等变革，其关键在于扩大教育规模和提升教育质量。基于新教育理念催动对教育实践内容与形式的变革，这种教育实践性的内部调适加快了教育改革进入“深水区”。当然，内部因素往往是与外部因素交叉作用来影响教育改革，不能孤立地、割裂地看待内外因素。

（一）教育行政管理部门的调适

之所以将教育行政管理部门作为内部因素，主要缘于教育行政管理要考虑教育的特殊性，基于教育场域作出判断制定政策措施。教育管理体制处于教育体制机制的核心位置。“教育管理体制是指现代国家为履行其教育职能而建立的由机构、规范以及所运用的手段等一系列要素构成的整体。换言之，教育管理体制是国家管理本国教育事业的制度化的途径和方式。”[①] 一般教育管理体制包括教育行政体制和学校领导体制，两者在功能上具有共性。教育管理体制建立在政治、经济、文化制度之上，涉及教育改革的机构设置、组织职责范围、权力划分和机制运作等。以教育管理体制为中心的体制机制能外延至办学体制、考试招生体制、现代学校制度等方面，对教育改革和发展的方向、速度、规模有直接影响。在四十多年进程中，中国教育改革逐渐从

---

① 张斌贤主编：《现代国家教育管理体制》，上海教育出版社 1996 年版，第 1 页。

"管理"思维转变为"治理"思维，这一转变蕴含着教育思想观念的创新，在对接"国家治理体系和治理能力现代化"时，对未来的教育改革提出了诸多新要求。自中共十八大以来，教育改革逐渐与教育现代化、教育强国建设紧密相连，为教育制度设计、理论构建、改革实践指出了新方向。教育改革由管理走向治理，应还学校教育一定的自主办学权，不能简单统一管理。进入教育治理场域中，教师回归课堂，学生重在学习，学校需要自由自主自治的教育生态环境。"任何教育改革的目的都应当是为了教育发展，其结构也必须是促进教育发展。"[①] 尤其是学校这一层面，要以制度化存在共结稳定、可靠的基层管理结构，推动实现优质资源的有效整合。

（二）校长对教育改革政策的解读与贯彻

学校主要由三种群体构成：以校长为首的学校管理队伍，教师队伍和学生群体。宏观层面的教育方针政策、制度设计等，最终还是要通过微观层面的学校的校长、教师等来落实。学校作为教育改革的实践场所，改革的最终目的还是要落实在育人中，从课程、教学中回答"培养什么人、怎样培养人、为谁培养人"的问题。自上而下的教育改革通过各项政策制度下放到学校，由校长根据中央和地方指示在学校做出具体改革行动。这就存在上级"集权"与"放权"的问题，校长不能被管束得毫无自主权。近年来，大中小学校长通过会议研讨等方式探寻如何贯彻落实国家教育改革既定方针路线。例如，1998 年 11 月，广西大学借建校 70 周年召开"面向 21 世纪高等教育改革与发展"研讨会，各校校长就高等教育发展特征、人才培养模式、办学思想等方面进行讨论[②]；2005 年 4 月，第一届国际名中学校长论坛在上海浦东召开，深入探讨了全球化背景下"现代学校制度与现代学校管理""提升学校实力，打造学校品牌"等议题[③]。校长通过学术会议、研讨，将对教育改革的正确

① 袁振国：《教育改革与教育发展的关系》，《上海高教研究》1992 年第 3 期，第 17—22 页。

② 曾冬梅：《"面向 21 世纪高等教育改革与发展"校长研讨会综述》，《广西大学学报（哲学社会科学版）》，1999 年第 1 期，第 80—82 页。

③ 徐士强：《全球化背景下的中学教育改革与发展——第一届国际名中学校长论坛综述》，《教育发展研究》2005 年第 5 期，第 108—111 页。

解读带回学校，传达给学校管理层及教师群体，继而制订出学校教育目标、课程目标、教学目标等，达到纲举目张之效，建构优质学校。同时，校长对师生教学活动的支撑和服务力度会影响教育教学效果，影响一校参与教育改革的基本生态位。

(三) 依靠教师队伍提升教育内生力

教师队伍是教育改革的基本依靠力量，是教育发展的生力军。优质的师资队伍是提升教育改革内生力的前提。教师可成为助力，也会成为阻力。教师个体通过理解、适应、实践的方式将改革行动融入日常教育教学中，顺应改革趋势，适当作出调整，无形中为教育改革缓解阻力。教师的身份、职业特性、自我定位等因素都会影响教师以什么样的态度、何种方式来迎接改革或排斥改革，助力或阻力就因此形成。教师队伍更要形成共同体认识，以共同目标的实现为行动准则，才能凝聚人力助力教育改革，反之，教师队伍会变成阻力。教师队伍说到底还属于资源配置范畴，是社会资源在教育部门之间以及教育内部的分配。社会通过一定的方式和机制将有限的教育资源合理分配于各地区、各部门和单位，以期实现最大的教育效益。资源配置机制主要是调节人力、财力、物力资源使用的数量、规模、结构、布局等。其中，师资配置是建设教育强国的人才支撑，优秀的人才能将有限的财力和物力发挥出最大效益。党的十八大以来，我国在不断健全大中小学师德体系，制定乡村教师队伍建设等政策，推进师范生公费教育，建立乡村教师荣誉制度，设置中小学正高级职称等方面做了大量工作，取得了良好成效，激发了教师的职业热情。不过，教师队伍建设中还存在不少问题，诸如：有些地方对教师工作重视不够；师范体系有所削弱，对师范院校支持不够；教师素质能力难以适应新时期人才培养需要，教师专业化水平有待提高；农村中小学教师地位有待提高，农村教师职业吸引力不足等。“在不同时期会出现不同的问题，呈现不同的难点，使得教师的工作具有显著的创造性、长期性和社会性特点。”① 总之，教育改革需要教师来践行制度方针、贯彻政策落实，且以人育人的教育离不开教师，教师是教书育人之基础。

---

① 朱永新：《好老师是民族的希望》，《中国教育报》2017 年 9 月 7 日第 1 版。

（四）教育改革要涵盖学生成长要素

学生是教育培养的对象，对于教育改革而言是在场者。教育改革的实质是为了实现人的全面发展，属于惠民工程。“学生往往在革新中被彻底遗忘。当成人在考虑学生时，往往把他们作为变革的潜在受益者……很少想到把学生作为变革过程和组织生活的参与者。”① 那么，为何要将学生作为影响教育改革的内部因素加以考量呢？学生对教育改革的影响源于对自身利益的维护，对学校管理、教师教学提出意见和建议，这是学生应有的权利。学生不是空着脑袋进入学校的，对自身所处的环境有一定的认识和判断。不同学龄学生的立场、利益与学校及家长并不总是保持一致的。学生的认知、情感、意识、行为是渐进式成熟的，当前的学生“获得信息的渠道更为宽广、有更高的话语权要求、有更加成熟的心智”②，具有了参与教育改革的可能性和层次性。不可否认的是，“学生在教育改革中的地位多是从属性的，是有限度的，对自己是否参与了教育改革处于不自知或不认知状态”。③ 学生是教育改革必须考虑的因素，其身体发育特征、心理认知水平、知识结构和实践行为等是教育改革不得不考虑的具体因素。

综上所述，我们要整合外部因素和内部因素，基于中国教育经验，尽可能了解真实教育情况作出客观分析、判断，作出合理科学的制度设计、政策出台和实践落实。同时，我们要认识到教育改革与内外因素不是简单的组合问题，而是基于坚实的系统的保障体制机制，进行长期磨合、相互适应、相互服务的过程。

三、价值因素：改革理念潜在的驱动

在教育改革进程中，价值取向作为糅合制度、文化、理念而存在的意识形态，影响着教育改革的理论内涵和实践方向。国家发展与人的发展之间的

---

① ［加］迈克尔·富兰著，赵中建、陈霞、李敏译：《教育变革新意义》，教育科学出版社 2005 年版，第 160 页。

② 阎亚军：《论学生参与教育改革》，《中国教育学刊》2019 年第 2 期，第 61 页。

③ 马维娜：《教育改革深度复杂的现实解读——以学生与教育改革远近距离为切口》，《教育发展研究》2017 年第 4 期，第 8 页。

裂隙如何弥合，亦离不开价值的缝合。除了内在和外在因素对教育改革进程有作用外，价值因素是理念的潜在影响，是隐微在内部和外部因素中的驱动因素。教育公平、教育质量、教育服务、以人为本等价值理念被赋予了社会责任和时代属性。

（一）正义至上：重公平与质量的协同并进

教育改革之初就将公平与质量作为一种价值导向，并作为主线加以不断强化。公平于教育来说更多是伦理学层面的意蕴，含有从公正的角度出发平等地善待每一个与之相关的对象的意义。[①] 公平是人类社会发展长期以来孜孜以求的目标，也是文明进步的原则。教育公平是涵盖教育资源配置、教育制度和教育过程的主要伦理原则和道德规范，在现实的条件下，教育公平具体体现为教育资源配置的平等原则、差异原则和补偿原则。[②] 这是源自罗尔斯对“正义”一词的理解，公平与质量应符合正义原则。质量作为一种物理学概念，也被人文社会科学加以演绎，意在塑造水平高低和效果好坏的观念之别。对教育质量的认识或看法便形成了教育质量观，教育评价中的教育质量观应包括为教学所提供的人与物的资源投入质量、教学实践过程质量、教育产出的成果质量三个方面。[③]教育评价中对教育质量的任何一种分析都应考虑这三方面，这样才能达成最为合理的有关教育质量的结果评判。公平与质量始终是教育改革的时代主题，“教育公平和教育质量本来是两个不同的问题，但它们又交错在一起”。[④] 公平与质量并非一直是协同而行的，在改革开放之初，主要解决的是教育普及问题，更多关注的是教育规模与数量，尽可能解决青壮年“文盲”问题，扩大教育公平。这个阶段中，教育质量可能就稍差一些，但不代表不强调教育质量的重要性。受历史条件和现实要求的局限，只能尽可能均衡地缩小两者之间的距离，将公平与质量带入制度、政策乃至学校课堂。

---

① 朱贻庭主编：《伦理学大辞典》，上海辞书出版社 2002 年版，第 45 页。

② 奚洁人主编：《科学发展观百科辞典》，上海辞书出版社 2007 年版，第 125 页。

③ 陶西平主编：《教育评价辞典》，北京师范大学出版社 1998 年版，第 23—24 页。

④ 顾明远：《公平与质量：教育改革与发展的时代主题》，《中国教育学刊》2010 年第 3 期，卷首语。

从1986年《中华人民共和国义务教育法》颁布实施到2000年中国初步实现“两基”战略目标，再到2011年全面完成“两基”战略任务，中国全面达成普及九年义务教育和扫除青壮年文盲的战略目标，为迈向教育强国和人力资源强国奠定了坚实基础。自2003年后，教育改革逐步将公平与质量协同起来，上至国家教育方针，下至课程与教学活动，公平是一以贯之的，质量是永恒追求的。公平与质量都是教育改革的基本目标，也是检验制度科学合理性的重要手段。如何检视一个国家或地区的教育发展和教育公平问题，需要一些相对的标准来衡量。各级政府或组织通过长期的制度设计、理念塑形、实践导向来提升教育公平和质量，寻求过程及结果的正义。

（二）均衡共进：调适不同主体的利益冲突

中国的教育改革进程体现出“历史合力论”的基调，不同改革主体进行共治共进。改革具有不同利益属性，与一定的教育制度环境下的教育利益结构的性质（对抗性利益冲突，还是非对抗性利益冲突）有关。教育改革的背后所反映的是权力和利益的调整和再分配。不同利益相关主体的制度需求、社会需要、教育要求是不同的，单从制度变迁的总体演进趋势和制度供给的主导方式上看，由于诱致性制度变迁最终只有得到政府的认可才能推广，例如校长负责制、义务教育免费制等，因此政府在此过程中即是在平衡不同主体的教育利益。例如，《2003—2007年教育振兴行动计划》[①] 是对此前教育让渡经济发展而有所牺牲的一种纠正。该计划重新部署了各级各类教育行动路线。教育制度是由制度环境、教育体制机制和具体制度安排构成，以利益平衡、激励、保障为出发点，以提高教育效率和实现教育公平为根本目标的多

---

① 《2003—2007年教育振兴行动计划》既是对《中共中央关于教育体制改革的决定》（1985年）和《中国教育改革和发展纲要》（1993年）的继承，也是对后来教育政策文件、教育工作部署的开创。主要部署领域包括：重点推进农村教育发展与改革，重点推进高水平大学与重点学科建设，实施“21世纪素质教育工程”，实施“职业教育与培训创新工程”，实施“高等学校教学质量与教学改革工程”，实施“促进毕业生就业工程”，实施“教育信息化建设工程”，实施“高素质教师和管理队伍建设工程”，加强制度创新和依法治教，大力支持和促进民办教育持续健康协调快速发展，进一步扩大教育对外开放，改革和完善教育投入体制，加强党的建设和思想政治工作，构建和完善中国特色社会主义现代化教育体系。详见何东昌主编：《中华人民共和国重要教育文献（2003—2008）》，新世界出版社2010年版，第334—344页。

维的开放的教育行为规则体系和教育组织机构（见图 5.3）。教育体制机制则在制度环境下，对协调教育利益冲突、促进教育发展和保证教育秩序都有至关重要的作用，强化“国家主导的内生性渐进改革”，维护教育和谐。

“一般说来，国家主导型制度变迁要受到许多利益因素和不同利益集团的制约，具有广泛而深刻的利益冲突性质。”① 现实活动具有复杂性，社会中有不同的利益群体，改革对不同利益群体的触动不同，改革的效果不能看个体短时间的状况，而要从长时段来看社会整体的状况是否得到改善，教育改革亦是如此。“教育改革就是要改革人们之间在教育资源上的利益分配格局和关系。”② 每个历史阶段的教育改革总是有相似的困境，自上而下都意识到改革之必要性和紧迫性，但一进入实践操作环节，可谓是步履维艰。任何领域的改革都会触及一部分群体的既得利益，必然会带来应激反应。当然，这些“反应”是阻碍教育改革的负面因素。原有教育体系中的既得利益群体不一定总是精英阶层，也有可能是已经或即将退休的普通员工。在他们看来，好的改革是利益只增不减，还要在法律和制度范围内寻求合法性、合理性。“观念为权力所俘获，并将其制度化，通过制度化的观念，促成了利益的重新分配。”③ 在进一步促进教育综合改革的大背景下，个体既赞成教育改革，又反对教育改革，因为个体可能在教育改革过程中既受益又受损，从这一点看，教育改革不单纯是不同相关利益群体间的冲突，可能更多是个体自身利益的对立，主要表现为长远利益与短期利益之间的冲突。所以，教育改革中的“博弈”在群体与个体中同时存在，博弈—调适—平衡构成教育改革处理不同利益主体之间关系的闭合区间。“变迁”与“均衡”折射出教育改革的“动”与“静”，在此过程中强化了政府的教育职能。中国教育体制改革表现为渐进式增量改革与渐进式存量改革两种。自 20 世纪 90 年代以来，我国逐渐将政府与市场结合起来，出现了教育改革同经济改革都高速发展的奇迹，其被解释为“亲善市场论”“国家推动发展论”“政府协调论”和“市场增进论”。它

---

① 柳新元：《利益冲突与制度变迁》，武汉大学出版社 2002 年版，第 45 页。

② 马健生：《教育改革论》，安徽教育出版社 2007 年版，第 43 页。

③ 王建华：《影响教育转型的外部因素》，《大学教育科学》2011 年第 2 期，第 33 页。

们都在实践中得以检验，但不能择一而定。不同的主体构成推进教育改革的“合动力”，进一步体现了“历史合力论”。

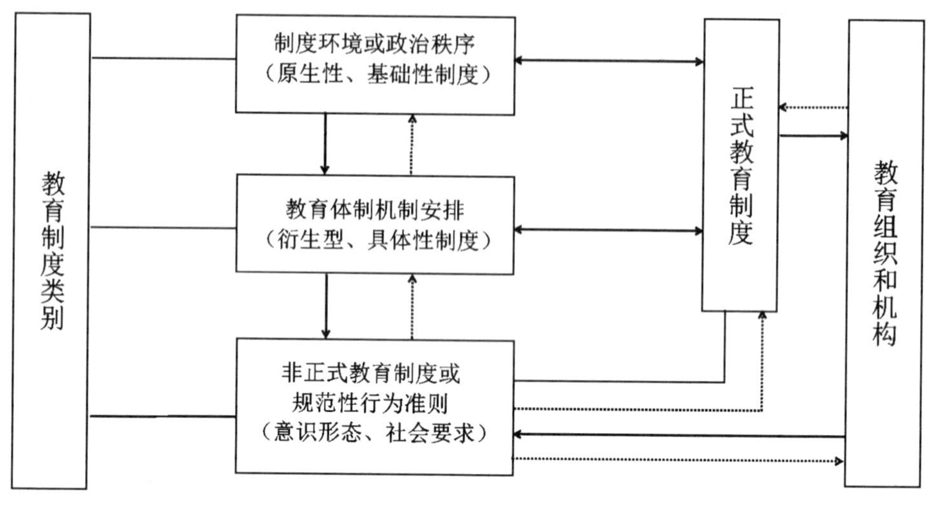

图 5.3 教育制度层级结构及其相互关系※

※注：图中实线箭头表示决定作用，虚线箭头表示引发作用，双向实线箭头表示可替关系

（三）以人为本：从工具色彩走向服务论调

新中国成立后，教育在很长一段时间里，有意或无意将教育作为政治斗争和经济建设的一种工具。这种工具论色彩是特殊历史时期的产物，适应了当时历史发展和社会现实要求，但却忽视了人的生命性和教育的人本性。新中国七十年教育现代化进程中，教育起起伏伏，在动态变化中折射教育在恢复、建设、探索的不同阶段的战略走向。在 20 世纪五六十年代，教育为国家建设和政治斗争服务，教育的政治性被凸显而教育性被弱化，将教育作为某种工具，背离了教育应有之规律，但也还是为当时的中国培养了一批急需的建设人才。到了“文革”时期，此观念被强化；直到改革开放后，教育工具论在教育本质的讨论中，渐渐被“服务论”所取代。教育为人的自由而全面发展服务和为国家政治、经济、文化等子系统服务。虽然教育的战略地位被提升，教育优先发展逐步确立，但在 20 世纪 90 年代，教育还是让位于经济建设，工具论的色彩依然存在。教育工具论将人的发展作为一种机械化的存

在，忽视了生命本体，在失偏颇，尽管在特殊的历史时期发挥过积极作用，但也留下了后遗症。21 世纪后，随着改革开放的深化，教育工具论被彻底清算，人的现代化进入教育视野，素质教育论、全面发展论、教育服务论、公共教育论等纠正了教育理论中的瑕疵，教育理论也逐渐由单一走向多元。2017 年，中共十九大对中国教育现代化 2035 进行了全面部署，突出了教育的服务功能，坚持教育为人民服务，为中国共产党治国理政服务、为巩固和发展中国特色社会主义制度服务、为改革开放和社会主义现代化建设服务。这种服务是将为人的成长和国家发展进行统合。教育积极服务于国家发展需要，国家努力服务于教育进步，“服务”成为教育改革乃至教育治理的内涵与外延。

从认识论上说，政府施策的出发点逐渐回归到人的全面发展，在不断朝此目标前进时，也在为国家建设输送人才支撑和知识资本。在国家主导下，将多方主体联结起来，共同治理教育，推进教育改革进程。人与人、人与社会、人与国家都需要在和谐环境中实现全面发展；服务讲求的是“契约精神”，彰显以人民为主体的教育思想，符合“全心全意为人民服务”的人本要求。从工具色彩转向服务论调是对人的价值的复位，将人作为生命人加以审视，而非毫无感情的工具人。这种转变是一种思想解放，更是教育理念的重塑与回正，影响着各级各类教育改革考虑到师生的生命状态与发展诉求，将教育正当与教育美善统整到教育改革的伦理中，更具科学性、合理性，确保改革能够张弛有度，不偏不倚，且把握教育改革的育人本质功能。

中国教育改革的成功与否可基于人民获得感来解释，这种获得感是一种切实可以感知到的“得到”，包括物质和精神两个层面。优质教育是教育获得感的基础，融入人民主体教育思想。改革开放之初的教育，并非优质教育，而是规模教育，满足的是教育大国的规模教育，实现教育普及，而要从教育大国迈向教育强国，这是公平且有质量的优质教育才能实现，这是一个历史演进的过程。教育获得感不是一朝一夕能实现的，随着教育改革的深入，改革成果会进一步惠及人民群众，从而转化为关乎民生的幸福感。

（四）综合发展：统合个体需要与社会要求

教育改革包括纵向和横向两个层面，就基础教育和高等教育来说，基础教育改革较为微观，涉及师生主体性的被认可与新适应、设计开放灵活的新课程体系、师生由被动到主动的教学互动，其价值取向源自教育基本理论之进展，基于中国教育实际情况和已有实践探索，作出总结式回顾与反思，并参考国外教育发展前沿动态，将“走出去”与“引进来”相结合，重在为实现人的全面发展打下坚实基础。功利性与价值性在此过程中存在博弈。“个体本位”与“社会本位”是教育改革与发展过程中存在的两种教育价值取向，各有道理。改革开放以前，中国教育学习苏联模式，关注更多的是群体和社会，以集体主义取代个人主义，带有共产主义色彩的教育特征。改革开放后，尤其是市场经济体制改革后，个体的人本教育需求被放大，真正关注到人的自由而全面的发展。但到了 2003 年后，教育对此前的两种模式予以反思，认为不能以二元对立思维去看待这个问题，个人发展是现代教育的应有之义，社会发展是整体效能目标，两者都是为了实现人的全面发展，不能因噎废食。

如今的后现代思想价值观念和思维方式既包含着现代性思想观念及思维模式，也有对信息化、知识经济、工业化 2.0、全球化、智能化等新趋势的回应。解构-重构是教育改革知识论、方法论、价值论的一大特征，反作用于教育改革。特别是联合国教科文组织发布了具有时代意义的三个报告，对世界教育趋势作了阶段性总结，影响着世界各国的教育政策取向与育人观念。基于这三个报告，各国开始反思自身的教育改革，着手从传统教育体系转为现代教育体系、从教育管理体系走向教育治理体系，在人民主体教育思想的影响下，更加注重人的全面发展。总之，教育改革要同科学技术发展保持紧密联系，积极与生产劳动和技术相结合，共同促成社会转型，并予以自身转型的理论回应和实践变革，但是，教育改革还要有价值取向，与人的内心呼应，还教育以灵魂[①]，促使教育改革实现“技与道”的合一。

（五）制度育人：推进改革依赖于制度良序

中国教育改革将体制机制改革视为制度构建的核心，制度对于人的发展起着规制和先导作用。“制度德性比个人德性更具普遍性，制度德性是个体德

① 闫旭蕾：《论道德秩序与教育改革》，《教育研究与实验》2019 年第 5 期，第 12 页。

性的基础和前提。”[①] 自 1985 年开启教育体制机制改革后，其与教育现代化进程相统一。1993 年的教育改革规划纲要，其目的是扭转此后市场化倾向所带来的弊端。改革开放初期，教育改革多是政治改革和经济改革的陪衬或工具，在政治与经济的先后挤压下，教育一度缺失了自身独立性。2003 年，我们开始反思政治经济对教育的影响程度，逐步明确以人为本的教育方针，以社会和文化作为支撑，终归为服务型教育改革，即改革是手段，发展是目的，教育改革要为政治改良、经济转型、社会发展、文化自信和教育进步服务，同时其他社会子领域也要服务于教育改革。以改革初期的粗放型发展观、20 世纪 80 年代的集约型发展观、90 年代的可持续发展观、2003 年提出的科学发展观、十八大以来提出并践行的治理发展观综合交织来看，教育改革的基本理念还是在于“为人民服务”和“为发展服务”[②]。政治型教育改革、经济型教育改革和社会型教育改革都是将教育放置在不同的场域背景下作出的倾向性抉择，并逐步走向服务型教育改革，这是一种融合式改革，呈现出“双服务”特征。随着全球化、信息化和市场化对教育改革的综合影响，教育改革迎来新的转型期，从矫正走向发展、从单一走向多元、从精英走向大众、从学科走向活动成为未来教育改革的可能方向。

历史实践证明，教育改革的发生本质上是由社会生产力的发展需要和教育内外冲突所导致的社会活动。当旧的教育体制不适应生产力发展要求时，教育则会表现出教育水平低、教育群体矛盾加剧。教育改革就是要进行制度变革，促进教育治理效率和育人效能提高，改善教育质量和缓解利益冲突局面。教育改革的性质和目标多是内生的，在选定教育制度和资源配置方式后，重点在于以何种方式进行教育改革。教育改革方式从制度变迁的角度看，会有外力因素，但更多是内生的。教育改革的总体脉络是：教育制度僵化和教育利益冲突压力→教育改革动机和目的→确定教育改革对象→确定教育改革性质和目标→选定教育改革方式→教育改革实施→教育改革评价。各环节是双向互动的，不是单向演进，例如，教育体制转型会对教育的制度环境产生

---

① 杜时忠：《制度德性与制度德育》，《教育研究与实验》2002 年第 1 期，第 39 页。
② 邓晓芒：《当代中国教育的病根》，《社会科学论坛》2010 年第 7 期，第 115 页。

反向作用，在酝酿、发酵中引导制度环境加以改变，从而能够兼容现实教育实际和体制机制要求。理解教育制度变迁要从利益格局、利益再分配和利益博弈调适出发，从体制外到体制内、从增量到存量、从制度形式到制度内核的方式，基于内外教育利益矛盾与解决路径加以思索，从无序走向有序，从有序走向良序。任何一项教育改革所依托的是制度良序，在规制中为教育赋能，解放教育生产力。

教育制度生成的关键在于“根据对共同福利或共同利益的某种看法，以阐明人、追求的目标和发生的事情三者的关系”。[①] 所以，不同群体的关系与利益成为教育制度的基础性结构。教育改革所蕴含的秩序价值由此得以放大，其实质是要弱化作为公器的公共权力，强化“各级公共全能力的相对化”[②]，以建构多元主体共同参与、各种关系共同参与教育治理活动的秩序。总之，教育改革是在现代教育共同体的前提下开展的，以体制机制为核心的制度改革模式，实现从无序到有序、从低级到高级的优质教育。新的教育秩序的建构则靠法治体系和制度优化来保持其稳定，以形成制度良序。

第二节　当代中国教育改革进程的逻辑理路

纵观中国近现代史，变革图强、民族复兴是一条历史主线，其实现路径是改革。经过一百余年的奋斗，教育在此历史过程中获得新生，初步构建起教育现代体系，并在新中国成立后进一步完善，但教育改革的任务至此并未完成。在这一过程中，教育积极服务于国家发展需要，国家努力服务于教育进步，这一“双服务”模式是基于历史逻辑的总结，并决定着教育现代化的实践逻辑和理论逻辑。站在新时代的历史节点，不管是回望已经走过的教育改革与发展之路，还是展望迈向教育强国的未来之路，教育改革的历史逻辑、实践逻辑、理论逻辑是应当且必须加以面对和思考的根本性问题，继而探讨推进教育改革进程的动力、主体、道路、方向和方式等关键问题，实现历史

---

① ［美］V. 奥斯特罗姆等编，王诚等译：《制度分析与发展的反思：问题与抉择》，商务印书馆 1996 年版，第 45—46 页。

② ［法］让-皮埃尔·戈丹著，钟震宇译：《何谓治理》，社会科学文献出版社 2010 年版，第 22 页。

唯物主义在教育领域的创新。

一、历史逻辑：教育方针的演变、规制与赋能

（一）教育方针演变的历史基点

教育方针演变展示了一个国家改革的总体规划，随着时代要求和社会需要而作出变更，或“显白”于教育理念和教育制度中，或“隐微”于教育实践中，彰显着教育改革的总体特征。1949 年 12 月，教育部召开了新中国成立后的第一次全国教育工作会议，主要解决的是教育工作的恢复和教育体系的补充完善，实施面向工农的教育政策。教育是在一穷二白的基础上展开，恢复教育工作，改造教育目标，成为当时主要的教育任务。中国共产党在 1953 年提出了以“一化三改造”为核心内容的过渡时期的总路线，1954 年召开的第一届全国人民代表大会第一次明确提出要实现“四个现代化”任务，1964 年底到 1965 年初召开的第三届全国人民代表大会第一次会议提出“四个现代化”的宏伟目标，将其上升至战略层面。“四个现代化”的实现离不开教育现代化的支撑。虽然“教育现代化”当时没有明确被提出来，但是教育现代化的实质性步伐未有停止。由于历史原因的影响，教育改革在 20 世纪 60 年代中后期至 70 年代中后期呈现曲折前行状态，教育现代化也处于低水平阶段。直到 1977 年 8 月科学和教育工作座谈会的召开，为教育恢复与重建吃了颗“定心丸”，同年 10 月恢复高考制度，预示着教育恢复与重建工作的开展。1978 年改革开放以来，中国再次作出了选择，将改革的关键锁定为市场经济，通过改革国内方方面面的制度与之接轨，建立市场经济制度。教育也因此开启了改革新动向，从“脱轨”转为“接轨”，教育改革以适应经济现代化而重新推进。此后中国经历了社会的转型、官僚体制的转型、经济体制的转型，这些方面的转型移植到教育领域，带来教育改革的全面升级，使科学、民主、市场经济、法治共同构成教育改革的理念和制度基石。

教育方针作为指导教育事业的方向和目标，所衍生出的教育制度体系、教育体制机制直接关系教育改革与发展的走向，继而对教育现代化进程的推进方向起着导向作用。1958 年中央指出的方针，成为全国各级各类学校的教育方针，沿用了二十多年。1981 年 11 月 30 日，五届人大第四次会议上明确

提出："我们的教育方针是明确的，这就是使受教育者在德育、智育、体育几方面都得到发展，成为有社会主义觉悟的、有文化的劳动者和又红又专的建设人才，坚持脑力劳动与体力劳动相结合，知识分子与工人农民相结合。"1983 年 10 月，邓小平同志为北京景山学校题词"教育要面向现代化，面向世界，面向未来"，教育发展成为中国现代化进程中的国家战略目标。1985 年 5 月，中共中央在《关于教育体制改革的决定》中提出："教育必须为社会主义建设服务，社会主义建设必须依靠教育。"① 它继承了"三个面向"的精神内核，成为新阶段教育体制改革的指导思想。"1986 年《中华人民共和国义务教育法》关于教育方针的表述虽不够精确，但却彰显了教育方针的权威性，意味着我国教育方针的发展进入了'合法'时期"。② 1993 年 2 月，中共中央、国务院印发的《中国教育改革和发展纲要》指出"再经过几十年的努力，建立起比较成熟和完善的社会主义教育体系，实现教育的现代化"，并以教育总体原则的方式规范了教育必须为社会主义现代化建设服务，国家"必须坚持把教育摆在优先发展的战略地位"，为教育进步提供切实保障。1995 年 3 月 18 日通过的《中华人民共和国教育法》以法的形式精准表述了国家教育方针——"教育必须为社会主义现代化建设服务，必须与生产劳动相结合，培养德、智、体等全面发展的社会主义建设者和接班人"。2010 年 5 月，《国家中长期教育改革和发展规划纲要（2010—2020 年）》颁布，其中，关于党的教育方针的表述继承了服务对象及德智体等全面发展的表述，并确定"到 2020 年，基本实现教育现代化，基本形成学习型社会，进入人力资源强国行列"。2017 年 10 月，中共十九大报告指出"要全面贯彻党的教育方针，落实立德树人根本任务，发展素质教育，推进教育公平，培养德智体美全面发展的社会主义建设者和接班人"③，明确了建设教育强国的总体方向。2018 年 9

---

① 何东昌主编：《中华人民共和国重要教育文献（1976—1990）》，海南出版社 1998 年版，第 2286 页。

② 武秀霞：《我国教育方针的内容演进及其时代内涵》，《教育学术月刊》2021 年第 12 期，第 12 页。

③ 习近平：《决胜全面建成小康社会夺取新时代中国特色社会主义伟大胜利——在中国共产党第十九次全国代表大会上的报告》，《人民日报，》2017 年 10 月 28 日，第 1 版。

月，习近平总书记在全国教育大会上强调“坚持中国特色社会主义教育发展道路，培养德智体美劳全面发展的社会主义建设者和接班人”，进一步廓清了新时代党的教育方针。2019年2月中共中央、国务院印发《中国教育现代化2035》和2019年11月中共十九届四中全会再次强化了教育改革、教育现代化与教育治理之间的交错关系，确定了教育改革的阶段目标和总体目标。教育方针由“教育为无产阶级政治服务”转为“教育为社会主义现代化建设服务”经历了多次争论，其本质上是国家工作重心由阶级斗争转移到经济建设这一决定在教育领域的延伸。

教育改革进程也是教育现代化推进过程，两者是并行不悖的。教育改革的历史逻辑根源于教育制度演变，教育方针是“纲举目张”的依据，从中可窥探出改革开放以来，在教育改革进程中形成的教育治理的自主性、内生性、外铄性和调适性。一段时间以来，教育改革取得了重大成效，促进了教育发展；我国正由教育大国迈向教育强国，教育逐渐走向可持续发展道路。且教育现代化依托于持久性的教育改革，教育由新中国成立之初的工农教育转变为改革开放之初的普及教育，再到21世纪后逐渐形成的质量追求，其核心是教育公平与教育质量，形成具有包容性的教育制度体系。总之，国家与教育之间的关系因社会主义现代化教育建设需要、制度安排而具有教育自身的历史内涵与特征，教育历史的延续性为教育改革提供了参考基础，也是中国特色社会主义教育发展道路的“源头”，探讨教育改革中的“双服务”特征不能忽视这条历史主线。

（二）教育方针折射出“双服务”的制度规制

教育方针是国家制定教育制度的方向引领，具有政治和教育性。它既要尊重教育发展过程中的教育育人功能、教育制度设计和教育政策导向，也要根据新中国教育现代化建设活动的实践和阶段性特征将革命、建设、改革不同时期的国家教育需求的特殊性彰显出来。因此，必须厘清教育方针中存在的“双服务”影响因素和价值导向，形成立足于中国教育现代化建设历史实践的话语体系。1949—1956年初步建立了社会主义教育制度，这一阶段里“双服务”处于革命斗争需要情境中，政治斗争优于教育发展，教育制度对“双服务”模式多是制度规制，但工农大众的教育得到了一定程度上的发展。

1956—1966 年迎来全面建设，但也在曲折中发展，国家与教育之间的“双服务”所依存的教育制度在革命模式和建设模式中产生。尤其是 1958 年教育方针成为后来近二十年的指导方针，“双服务”依托于强制性教育体制机制，偏向于政治战略意图。1966—1976 年社会主义教育遭受严重挫折，“双服务”更多变为教育为无产阶级统治服务，以政治教育为重。

然而，“作为一个国家、一个社会的教育改革，既是一种历史连续中的断裂，更是一种历史断裂中的连续”。① 在特殊历史条件下，教育遭受了挫折，教育制度初现真空，但 1976—1983 年社会主义教育乃至社会主义国家迎来历史转折，教育拨乱反正、恢复重建有序开展。走上正轨的中国教育趁着改革开放的东风驶入“快车道”，教育真正开始面向现代化；“双服务”在中断后又被重新续接，并逐步得到巩固加强。1983 年、1985 年、1993 年、1999 年、2010 年、2017 年、2019 年是中国教育现代化建设具有标志性的年份，所出台的文件和报告勾勒出中国教育现代化的过去、现在和未来。改革理路愈发清晰，教育优先发展的战略定位进一步由历史实践加以确定并不断巩固。

改革开放后，教育体制机制对教育作用逐渐从规制转向赋能，其实质是由教育管理走向教育治理。教育改革与其他改革一样，背后映射出的是权益的博弈与调适。罗尔斯说：“正义的主要问题是社会的基本结构，或更准确地说，是社会主要制度分配基本权利和义务，决定由社会合作产生的利益之划分方式。所谓主要制度，我的理解是政治结构和主要的经济和社会安排。”② 教育改革离不开“正义”，准确地说是教育公平与教育质量，关注更多的是教育中的弱势群体，也可以理解为教育发展中的短板。从历史的长时段看，中国近代以来教育发展的短板还是农村（乡村）教育，一直有仁人志士在为此努力。教育现代化是要尽可能平衡城市教育现代化与农村教育现代化。改革开放以来，教育改革总体上秉持了“双服务”的良好制度设计和体制机制安排。国家需要通过教育现代化确立制度自信和教育自信，社会需要通过教育

---

① 马维娜：《集体性知识：中国教育改革的社会学解释》，广西师范大学出版社 2011 年版，第 230 页。

② ［美］约翰·罗尔斯著，何怀宏、何包钢、廖申白译：《正义论》，中国社会科学出版社 2001 年版，第 5 页。

现代化实现现代人才培养和结构合理化建设，个人在教育现代化改革与发展过程中成为一名合格的具有现代化思维模式和行动能力的中国人。

(三) 制度在教育治理中为“双服务”赋能

教育改革加快了教育由“人治”向“法治”转变、从“管理”向“治理”转变。在国家治理的总目标下，教育作为重要组成部分，也要实现“完善和发展中国特色社会主义教育制度——教育道路；推进国家教育治理体系和教育治理能力现代化——教育目标”。从“管理”到“治理”的思想转变，渗透在政治、经济、教育等各方面，而“教育治理”的概念更具人本色彩。从“理念”到“制度”的路径依赖，是教育改革的行动方向，好的理念需要好的制度加以规范化实现，如教育公平作为一种理念，需要各项教育制度的确定，形成一个制度体系，于不确定性中把握确定性，而制度规约教育发展则需要具体的机制运行来实现。推进国家教育治理体系和教育治理能力，需要在特定时空使得教育制度作用于教育活动。从微观层面的课程与教学改革，到中观层面的教育管理改革，都不能脱离制度的正当和美善。

教育治理体系中制度设计、体制安排更多是为“双服务”赋能，国家与教育之间实现自觉服务。不同于制度的规制，赋能体现在不同教育主体间的相互合作。从“规制”到“赋能”是对教育“放管服”的深化，由“被动”转为“主动”，各级教育主体能够有意识地参与到简政放权、放管结合、优化服务中，教育参与性和教育主体性被凸显出来。赋能包括“谁赋能、赋能给谁、怎样赋能”的问题，教育改革行动更多是政府通过法律和制度赋能给教育管理者、施教者和受教育者等教育主体，最终的归宿还是依法治教、制度合理性及其优势发挥。“双服务”随着制度优势和时代发展而升级，“教育制度变革的目的在于寻求规制与赋能之间的合适张力，激发教育活力”①，更好地为国家和社会发展服务，国家和社会为教育做到更切实的保障服务，彼此之间形成共存关系。以双服务为线索的教育改革既有政治制度安排下的服务规制，也有市场竞争机制催生下的服务定制。

---

① 范国睿：《教育变革的制度逻辑》，《探索与争鸣》2018 年第 8 期，第 19 页。

二、实践逻辑：教育改革的调适、表征与诠释

中国教育现代化是通过自上而下的教育改革逐步推进的，体现出国家发展需求，包含时代任务。中国教育现代化是由“落后”到“追赶”，此中复杂性与进步性并存。“在实践逻辑上，中国式教育现代化以人民需求为逻辑起点，以教育评价为实践导向，以中国式教师队伍现代化为支撑，以五育融合为实践方式，以教育数字化转型为实践新样态。”① 基于社会主义制度优势，我国形成了国家强力主导和调控的教育体制机制和教育实践表征，教育现代化在动态实践中有了新诠释。有学者认为，中国共产党领导下的教育现代化“经历了从新民主主义教育、恢复和发展人民教育、转变教育地位、教育体制改革、办人民满意的教育到以给人民更好的教育为核心的演进历程，形成了独具中国特色与时代特色的教育现代化的实践逻辑”。② 教育在经过规模与数量的高速增长后，各级各类教育内部的体制性问题逐渐暴露出来，教育体制不适应市场经济发展的需要，呈现出滞后性。公平而有质量的教育要求制定新的富有包容性的教育体制机制。

（一）调适坐标：体制机制改革是教育改革的核心问题

“现代化的‘后起之秀’必须既要善于利用不寻常的集中手段，又要善于利用各个层次上权力和资源的分配平衡。”③ 体制机制即是对资源“集”与“分”的行动结果，体制机制是教育改革的核心问题，关涉全局教育部署和运行。在围绕教育现代化的核心问题上，教育体制机制是新中国七十年教育改革实践的抓手。教育体制机制包含教育体制和教育机制两层含义。“体制”是一种总称，包括国家机关、企事业单位在组织机构设置、组织管理权限等方面的制度、方法等。教育体制多指教育机构与教育规范相结合的统一体，教

① 孙杰远：《中国式教育现代化的基本问题》，《中国远程教育》2023 年第 6 期，第 1 页。

② 袁利平：《中国共产党教育现代化的理论演进与实践逻辑》，《重庆高教研究》2018 年第 2 期，第 3 页。

③ ［美］吉尔伯特·罗兹曼主编，国家社会科学基金“比较现代化”课题组译：《中国的现代化》，江苏人民出版社 2016 年版，第 443 页。

育机构按照制度规范运行，继而形成了各级各类的教育体制。“机制”原指机器的构造和动作原理，包含结构、功能、过程和原理三个含义。教育体制与教育机制既有联系，又有区别。两者在产生发展的过程上是相关的，结构上是相融的，性质与功能上是互补的，范围上机制创新又包含了体制改革。①教育体制决定教育机制，是教育机制发挥效能的前提条件，而教育机制是实现教育体制的必经途径。

以体制机制为核心的教育改革呈现出包容之态，同时牵引着教育现代化的方向、内容和形式。教育体制机制改革的必要性和合理性是维持教育改革进程中教育变动性的制度保障，也是教育改革成效的关键要素。教育体制机制主要是教育权力结构安排，核心是权责配置，包括中央与地方、教育行政部门与学校等。20 世纪 80 年代以来，教育现代化逐渐成为中国教育发展的目标主线，成为影响中国教育改革的公共政策话语。20 世纪 90 年代以来，中国开始实行市场经济体制，教育体制改革要与经济体制改革相协调，依据市场需要作出体制调整，以适应经济改革需求。但市场经济亦有其弊端，需要政府加以调控。21 世纪以来教育逐渐走向市场调节与政府干预相结合的道路，教育“放管服”改革和“管办评”分离成为教育体制改革的新趋势。教育体制改革具有纲领性和整合性，起到纲举目张的效果。所以，研究中国教育改革进程问题应从教育问题的“内生性”审视教育体制改革，并基于外在环境对教育体制机制改革的“外铄性”加以考量，不能仅在教育圈里看教育。

（二）实践表征：“国家主导的追赶-超越型”教育现代化模式

自 1958 年的教育方针到 1985 年的教育体制机制改革，再到 21 世纪各项教育改革，国家或者说政府在教育现代化进程中有着举足轻重的作用，利用制度优势集中力量解决了义务教育普及问题、文盲问题等。2017 年，中共十九大对中国教育现代化 2035 进行了全面部署，突出了教育的服务功能，坚持教育为人民服务、为中国共产党治国理政服务、为巩固和发展中国特色社会主义制度服务、为改革开放和社会主义现代化建设服务。从实践路径来看，

---

① 孙绵涛：《关于体制改革与机制创新关系的探讨》，《华中师范大学学报（人文社会科学版）》2009 年第 4 期，第 121—127 页。

国家（或准确地说是中央政府）起着中枢作用，以中央领导、地方落实的形式，逐步让教育改革从无序走向有序，并向“包容”的新序转移，加快推进教育现代化。如果中国教育现代化存在一定模式的话，可依据教育现代化推进经验概括为“国家主导的追赶-超越型”模式，即在中央政府主导下继续全面深化教育改革，增强教育的可持续发展能力，继续追赶世界教育强国，并向超越既有教育强国的道路前进。

“国家主导的追赶-超越型”教育现代化的内涵要素主要包括政府为主、人民为本、优先发展、协调并进、渐进改革、上下结合、立足本土、开放包容。政府为主体现在党的领导和制度先导上，尤其强调中国共产党领导下的中央人民政府在教育现代化过程中的领导地位和主导作用，以自上而下的组织行动推进开来，突出了国家教育治理现代化，同时政府通过制定制度和政策法规逐步推进教育现代化进程。人民为本是基本宗旨，是由我国的国体和政体决定的，全心全意为人民服务是根本宗旨。优先发展是我国教育改革一直在完善并执行的原则，包括政策优先、投入优先、服务优先等。协调并进是指教育改革是由多方力量整合形成合力，统筹协调各级各类教育共同发展，根据具体需求和条件作出有限的主次之分。渐进改革是说教育现代化伴随教育改革的深化逐步推进，具有过程性和动态性。上下结合是指在中央政府主导下完成教育现代化，注重与市场作用和基层教育力量相结合，逐步走向包容性教育制度的构建，实现顶层制度设计与基层教育实践的上下联结和相互联动。立足本土既是民族文化特色，保证教育文化发展的基因传承，突出民族性，也是扎根当前我国国情和教育发展情况办教育的要求。开放包容是基本态度，在开放中汲取世界教育强国的先进教育理念和经验。其中，协调并进、渐进改革与上下结合均为手段与方式，观照的是整体与局部、数量与质量、中央与地方的多重关系，体现了教育发展的协调性、循序性和联结性。

（三）诠释方向：在世界视域中定位中国教育现代化

教育改革并非只有一条道路，更没有一条标准的道路，中国四十多年的教育改革实践开辟了实现教育现代化的另一条通道——“国家主导的追赶-超越型”模式，彰显了中国教育实践的世界意义。“对很多第三世界发展中国家来说，中国模式的意义在于其到底是否能够成为有别于从前其他所有现代化模式的一个替代模式……如果说中国模式对发展中国家来说更多的是发展经验问题，那么对西方国家尤其是美国来说则更多是一种价值问题。”[①] 每个国家都会根据自己的国情找到自己独特的教育改革与发展模式，并向其他国家学习优秀经验。大体来看，世界主要国家教育改革模式有国家控制型模式与市场发展型模式。国家控制型是将教育置于国家强有力的干预之下，依据国家强制力规划教育改革战略，属于自上而下的模式，主要以日本、新加坡等国家为代表；市场发展型模式是依据市场需求制定教育发展战略，确定教育发展目标，主要以欧美国家为代表。近些年世界教育发展模式有了新变化，日本、新加坡等国家越来越注重市场导向，欧美国家也开始注重国家干预的调控，将两种模式相结合逐渐成为有意识的行动。“国家主导的追赶-超越型”模式属于国家控制型模式中的强控制型，主要由中国国情、政治制度、经济制度、教育演变等综合因素形成。尤其是近年来中国教育领域越来越注重社会的参与、注重市场的力量、注重基层的经验，竭力处理好国家与社会、政府与社会、教育与市场之间的关系。基层的首创经验、社会的办学力量、市场的资源配置使得中国教育在某些方面出现了混合型教育模式，但总体上还属于“国家主导的追赶-超越型”模式。从区域价值或世界意义看，“国家主导的追赶-超越型”模式为亚洲教育发展乃至世界教育，尤其是发展中国家的教育现代化提供了一种新模式。进入全球化时代，国与国之间的交往日益密切，成功的教育改革模式能为世界教育发展提供不可多得的学习范例。

中国教育现代化在改革进程中之所以形成了“国家主导的追赶-超越型”模式，关键在于中国政府制定了一套良好的基本社会制度，确保了制度优势，拥有了国家干预和市场运行相结合的制度基础，为教育现代化积蓄了改革张力、提供了弹性空间，逐步深化教育领域“放管服”改革，依法利用好权力清单、责任清单和负面清单“三个清单”，推进教育治理现代化；积极实行简政放权，做到不缺位、不越位、不错位，构建“政府管教育、学校办教育、社会评教育”的新型关系；处理好国家、市场、学校、社会之间关系，释放

---

① 郑永年:《国际发展格局中的中国模式》，《中国社会科学》2009 年第 5 期，第 20—28 页。

出更强大的市场力量、学校力量和社会力量，集合一切可利用的力量来加快推进教育现代化，尤其是国家教育治理体系和国家治理能力现代化。

“虽然不同时代教育改革的社会环境不同、面临的重大教育问题有别、教育改革的具体策略各异，但教育为人民服务的制度伦理没有变，不断深化教育改革与持续扩大对外开放的总战略没有变，教育优先发展的战略地位没有变。”[①] 面向教育现代化 2035 的教育改革将朝着更有质量、更加公平、更具特色、更可持续发展的方向发展，“双服务”趋向和特征将更为显著。未来教育改革不会放弃“国家主导”，而是继续完善和优化“国家主导”，更好地服务于内涵式教育发展，按教育规律来发展教育，拓展教育改革的广度、深度和力度，增强教育制度的包容性；着重加强党对教育工作的全面领导，完善教育现代化投入支撑体制，全面落实物质保障、人才保障、技术保障、法治保障、组织保障等机制来加快推进教育现代化；在保证“量”的基础上，促进“质”的提升，逐步实现教育改革的阶段性目标和总体性目标。

三、理论逻辑：教育本质的讨论、守正与创新

教育改革源于工业文明对农业文明的刺激，走的不是“教育西方化”，更不是“教育美国化”的道路。改革开放以来，从重新启动教育改革到追求教育现代化，再到全面深化教育改革，中国教育发展水平与发达国家教育水平之间的差距逐渐缩小。教育改革是处于进行时而非完成时的状态，不是一个既定结果。中国特色社会主义教育体系的内涵为何，教育理念与教育制度如何相互作用，这些问题成为不同阶段教育理论讨论与探索的重点问题。改革开放以来，围绕“培养什么人、怎样培养人、为谁培养人”这一基本问题，在破解“穷国办大教育”和“大国办强教育”两个历史难题的过程中形成了教育工具论、全面发展论、公共教育论、教育先行论和教育公平论等教育理论。这些理论是对教育本质的回应，由理论认识上升为国家意志和国家战略，继而转变为教育政策法律法规，形成中国特色教育理论体系，理论发挥出全局性、基础性、长期性和先导性作用，助力推进教育现代化建设。

---

① 范国睿：《教育变革的制度逻辑》，《探索与争鸣》2018 年第 8 期，第 19 页。

（一）在讨论中理解教育本质

四十多年的教育改革经历了多次关于教育本质的讨论、争论，总结出形形色色的教育理论，为中国教育现代化作出了理论回应。经由不同时期关于教育本质问题的讨论，逐渐勾勒出教育理论要对接“双服务”、体现教育现代化特征、助力教育改革的行动蓝图，在讨论中把握教育本质，确立以人为本的育人理念，将人的现代化与国家现代化统合起来。这里着重讨论教育工具论、全面发展论、公共教育论、教育先行论和教育公平论在教育改革进程中的地位和作用。

教育工具论是特殊历史时期的产物，忽视了人的生命性。新中国七十年教育现代化进程中，教育的地位是动态变化的，体现着教育在恢复、建设、探索的不同阶段的战略趋向。受历史局限性影响，教育曾被视为一种工具，这是历史特殊需要所导致的。在20世纪五六十年代，教育让渡于国家建设和政治斗争，教育的政治性使得教育性被弱化，教育被作为制造国家所需人才的工具，背离了教育应有之规律，但客观上为当时的中国培养了一批急需的建设人才。到了“文革”时期，这种观念被强化，直到改革开放后，教育工具论在教育本质的讨论中逐渐退潮，渐渐被“服务论”所取代。虽然教育的战略地位被提升，教育优先发展逐步确立，但在20世纪90年代，教育还是让位于经济建设，工具论的色彩依然存在。教育工具论是一种偏狭的教育理论，将人的发展作为一种机械化的存在，忽视生命本体价值，在特殊的历史时期虽然发挥过积极作用，但也留下了后遗症。改革开放的深化促使人们重新反思教育工具论，人的现代化进入教育视野。素质教育论、全面发展论、教育服务论、公共教育论等理论解释的出现，促进教育理论由单一走向多样。

全面发展论是基于马克思主义思想并结合中国国情而形成的，在不同教育发展阶段不断得以完善。教育的核心是人的发展问题，教育要促进人的自由而全面的发展，其核心要义源自马克思主义。从新中国成立初期，“全面发展”就成为教育方针的关键词，对马克思主义关于人的全面发展观有着继承和发展。虽然中间有过断裂，但改革开放后，人的全面发展理论重新恢复。教育重在要面向人人，强化终身学习，讲求因材施教，重视知行合一，注重共建共享，将人的全面发展融入人的现代化过程中。国家现代化离不开人的现代化，两者在教育现代化过程中基于“双服务”实现共生。推进人的全面发展，同推进经济、文化等领域的发展互为前提基础。教育促进人的全面发展是教育现代化的过程性结果；人的全面发展是教育现代化的内核，人越全面发展，物质和精神文化才能创造更多，助力生活质量的改善，形成良性发展系统。“个人的全面性不是想象的或设想的全面性，而是他的现实联系和观念联系的全面性。”[①] 全面发展论是人的现代化的集中体现，将个体的符号世界与生活世界对接起来，遵循以人为本的理念，以生活实践为主导，从政策文本中解读出教育的生命意蕴，既要培养学生的正确价值观念、健康人格与必备品格的活动，也要培养关键能力。

公共教育论是基于政府、市场、社会、教育的关系重组而形成的，增强了教育的服务属性。现代教育作为社会公共领域，具有公共属性。政府通过购买公共教育服务来惠及人民群众，共享改革发展成果。教育场域内的新型相互依赖关系在政府、市场和社会的共同铸造下成形，带来了公共教育权力的扩大和政府职能的聚焦，重塑了教育环境，创造性地推动了“双服务”的结构化发展，激发了教育活力。公共教育论将政府、市场、社会和教育进行了有机整合，解释了教育风险防控，为教育决策者、教育研究者提供了一个观察教育现代化进程的新视角，维护了广大人民群众的教育公共权益，推动了服务型教育的生态构建。公共教育论突出了教育管理的有效性和经济性，依托于健全完善的教育制度体系，从教育管理向教育治理转变，推进国家教育治理体系和教育治理能力现代化建设，高效能地整合公共教育服务资源。但它也给教育带来了新风险和不确定性。政府既要关注购买公共教育服务的积极效应，也要消除公共教育服务潜在的负面影响。

教育先行论是依据国外教育经验和本国教育需求作出的理论判断，推动了教育优先发展战略的确立。我国在经济体制改革开启后，改革战略逐渐深入到教育改革中，它是特殊时期的理论引荐，为教育优先发展的战略定位作了学术回应。教育先行是教育在一个国家的社会经济发展中居优先发展地位

---

① 中共中央马克思恩格斯列宁斯大林著作编译局：《马克思恩格斯文集·第八卷》，人民出版社 2009 年版，第 172 页。

的观念、理论和主张，以此区别于人类历史上长期把教育视为经济发展之后的消费性、福利性事业的观念、理论和主张。[①] “先行”主要体现在两方面：一是教育经费投入的增长比例要高于经济增长比例；二是教育的人才培养目标要适度超前于当下社会发展。教育先行论与教育优先发展战略地位的确立有着紧密联系，教育先行论为教育优先发展作出了理论应答。“教育优先发展从理论研究上升到国家发展战略，成为推动教育快速发展的指导思想和强大动力，成为社会主义教育现代化建设一条极其重要的经验。”[②] 适度的教育先行才能符合社会发展要求，促进教育自身进步。

教育公平论是教育现代化的核心理论，关乎教育正当和美善，“是指每个社会成员在享受公共教育资源时受到公正和平等的对待。教育公平包括教育机会公平、教育过程公平和教育质量公平”。[③] 教育公平既有平等之义，又有公正和美善的内涵。它包括受教育权利和受教育机会公平、教育过程公平和教育结果公平。从 1986 年《中华人民共和国义务教育法》颁布实施，到 2000 年中国初步实现“两基”战略目标，再到 2011 年全面完成“两基”战略任务，中国全面完成普及九年义务教育和扫除青壮年文盲的战略目标，为迈向教育强国和人力资源强国奠定了坚实基础。进入 21 世纪新时代后，教育信息技术成为重要突破口，逐渐形成了教育公平的演进逻辑，即“从‘保底’式公平到‘均衡发展’式公平、从‘物质关怀型’公平到‘人文关怀型’公平、从单一方法促进公平到多元工具维护公平、从单一主体推动公平到协同攻坚保障公平”。[④] 新时代更加注重高质量教育公平，高质量教育不仅是教育内容的丰富和教学方法的创新，更是教育公平的全面体现和深化，是教育公平理念的升华。它“凝练出高质量教育公平的四大核心要义：注重品质、深

---

① 于述胜、李兴洲、倪烈宗等：《中国教育三十年：1978—2008》，四川教育出版社 2008 年版，第 139 页。

② 曾天山：《教育优先发展是实现现代化的根本大计》，《教育研究》2008 年第 11 期，第 45—50 页。

③ 周洪宇：《教育公平：和谐社会的重要内容、基础和实现途径》，《人民教育》2005 年第 7 期，第 7—10 页。

④ 李海萍：《改革开放 40 年中国基础教育公平政策的推进策略与演进逻辑》，《全球教育展望》2019 年第 7 期，第 72 页。

入微观、广及省域及拓向世界”。[①] 高质量教育公平已成为国家教育政策的核心关注点，是衡量教育政策合理性和有效性的重要指标。教育公平从理念传播到制度实践的转变，是推动教育改革不断深化和发展的重要过程。无论是国家教育方针的制定，还是课程教学活动的实施，公平都应是一以贯之的原则。

当代中国教育改革产生的理论不止以上几种，“这些重大理论代表着某一阶段教育改革发展的价值取向和行动方略，对中国教育的伟大实践能够解释、回答和指导”。[②] 从总体概况来看，教育理论并非单一的，应是多种教育理论并存。丰富的理论为认识中国教育改革和解释中国教育现代化提供了诠释视域，澄清了教育本质为何、教育何为等基本问题。这些理论本身也是改革开放大背景下的成果，没有改革就没有理论更新的土壤，没有开放就没有理论创新的活力。教育理论既助力教育改革，也利于合理构建教育学科体系，完善学科布局，提升教育的可持续发展力。

（二）在变迁中守正理论方向

在教育改革进程中基于人的教育问题与国家发展需要，产生了诸多教育理论。一方面，我们从教育改革实践中总结出经验教训，进而提炼为理论；另一方面，积极引入国外教育理论，加以学习和改造，使其在中国教育场域中发挥作用。随着教育现代化的不断推进，教育理论呈现出复杂性和有限性。教育现代化是教育改革与发展的鲜明主题，“经历了从 1983 年‘面向现代化’到中共十七大‘提高现代化水平’，再到中共十九大‘加快现代化’的历史进程，推动了从教育大国向教育强国的历史性转折”。[③] 教育的地位与方向在不断调整，从一开始作为重要事业上升到国家现代化的决定性事业，从注重人力资源开发到成为关乎民生的首要问题，从国家富强促进教育发展转向教育

① 程天君：《高质量教育公平——新时代教育公平国家战略引论》，《教育研究》2024 年第 4 期，第 4 页。

② 曾天山：《影响中国教育改革发展的重大理论研究》，《西北师大学报（社会科学版）》2016 年第 1 期，第 80 页。

③ 曾天山：《加快教育现代化的时代主题与路径创新》，《中国教育学刊》2018 年第 9 期，第 1 页。

兴盛助力强国建设。

教育理论的变迁是对教育问题不断有新的思索，在冲突—调适—平衡中循环更新，搭建适合时代发展所需的理论基石，处理好目的和手段、内容和形式、问题和对策之间的关系，在不确定性中界定可能的确定性，在多样性和统一性之间形成平衡，增强指导教育实践的稳定性和可行性。从新中国成立至改革开放前，我们更多关注的是社会主义教育制度的苏联经验，表征为教育理论的一般性；在传统教育中寻找经验，在新式教育中总结规律，政府在教育理论中的作用被强化，教育理论以服务国家建设为重，而以人的全面发展为最终导向。改革开放后，政治上逐渐确立了建设中国特色社会主义教育制度，因此适合中国国情和教育需要的理论都应加以应用和深化。不同阶段的教育理论代表着教育认识方位的问题，实质上所反映的是教育服务国家现代化建设需要、国家服务教育进步需要的问题，在回答教育本质问题中界定出教育边界，突出以体制机制改革为中心的共同教育理论问题，并在历史实践中探寻当下教育实践的理论源头。邓小平同志于 20 世纪创造性地提出“中国式现代化道路”的问题，指出：“过去搞民主革命，要适合中国情况，走毛泽东同志开辟的农村包围城市的道路。现在搞建设，也要适合中国情况，走出一条中国式的现代化道路。”① 这是教育理论在变迁中要坚守的理论方向，坚守过往诸多教育理论中的合理观点，坚守“从实践中来，到实践中去”和“从群众中来，到群众中去”的理论起点，巩固教育改革理论的实践性和人本性，发挥其全局引领、基础搭建、长期有效和观念先导等作用。

教育理论是在不断嬗变和丰富的，还有诸如素质教育论、主体教育论、教育强国论、教育治理论、强师论、终身教育论、教育综合改革论等理论，各有侧重地解释了中国教育及其存在的问题，为进一步改造中国教育提供了理论支撑。我们需要坚守教育理论中的正当与美善，坚持和完善中国特色社会主义教育理论体系，实现人的现代化与国家现代化的协同发展，统合教育的价值理性与工具理性。“我国教育正在向着以科学的教育理念、理性的教育

---

① 邓小平：《邓小平文选·第二卷》，人民出版社 1994 年版，第 163 页。

思维和民主的教育治理为特征的新时代方向进发。”[①] 教育理论应当且必须同中国教育改革与发展相结合，搭建起包括一般性和特殊性在内的理论体系，依据新时代社会主要矛盾的变化，作出新判断、突出新内涵、找出新路径，从制度层面省思人的发展，关注人的成长，使得教育体制改革能服务于人的发展，并将现代教育价值理念予以制度化，为推进国家教育治理体系和治理能力现代化作出新的理论应答。

(三) 在守正中创新教育思想

教育改革开放从中国教育的器物层面到制度层面，再到理念层面，逐步深化到强调以人为中心的教育现代化。反思此前我们以反现代化的方式试图去实现教育现代化，我们既要重视教育的工具理性，更要重视教育的价值理性。中国教育正处于一个历史转型期，在满足基本教育需求的基础上，转变为追求公平而有质量的教育，面向未来教育发展，建立与社会主义市场经济体制相适应的新的教育治理模式。为此，在守正中国立场后，如何创新教育思想，提出新观念引领教育改革思路、推进教育现代化进程，这是值得深思和探讨的。“双服务”在教育现代化进程中所形成的理论逻辑是支配教育改革与发展的精神因素及其内在机理，表现在教育改革与发展以理念、价值、文化为先导，以实践为主导，继而在思想观念上进行更新，具有思想引领性和观念更新性，再以体制机制实现理念与制度之间的一致性和规约性。在教育变革实际过程中，理论逻辑所引导的教育改革与发展又体现出实践性和生成性。教育理论要回答的还是“培养什么人、怎样培养人、为谁培养人”的问题。“双服务”是对这一问题的演绎，既符合现实阶段需要，又遵循着教育规律。

教育改革逐渐走向和合之势，以现代化为基本任务，“在我国教育传统基础上立地生根，通过现代的‘反向批判’与新现代的‘正向超越’两种方式实现对基本任务的超越与丰富”。[②] 教育理论经历了从传统到现代的嬗变，折

---

① 周洪宇：《深化教育领域“放管服”改革，加快推进教育治理现代化》，《教育研究》2019 年第 3 期，第 15—19 页。

② 喻聪舟、温恒福：《中国教育现代化的融合式发展研究》，《中国教育学刊》2018 年第 6 期，第 32 页。

射出教育理论创新的思维范式是从单向思维到多向思维的变迁。教育的对象是人，人具有理性和非理性、确定性和不确定性。教育要回归学校主体、回归育人主流，重视育人价值和人文关怀，继而创新教育思想，使教育理论从历史、现在更好地走向未来。教育需要制度化、体系化的文化传承，延续和推进文明进程，激发社会活力因子。教育改革在教育既有的“习性”和“轨迹”中另谋出路，是历史发展要求，也是时代任务使然。教育理论对接教育现代化，在教育改革中孕育新生，待教育理论于历史、现实和未来共同形成的“胚胎”中“成形”“分娩”，会自觉或不自觉地开启教育思想的新时代。

中国教育改革道路是一条渐进式的损益途径，而不是突变式的革命途径，在教育改革与发展中形成了过犹不及、不偏不倚、中立中行的中庸精神。虽然儒家的“中和”是从政治目的出发、以道德境界为旨归，并非直接针对中国教育改革与发展，但这种具有技术程序专属性质的“折中”，却凸显出规则的强大架构功能。另外，教育理论有层次之分，包括宏观、中观、微观，关涉教育理念、教育治理、教学实践，不同领域、不同层级的教育需要相应的理论，不能一概论之。“尽管教育理论一旦被生产出来就有了相对于教育实践的独立性，但是教育理论在整体上还是逃不开在教育实践中发挥作用的命运，否则其地位和价值就会受到质疑。”① 教育理论必须走进中国教育场域，“以全球现代化的理论和实践为视域，各国推进现代化的经验都是可观察、可扬弃、可超越的”。② 这需要教育工作者对教育理论融合式发展作出正确复位，基于实践阐释中国教育问题和教育道路，为国家教育决策、制度设计和基层落实机制作出解释和论证，站在历史、现在和未来三个时空层面思考教育从何处来、位于何处，又应往何处去，从而使教育理论得其“位”，在教育管理、教学工作、课程改革中发挥指导作用。从教育治理的角度看，理论对接国家治理现代化命题，应总结归纳出富有教育治理特征的新观点，聚焦现实教育问题，深化教育问题治理，力促和巩固“教育普及化、教育公平化、教

---

① 余清臣：《教育理论的实践化改造：基于人性假设的组合》，《教育科学研究》2018 年第 10 期，第 5—11 页。

② 杨小微，游韵：《教育现代化的中国视角》，《教育研究》2021 年第 3 期，第 141—142 页。

育优质化、教育国际化、教育信息化、教育保障制度化”。[①] 总之，我们要加快教育理论的融合式发展，总结新经验，形成并完善现代教育理论，打破时空壁垒，从生活世界中寻找理论起点，用规范性的学术研究范式论证教育理论，拓展理论深度。

四、教育改革进程中“三重逻辑”关系的明晰

以历史逻辑、实践逻辑和理论逻辑形成视域框架，以“双服务”为线索审视改革开放以来的教育改革进程，既是一种研究分析方法，也是一种理论架构。为此，首先要继续加强教育现代化进程中的“双服务”，以建设教育强国为历史主线，正确理解新时代社会主要矛盾变化，以实现人民满意的教育为目标，全面深化教育综合改革，解决教育发展不平衡不充分的问题。其次，坚持“国家主导的追赶-超越型”教育现代化实践逻辑，以教育体制机制为核心，将顶层教育制度设计与基层教育治埋相结合，处理好中央与地方、政府与市场等之间的关系，为实现国家教育治理体系和教育治理能力现代化而坚持和完善中国特色社会主义教育制度。最后，教育现代化的理论逻辑应尊重历史和反映实践，教育理论建设要契合实际、符合人的全面发展规律、依据教育正义和教育美善等伦理原则，从而合理诠释中国特色社会主义教育发展道路。鉴往知来，推陈出新，建设教育强国要带来思想观念的更新，改变原有的教育认知，使教育体制改革、教育可持续发展成为教育现代化的主要目标。

以三重逻辑框架（见图 5.4）解读教育现代化，体现了多元利益主体的相互作用，而制度演变、实践行为和理论应答是基于权责立场和资源分配的博弈与调适，多方力量相互权衡以达成可能存在的平衡。“双服务”即是利益平衡的结果，旨在实现共生与双赢。三重逻辑下的教育现代化更趋客观全面，国家教育治理体系和国家教育治理能力在教育现代化进程中更具包容性，涵盖包容性的制度、实践、理论、审视、思考和建构。改革开放是教育现代化

---

① 宋乃庆，杨黎，范涌峰：《新时代教育现代化：内涵、意义及表现形式》，《教育科学》2021 年第 1 期，第 5—7 页。

的根本动力，其关键词是“特色”“开放”“理性设计”“自发创造”“多元一体”“政府与市场”等。具有包容性的教育制度是教育可持续发展和内涵式发展的前提条件，在教育改革进程中形成实践思维、辩证思维、问题思维、渐进思维和系统思维。

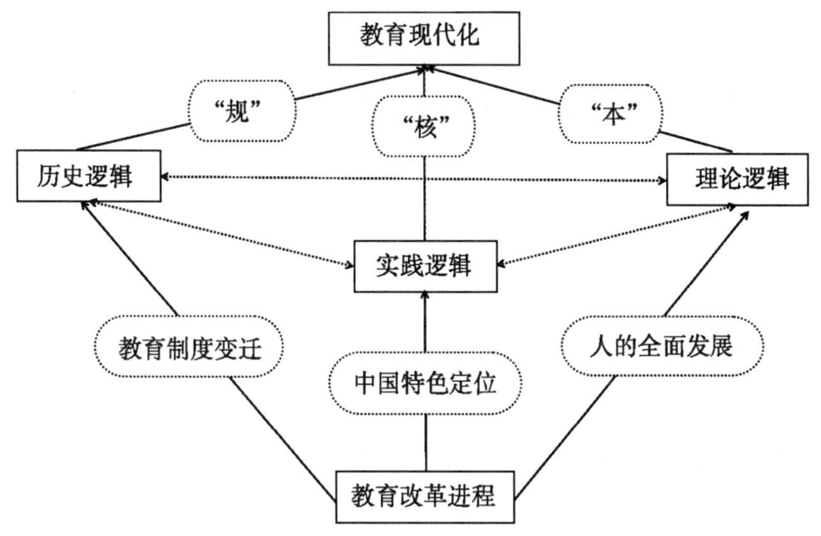

图 5.4 “三重逻辑”视域下的教育改革进程

加快推进教育现代化进程，需要依靠教育改革。“双服务”在教育现代化过程中要从教育管理思维转向教育治理思维，提升关键能力，落实教育保障。其中，历史逻辑的背后是教育制度变迁，是教育现代化的“规”，确保正确的方向，提升教育改革的有效性和正当性；实践逻辑依据的是中国特色定位，扎根中国大地兴办教育、改革教育，妥善处理政府与市场、中央与地方、城市与农村、国内与国外、一般与特殊等关系，是教育现代化的“核”，从实际问题和体制机制出发，直击阻碍教育现代化进程的关键因素；理论逻辑对接的是人的全面发展，是教育现代化的学理支撑，联结着教育政策与教育教学，是教育现代化的“本”，解决的是教育关于“培养什么人、怎样培养人、为谁培养人”的理论问题，走内涵式教育发展道路，更加注重教育质量与教育公平。教育改革包含着制度性权力、内生性演化、外生性聚变三个层次，共同推进教育现代化，形成以稳定为基础、以改革为动力、以发展为目的的基本教育治理态势。

第六章　当代中国教育改革进程的域外对照

当代中国教育改革不仅需要从中国自身内部的教育改革演进中梳理出历史分期，还要将其放置于由中外教育改革构成的坐标系中，找出彼此之间的异同，才能更加全面地认识中国教育改革及其进程。在教育国际化与全球化的大背景下，世界各国的教育改革不可避免地相互影响。教育市场化、教育信息化、教育现代化等理念思潮在大多数国家都可以找到存在的影子。欧美等发达国家的教育改革为中国教育改革提供了参照经验。从教育改革的探索历程看，中国教育近现代化是走了一些弯路的，从 20 世纪初照搬日本、模仿法国、移植美国，到了 20 世纪 50 年代的“苏联模式”、改革开放后的多元化发展，说明中国教育改革与发展一直在向外求取先进理念与经验，一步一步摸索着前进。在全球化日益凸显的当代社会，中国教育如何在世界潮流中彰显自身特色并占有一定话语权，需要以一种比较视域的理性看待中外教育改革的异同，定位中国所形成的“国家主导的内生性渐进改革”的特色与优势。

第一节　从政策与制度比较维度诠释中国教育改革

20 世纪 70 年代，美国、德国、芬兰、英国、澳大利亚等国家借助教育寻求保持和提升自己的综合实力和国际竞争力，体现了一种新自由主义的意识。在此影响下，我国基于中外教育改革比较的视角，形成交融互鉴的机制，借鉴其他国家的教育改革经验，吸取他国教育改革教训，在解决教育问题的政策模仿过程中，加强国际教育政策推广，加强同联合国教科文组织、世界银行、经济合作与发展组织等国际组织的合作交流，分析研究中外教育政策的历史逻辑、理论逻辑和实践逻辑。在信息化时代，我国的教育改革逐渐专业化、知识化，从制度、政策、教育教学等方面精耕细作，重在对教育管理体制进行深化改革。从管理走向治理离不开专业实践，教育管理知识的内卷化需要治理知识的后援，其背后的复杂因素加大了治理难度。改革开放以来，基础教育的改革与发展先后经历了从新民主主义教育到社会主义教育、从效率优先的重点发展到公平导向的均衡发展、从外延式均衡发展到内涵式优质均衡发展的重大转变。新时代背景下，教育改革必须回应教育基本矛盾的变化，更加强调人的自由全面发展，共享教育发展成果，缩小教育在区域、城乡、学校、群体之间的差距，以现实教育问题为着眼点，维护教育公平，办好人民满意的教育和走优质化教育路线。

一、自为实践：从政策机制看中外教育改革

政策制定与实施是基于制度的良性运行，它是制度的外延。不同的国家教育政策在草拟、决议、实施和反馈等方面呈现出趋同之势。中外教育改革的比较研究有了越来越多的参与、融入、互识和共进，并以自为的方式践行各项教育举措。中外教育改革在政策层面的对比，可有如下几组维度：政策清晰性与复杂性、改革政策的必要性和实用性、政策的一致性与稳定性。[①]制度化的组织形态所形成的强迫性机制、模仿机制和社会规范机制加剧了组织形式和行为的趋同性。梅尔·托马斯（Mayer Thomas）等人提出了政策趋同的影响机制（见表 6.1）。

---

① 王龚：《中美教育改革的政策比较——基于重要文件的视点》，《外国中小学教育》2013 年第 2 期，第 7—11 页。

表 6.1 政策趋同的影响机制※

机制	动力	回应
跨国交流	问题压力、合法性压力	引进他国模式
		采取共同发展的模式
		模仿国家间通用的模式
		采用国际组织推荐的模式
政策竞争	竞争压力	根据对方表现相互调整
独立问题解决	类似的国内情况	独立自发的相同回应

※资料来源——Holzinger K，Knill C，Arts B. Environmental Policy Convergence in Europe：The Impact of International Institutions and Trade [M]. Cambridge：Cambridge University Press，2008：144-195.

当代中国教育改革从效率优先的重点突破转变为公平导向的均衡发展，从外延式拓展需求转向内生性优质发展，各类体制改革所要回应的是几组矛盾关系：教育公平与教育失衡的矛盾、优质教育与教育发展不充分的矛盾、素质教育与应试教育的矛盾、教育治理现代化与教育改革动力不足的矛盾。相比之下，美国、日本、德国、新加坡等国家的教育改革有许多值得借鉴之处：通过课程、教学、评价的一体多维思路进行深度改革，以共建共享和现代化治理理念处理政府、社会、家庭和学校之间的共治关系，推动现代学校制度建设，完善教育治理体系，激发地方和学校改革的内动力，这是中外教育改革的共同之处。美国的现代化教育改革思路，统合了国家发展与个人成长的双重需要，日本的教育改革妥善处理了传统教育与现代教育的衔接，德国的教育改革适应了不同群体的需求①，新加坡的教育改革凸显了双语教育和“分流制”。而中国改革开放四十多年来，在教育改革方面取得了突破性的历史成就，积累了推进教育现代化的成功经验，最大的特征在于“国家主导的内生性渐进改革”，坚持中国共产党对教育的全面领导，以政府主导的方式将教育作为优先发展的战略，办以人民为中心的、让人民满意的教育，以教

① 李爱萍、杨梅：《20 世纪德国基础教育改革政策的演进与启示》，《外国教育研究》2004 年第 11 期，第 29 页。

育体制机制为核心改革领域推进教育治理体系建设和教育治理能力现代化，以新目标、新内容、新方式加快教育对外开放。自党的十八大以来，"治理思维"逐渐成为教育改革的方式，政府在国家治理中发挥着举足轻重的作用。

针对传统治理的不足，美国的盖伊·彼得斯（B. Guy Peters）提出了四种新的政府治理模式：市场模式、参与模式、弹性模式和解制模式（见表6.2）。以善治为目标的中国教育改革依然是在政府主导下进行，这源于中国的传统文化，以及当代我国的政体和国体。同时，市场、社会、家庭、学校等教育力量会被纳入教育改革中，基本可能会形成国家-市场混合型模式，既强调国家干预和充分发挥市场机制，也要将社会、家庭等教育力量纳入进来，构建上下合力共建的教育改革实践结构，形成教育改革共同体。

表6.2　政府未来的治理模式※

	市场模式	参与模式	弹性模式	解制模式
主要特征	垄断	层级节制	永久性	内部管理
结构	分权	扁平组织	虚拟组织	无特别建议
管理	绩效工资；运用私人部门的管理技术	全面质量管理；团队	管理临时雇员	更大的管理自由
决策	内部市场；市场激励	协商；谈判	试验	企业型政府
公共利益	低成本	参与；协商	低成本；协调	创造力；能动性

※资料来源——［美］盖伊·彼得斯著，吴爱明译：《政府未来的治理模式》，中国人民大学出版社2001年版，第23页。

现代教育改革是对教育现代性的增值，具有时空性、价值性、普遍性、技术性和批判性等特征，是由扬弃与新建、抑制与进步等多重因素而形成的统一体，自然也面临着教育生态意识薄弱导致的生存风险，教育改革对教育制度的革新所带来的历史断裂，工具理性催生出的功利主义色彩与价值理性的缺失有可能加剧的教育改革的不合理性。教育改革也是政策动态演进的过程，是一项永无止境的事业。以现代教育观念作为先导，走出教育制度与思想的迷思之境，通过现代信息技术加快教育转型升级，这些都依赖于政策机制的运行，具体地说要以各行动者之间的协同互动形成政策共同体（见图6.1)。中国的政策机制是在国家主导下，联合多方教育主体构成动态政策网络中的教育改革的政策共同体，继而结合教育改革的战略需求，立足人的现代化之根本，发挥制度和政策优势，营建良好的教育生态环境，实现国家发展与教育进步的双重使命。

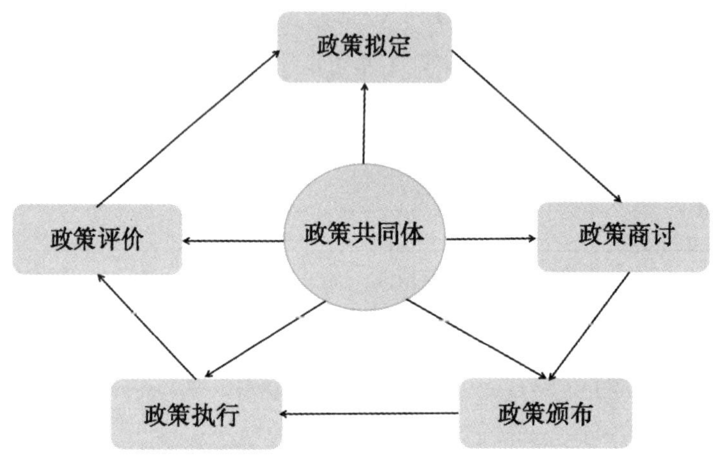

图 6.1　政策运行过程中的政策共同体※

※资料来源——Holzinger K，Knill C，Arts B. Environmental Policy Convergence in Europe：The Impact of International Institutions and Trade [M]. Cambridge：Cambridge University Press，2008：144-195.

二、各守其位：多元体制与一统体制的合理性

教育体制是教育改革的核心问题，在课程、教学、教师和学生之间所构成的实践活动有意或无意地发挥着教育体制机制改革的规制作用。20 世纪 80 年代以来，美国和英国在基础教育管理体制方面主要采取家长择校、学校自治、课程和考试国家化等改革措施。这些措施紧密关联并相互制约，关乎基础教育改革整体质量的高低。国外教育改革大致可以划分为三类：以英国为代表的西方古典模式，带有古典时代的教育印记；以美国为代表的西方现代模式，作为移民国家，美国是多元民族融合而成，以现代性作为教育改革方

向；以日本为代表的东西方混合模式，日本受儒家文化影响，带有中国传统教育的特征，在明治维新后，走向现代化改革之路，教育改革的现代性逐渐增强，并保留了日本传统教育中的优秀成分。英国的教育改革带有“绅士教育”的印记，通过不同时期的法案，基本确立了其教育要实现人的和谐发展的愿景；美国的教育改革带有普适性的教育理念，以通识和专业分野的举措，尽可能满足不同人群的需求，强调教育要适应现代社会发展需要；日本的教育改革模式较好地处理了基础与应用、传统与现代、本土与国际的关系，在各国教育改革中也很有特色。中国的教育改革是在党和政府的双重体制所形成的制度体系中进行的，倾向于实行一统体制，教育体制机制亦是形成了“国家主导的内生性渐进改革”。有学者认为，中国国家治理是治官权与治民权分设，形成“上下分治的治理体制”，“中央治官，州县治民”的古代国家治理特点——“分而治之”①。但“分而治之”在现代中国正式制度上不再适用。中央与地方之间的距离更近，县域治理被纳入中央管理范畴，强化了“国家主导的内生性渐进改革”特征，也是中国教育改革及其进程的特色。教育改革在此制度背景和体制设计中更为复杂，但人本性、现代性是教育的初心，“改革创新是教育事业科学发展的根本动力”。② 不同国家的教育改革举措为中国教育改革提供了参照，经验与教训在教育改革中发酵为成长所需的营养，不同文明形态下的教育是文化和文明的集中体现，优质因素交织互鉴③，呈现“和合”之势。

国外的基础教育改革的根本目的在于培养学生的综合素质，注重因材施教，考试成绩不再被视为评价学生的唯一标准。世界各国的教育改革都关注学生的全面发展，如日本重视培养学生的人性和社会性，提升能力以立足国际社会；实行课程编制、实施、评价一体化的整体改革，如韩国确立国民共

---

① 曹正汉：《中国上下分治的治理体制及其稳定机制》，《社会学研究》2011 年第 1 期，第 1 页。

② 谈松华：《深化教育体制改革的整体框架和推进策略》，《国家教育行政学院学报》2012 年第 5 期，第 12 页。

③ 徐勇：《农民理性的扩张：“中国奇迹”的创造主体分析——对既有理论的挑战及新的分析进路的提出》，《中国社会科学》2010 年第 1 期。

同基本教育课程和选修课程体系，注重提高一线教师的自律性，着力强化教育质量管理。中外对统得过死和放得太宽都不是教育改革的选择这一点达成共识，统一改革目标是管总的需要，但还得根据地方实际和学校现状作出调整。如美国各州有自己的教育改革目标规划，但没有全国统一目标和要求，但为避免地方过度分权导致的弊端，美国于 1991 年和 1994 年分别编制了《2000 年美国：教育战略》和《2000 年目标：美国教育法》。在课程内容上，国外考量了综合性和现实性的结合，重视教科书的编写和审定，教育管理体制趋于民主化和规范化；各国高度重视课程和教材的弹性，课程标准和要求的多层次性，实行国家、地方、学校三级管理，但具体权重在不同国家则有所不同——设置地方课程和学校课程，这些在中国教育改革中被借鉴。美国、德国、英国、日本等国的教育改革强调信息技术教育，尤其是在面向 21 世纪进行教育改革时，从美国的“信息高速公路计划”开始到设置信息技术教育课程，为师生的网络学习、学习资源打开了新天地。

中国与欧美等发达国家在人力资源开发方面还存在着历史性差距，在正规教育年限方面少于发达国家。美国 25 岁以上人口中接受高中及以上教育的比例，在 20 世纪 60 年代初期超过 50%，20 世纪 90 年代初超过 80%，2013 年高达 88.2%。[①] 相比之下，2000 年，中国 25 岁以上人口中接受过高中及以上教育的比例仅为 19.03%[②]，2010 年为 24.46%[③]。中美两国之间，人力资源的存量优势在美国一边，增量优势在中国一边。随着中国高等教育能力的提高与升级，有可能在 2030 年，中国高等教育总培养规模将达到 OECD（经济合作与发展组织）所有国家之和，届时将成为人类历史上最大的高等教育国家（见表 6.3）。在教育改革过程中，教育的国际功能和国家功能都在国家教育能力的范畴中。国际功能主要表现为国家间的教育互动，营建区域性

① 高书国：《教育强国：中国教育发展战略选择》，广东高等教育出版社 2018 年版，第 306 页。

② 高书国、杨晓明主编：《中国人口文化素质报告》，社会科学文献出版社 2004 年版，第 243 页。

③ 高书国、杨晓明主编：《中国人口文化素质报告——从战略追赶到局部跨越》，东北师范大学出版社 2013 年版，第 43 页。

国际教育中心；国家功能主要表现为国家教育治理、教育决策、教育信息化和教育科研活动。中心城市在高等教育发展中有着导引作用，德国、俄罗斯、日本等国的大学变迁展现了中心城市的辐射作用。①

表 6.3 中国与 OECD 国家高等教育规模比较（2005—2030 年）※

年份/年	2005	2015	2020	2025	2030
中国/万人	2300.0	3576	3800.0	4020.9	4796.0
OECD/万人	4106.4	4497.9	4565.7	4686.9	4827.5
比值（中国/OECD）	56.0	79.5	83.2	85.8	99.4

※注：OECD 数据为《OECD 展望：高等教育至 2030》预测数，其 2030 年数据是按增长率 3%的推算。中国 2005 年、2015 年数据为实际发生数，2020 年以高等教育毛入学率为 50%、2025 年为 55%和 2030 年为 60%计算。参见高书国：《教育强国：中国教育发展战略选择》，广东高等教育出版社 2018 年版，第 307 页。

四十多年来，中国教育改革从理论到实践、从方法到制度实现了质的飞跃。教育学术话语在教育改革进程中经历了 20 世纪 80 年代的反教育政治化阶段、20 世纪 90 年代的知识化和专业化阶段、21 世纪以来的文化塑形阶段。在此过程中，中国教育改革与教育开放并举，中外教育改革经验互鉴互融；教育改革的学术化、政治化和大众化逐渐融为一体，从分离走向统合，将理论化为制度规约，将制度赋能于基层教育组织（尤其是县域政府的教育行政部门），充分展现教育领域的人文特性，将教育理论与教育实践统一起来。“现实与历史有着连续性关系，欲认识现实需把握其历史上的来龙去脉。”②我们应从教育历史过程中寻找解读和践行中国教育改革的线索，并基于中外教育改革比较的角度，正视中国教育改革中存在的“权威体制”与“有效治理”之间的张力问题。中国的教育改革多是自上而下的决策执行机制，而不是自下而上的信息汇集和传递机制。历史实践证明，教育权威体制的维护与

① 李工真：《现代化大学的由来》，《国家教育行政学院学报》2013 年第 9 期，第 2 页。

② 周雪光：《寻找中国国家治理的历史线索》，《中国社会科学》2019 年第 1 期，第 90 页。

落实不能以失去地方教育的有效治理为代价，否则会导致地方教育治理失效，使教育改革夭折或受阻。集权与分权这一对矛盾体在任何一个社会领域改革中都存在着，目前中国教育改革还将持续进行教育权力的下放。“两种模式是各有利弊的，谁都难以完全战胜对方成为一种唯一的模式，它们都只是一种可供选择的方案。一体化与多样化作为两种基本思想在教育结构改革中经常表现出来。”①

改革开放四十多年来，中国教育改革经历了政治导向型、经济导向型、社会导向型和服务导向型四种类型，这四种类型的演进不是单一存在的，而是重叠在一起的。服务导向型教育改革是对前三种类型的统合，包含着前三种改革类型任务。如何更加有效地治理教育成为教育改革的新趋势，继而提升教育育人、教育发展的效果，加快教育强国建设，推进国家治理体系和治理能力现代化。就国家治理而言，存在两条主线：“一是中央与地方关系，二是国家与民众关系”，而“中央-地方关系的制度安排在很大程度上塑造了国家-民众关系的鲜明特点，而后者的和谐或紧张又反过来制约和推动了前者关系的调整”。② 这两层关系渗透在中国教育改革进程中，教育改革的快慢与这两条主线紧密关联。教育改革同其他社会领域的改革一样在一个整体性制度和机构框架下开展的，不同于美国、德国的教育改革，带有很强的中国传统治理色彩，权威与治理构成了教育改革的背景板，不管有效与否，实施路径多是自上而下——受中国儒家文化影响的东亚文化圈内的日本、韩国等也多是如此。与这些国家相较而言，中国的教育改革是跨越性的③，而中国所选择的教育制度和教育治理体系，是由中国的历史文化、社会性质以及经济发展状况决定的，不是个人的主观产物，历史的经验和教训滋养着中国教育改革的知识体系和专业能力。最后，以人民为中心应当且必须是教育改革的出发点和落脚点，强化教育改革的知识化和专业化。顾明远先生指出，“教育改

---

① 张瑞璠、王承绪主编：《中外教育比较史纲》（现代卷），山东教育出版社 1997 年版，第 95 页。

② 周雪光：《中国国家治理及其模式：一个整体性视角》，《学术月刊》2014 年第 10 期，第 6 页。

③ 陈宝生：《中国教育：波澜壮阔四十年》，《人民日报》2017 年 12 月 7 日第 11 版。

革是一项社会工程，是一项系统工程”[1]，具有系统性、时代性和波动性，这种波动衍生出教育改革的偶然性、不确定性和主观性，但总的原则和逻辑是确定的。[2]

第二节　从国别视角看当代中国教育改革进程

第三次工业革命是对人类生活方式的一次起底式转变，催生了增量式改革。“第三次工业革命所需求的高素质劳动者和创新型人才给全球的人才培养模式带来了严峻挑战。”[3] 信息社会和知识经济时代的全球化发展趋势愈发明显，推动了人力、资本、商品、技术、信息等跨国流动和教育的国际化发展，语言和科技人才的紧缺对学校人才培养提出了要求。美国作为世界上最发达的国家之一，很早就普及了初等教育和中等教育，其高等教育也早已进入大众化和普及化阶段，持续不断的教育改革优化了它的教育体系，为其培养了高素质的人才，使其在21世纪初拥有世界第一的人力资源。人才的原动力保持了美国世界强国的国际地位，而美国教育也成为优质教育的代名词，吸引着其他国家竞相参考。欧洲国家在《索邦宣言》《波伦亚宣言》《格拉斯宣言》等发布后，加快了欧洲教育一体化进程，以及欧洲国家间的教育互认。改革开放后，中国乘风破浪，教育改革在世界教育改革的大背景下加挡提速。中国的改革开放是在自身发展与服务人民的内在需求中重启和恢复，也是回应世界教育改革的总体趋势的外在反应。自20世纪80年代以来，中国教育改革立足于国家发展与个人进步，在人才培养、优化教育资源、促进教育公平等方面提升了教育改革的质量。在向内求索的同时，积极加大教育对外开放，寻求国外先进教育理念与经验，在中外比较视域中寻求自身教育改革与发展之道。

---

① 马健生、蔡娟：《教育改革是一项社会系统工程——顾明远教育改革观探析》，《教育学报》2018年第4期，第16页。

② 唐汉卫：《论教育改革的逻辑》，《教育研究》2011年第10期，第11页。

③ 周洪宇、鲍成中：《第三次工业革命与人才培养模式变革》，《教育研究》2013年第10期，第4—9页。

一、中美教育改革的历史境遇与制度异同

1999 年，世界银行发布《21 世纪中国教育战略目标》，这份报告在当时没有引起西方发达国家的重视，因为当时中国还是教育发展相对落后的国家。但从 21 世纪第二个十年开始，中国教育有了飞跃式的发展。据第六次全国人口普查统计，2014 年，全国拥有大专以上学历的人口约为 1.45 亿，总数超过美国同等学历的人数；中国城市人口人均受教育年限达到 11.29 年，超过发达国家 15 岁以上人口平均受教育年限 11.03 年的水平；中国整体人力资源开发水平与发达国家之间的差距缩小，并在局部领域实现赶超。但同美国这样的超级大国相比，中国教育及其改革还有一段路程要走。中国已成为世界第二大经济体，美国仍是世界第一大经济体，中美两国之间的关系牵动着世界经济走向，而教育是两国共同的发展着力点，都倾注了大量投入。“教育回报率在不同层次的教育中表现出不同的特征，回报率较高的是第二级教育（10%）和第三级教育（17.9%）。”①

1983 年美国发布《国家处在危机之中：教育改革势在必行》这份报告后，世界各主要国家不约而同地开启了新一轮教育改革，“问题的解决要求政府采取大规模的行动，许多西方国家采取了颁布自上而下的法规从组织结构上去解决”。② 在美国，某些州政府要求课程由政府指定，且是强制性的，对学生和教师的能力作了详细的了解并进行考核，也要求对学校领导进行能力培训；英国则在 1988 年通过的教育改革法中要求实行全国性的课程。由美国发起的新一轮教育改革在全世界引起了连锁反应，教育的重要性和紧迫性被强化。教育改革实践行为虽然具有人类的共性，但它也具有国家的个性，展现了各个国家的政治经济、科学技术、文化历史、民族传统等。③ 为了更好地理解各国教育改革，我们必须认真分析其教育改革行为上的特性。美国作

---

① 高书国：《教育强国：中国教育发展战略选择》，广东高等教育出版社 2018 年版，第 7 页。

② ［加］迈克尔・富兰著，中央教育科学研究所、加拿大多伦多国际学院译：《变革的力量——透视教育改革》，教育科学出版社 2004 年版，第 7 页。

③ 马建生：《教育改革论》，安徽教育出版社 2007 年版，第 278 页。

为世界上教育最为发达的国家之一，其教育思想、制度、管理，以及课程、教学方法与技术等领先世界，是后发型国家教育改革与发展的重要参照坐标。“面对全球化、知识经济、移民问题等的挑战，美国力图通过改革来解决公立中小学教育的质量问题，以提高未来劳动力素质和全球竞争力。改革的主导观念与制度涵盖教育质量、教育标准、问责制、择校制、入学能力、支付能力等方面。”① 25 年后的 2008 年，美国教育部发表了《一个问责的国家：〈国家处在危机之中〉之后的 25 年》（A Nation Accountable：Twenty Five Years after “A Nation at Risk”）报告，从侧面反映了肇始于 1983 年的美国教育改革至今尚未结束，“它从布什政府到克林顿政府再到小布什政府，而且这一教育改革的接力棒势必还将传到奥巴马政府”。② 21 世纪以来，世界教育改革具有一种全球性的相互影响的性质，以美国为代表的西方发达国家都在力图从全球竞争的背景下理解和规划各自的教育蓝图，确保国家一流的竞争力。

中美两国教育改革的差异主要体现在教育改革观念、教育改革准备、教育改革决策、教育改革实施、教育改革评价与反馈五个方面。关于教育改革，美国所寄予的希望在于不断地渐进地改进，使教育系统变得更好，能够满足现实的需要；中国的教育改革被认为是由政治当局发动的、对整个教育系统的重要组成部分进行的大规模变革，旨在改进教育系统或它的重要组成部分。它以一种温和的方式改良教育体制机制所营造的教育生态，不至于打破社会秩序，导致急剧的社会震荡，还能够产生积累效应，保证社会的不断进步。由于中国历史上有过多次革命洗礼，思想上有了“布新除旧”的烙印，对传统的封建保守思想的纠正，极大地推动了中国历史的发展和进步。在很长一段时间，中国不断地进行教育革命，不断出台改革举措，使制度完善与人文彰显共同促成国家发展与教育进步的协同并进。教育改革进程即是在否定、肯定、否定之否定的循环中，不断地提出新主张。

---

① 王晓阳：《当前美国教育改革的观念与趋势》，《教育研究》2012 年第 3 期，第 140 页。

② 赵中建：《质量为本——美国基础教育热点问题研究》，安徽教育出版社 2010 年版，第 132 页。

20 世纪 80 年代，美国教育改革源于 1983 年的《国家处在危机之中：教育改革势在必行》，先后发表了一系列政策文件、报告，代表了某些群体的利益和要求，尽可能调适矛盾，平衡各方利益，从而使教育问题之观察更加全面、完整，为良好的改革决策提供坚实基础。从教育改革理论层面的准备来说，美国的教育改革并不是仅仅以所谓的理论权威来提供指导思想，而是以众多的坚实可信的调查基础上所提出的一系列可行性建议为出发点，以避免空洞思辨之嫌。在有关教育体制改革决策上，美国宪法没有赋予联邦政府强制统一管理教育的权责，美国的多元文化传统也使得统一的教育体制机制改革很难进行。虽然联邦政府设立了教育部，但其职责主要在于提供教育信息、咨询、指导和其他服务，包括提出教育改革建议以及教育立法动议等，却无权干涉各州和地方的教育行政事务。美国的教育领导权保留在各州，各州有权根据本州的社会发展、经济需求、文化教育传统而各行其是，正因为美国各州差异很大，很难在现实的体制改革进程中给出一个具有统摄性的模式。不过，美国联邦政府能以国家安全与利益为由，通过国会立法的方式来干预各州教育体制改革和政策制定，更多是利用立法来协调各方利益，以联邦的教育财政拨款为手段，为各州教育改革预留了自主选择的空间。在美国教育改革进程中，专业的学术团体和社会机构对美国教育改革决策有着重大的影响，或许这种影响并不一定会体现在联邦或州政府的教育改革决策中，但这些思想或建议成为基层教育组织制定和实施教育政策的学理支撑。例如，1989 年《美国 2061 计划》的采纳与实施不是美国政府的行为，而是社会机构与学术团体的自发行为，但其影响却是深远的；《十人委员会报告》[①] 作为美国教育重要文献的历史地位是公认的，折射了学术团体研究与教育改革进程的关系。21 世纪以来，美国出现了 21 世纪技能教育改革运动，旨在将“21 世纪技能” 置于基础教育的中心，并围绕这一中心出现了课程之争、教学方法之争、评价之争。[②]

---

① 张斌贤、李曙光、王慧敏：《揭开美国中等教育改革的序幕：〈十人委员会报告〉发表始末》，《外国教育研究》2015 年第 1 期，第 3 页。

② 邓莉、彭正梅：《知识优先抑或技能优先？——美国关于 21 世纪技能教育改革的争论》，《教育发展研究》2019 年第 12 期，第 66 页。

中国教育体制的性质是中央集权的，虽然基础教育的领导与管理的权限下放于地方，地方有权力也有责任管理基础教育，可以根据各地方实际作出调整和改革，但中央政府对全国的教育有着极大的行动领导权和管理权。有关教育改革的决策文件多是由中央政府或部委自上而下颁布的，属于行政命令，具有强制实施与执行的法律效力。21 世纪后，中国教育致力于“管办评”分离和“放管服”改革，主要还是自上而下的教育行政领导，独特的地理位置和历史文化使得政府较能充分地发挥教育职能。社会团体的功能则显得过于弱小，但随着中国教育改革进入深水区，各类教育智库兴起，一批专家学者能够利用一手资料进行研究，从而形成积极有效的教育改革对策和建议。但从整体来看，我国历次重要的教育改革决策主要是由中央发起的，地方政府处于从属地位，随着改革的全面深化，“大政府、小社会”的结构被重新得以强化，如此才能确保中国教育改革所依存的制度优势，在国家主导下，尽可能地为专业团体和研究机构赋能，增强其教育改革的研究能力。

中美两国在教育改革内容和体制机制侧重点上存在着差异。关于教育体制改革，美国更多地将其放置于基层教师身上，非常重视教师的作用和培训，将教师视为教育改革成功与否的关键。师范教育对美国教育改革有着直接影响，在实施过程中，美国对在职教师的培训提供巨大支持，例如《国防教育法》中就规定了有关教师进修与培训的专门条款。而中国教育改革尤其是体制机制改革是通过国家主导的行政命令加以执行，重视教育体制机制改革文件的传达和相关实践教育工作的落实，行政命令色彩偏重。从管理方式上看，美国因其权力体系的特性使得其教育改革存在多样性，各州具有较大自主权，学校和教师保有一定的自由选择权利。中国则通过教育改革决策的方式展开，具有行政命令的法律效力，强调统一性，学校和教师的弹性空间较小。20 世纪下半叶以来，受凯恩斯主义的影响，美国联邦政府加强了对教育改革的干预，在联邦政府层面形成了对教育改革进程的评价、指导、反馈与监督等体制机制。在 20 世纪 90 年代，美国为监督实现教育目标、跟踪教育目标执行情况而成立国家目标审议小组。除了政府之外，其他社会组织与专业团体常常作为独立的中介机构也参与到改革的评价活动之中。中国教育改革进程及其效果的评价与反馈因专业部门与团体机构的缺乏，不能及时得出反馈，以便调整。随着教育改革的深化与客观条件的优化升级，中国教育改革的评价与反馈逐渐向国际靠拢，向美国学习，尽快能做到每年有统计、有报告、有总结，包括定量评价和定性评价，科学规范评价指标，数据收集与分析正在教育改革中成为常态，据此进行有效的指导与调控。但是，我国教育改革评价与反馈在四十多年进程中多是政府行为，社会组织和专业机构的评估行为不多，这是亟待加强的环节。总而言之，中美两国的教育改革各有优劣，不能简单话之。社会结构的不同为教育改革的多样化提供了可能，而两国的差异性为相互合作和借鉴提供了空间。美国社会结构的上位对下位有指导之责，下位社会仍有相当大的话语空间，能够自行调整；中国社会结构的上位对下位有着极强的控制，下位对上位的决策更多是绝对执行。从这一点说，教育改革要依据所在的社会结构来进行，塑造教育改革理念、制度、行为的适切性。“社会结构的变革不应过于剧烈，而应是在现行政治结构之下的渐进的改良。”① 教育改革进程就是政策变革和调整的过程，“中美两国教育改单都是基于政策的调适，只不过各有特性”。②

二、国情实为教育改革及其进程的出发点

（一）国别视域下教育改革——以教育决策为线索

从国外教育改革进程来看，整体性结构能够推动教育改革的速度与效率，各国普遍重视统筹各级教育改革。例如，日本于 2008 年出台的《教育振兴计划》提出，要争取在义务教育阶段培养所有学生在社会独立生存的基本能力，在高等教育阶段要实现培养杰出人才的目标，保证各级教育发展的协调。俄罗斯于 2008 年发布了由俄罗斯教育科学部教育政策和法规署牵头制定的《2020 年前的俄罗斯教育——服务于知识经济的教育模式》，涵盖了从学前教育到高等教育的各级教育，确定了 2020 年前俄罗斯教育改革与发展的基本方向。世界范围内日趋激烈的人才竞争和教育竞争，实质上还是不同教育制度

---

① 马健生：《教育改革论》，安徽教育出版社 2007 年版，第 285 页。

② 王龚：《中美教育改革的政策比较——基于重要文件的视点》，《外国中小学教育》2013 年第 2 期，第 8 页。

的竞争。无论是大国崛起还是大学兴盛，都是制度文明的产物。应当确定的是，教育领域各种深层次的问题并不是单纯靠增加投入就可以解决的。无论是扩大教育资源、解放和发展生产力，还是加快和巩固教育公平、实现义务教育均衡发展，以及提高教育质量和研究水平，都直接关系新的制度设计，需要进行实质性的教育体制机制改革。如此，我国于2010年出台的《国家中长期教育改革和发展规划纲要（2010—2020年）》具有统领性和整合性，可达到纲举目张之效。它既是观念变革的集中反映，也是人才培养模式改革的前提。借鉴经济体制改革的经验与教训，教育领域应当坚持体制机制改革优先，让制度为教育开拓稳定正确的道路。简言之，国别视域下教育改革以体制机制为中心展开，不同层级的政府在教育改革进程中发挥的作用不同，这源于国情的不同。

中国和日本是一衣带水的邻邦，在面对21世纪对人才素质的要求和挑战中，两国在教育上作出了积极回应，尤其是在课程这一方面，两国政府不约而同地开启了基础教育更深层次的改革，增加了相似板块：中国的“研究性学习”和日本的“综合学习时间”，通过课程改革适应教育改革整体布局。日本20世纪90年代的基本教育课程改革具有打破现在的激进主义色彩。日本经济在进入泡沫期后，其政治、经济等方面的急剧变化使得学校教育乃至社会教育出现了制度性疲倦时期。日本教育改革开始推进教育行政的地方分权，给地方教育行政部门和学校更多的自主权，尝试进行了以自律为前提的民主发展、共同参与和以市场为本位的新型公共管理模式，推动了日本基础教育改革的实质性进展。在高等教育方面，日本自二战后实现了高等教育大众化，但也面临着国际竞争力低的问题、私立大学因人口减少而出现经营不善之况，为此日本文部省在2001年6月出台了“大学结构改革方针”，主要是涉及国立大学的重组问题和法治建设、完善大学的外部评价体制。20世纪90年代以来，中日两国在高等教育改革层面有着相同之处。社会因素对两国高等教育改革起着主要作用，扩大高校办学自主权、着力于教育管理体制改革是两国高等教育改革的重点领域，自上而下是两国高等教育改革的基本特点。从总体上看，中日两国在这一时期都将高等教育现代化作为教育体制机制改革的旨归，服务于国家发展和教育进步，以政策法令的形式实现体制机制改革的规范化和常态化。

英国作为老牌资本主义国家，其现代教育改革是较早进行的，已经历了几百年的历程。起初英国的教育与宗教紧密相连，文法学校与“公学”在这一阶段出现。到了19世纪，工业革命带来英国产业转型，间接促使英国由国家层面直接管理教育。二战后，英国在“凯恩斯主义”和“社会民主主义”影响下形成福利国家，当在“福利国家”与“市场改革”之间做抉择时，“英政府在吉登斯理论的引导下，提出了效率与公平、全纳与平等的‘第三条道路’，并将之奉为工党的政党政治哲学”。[①] 机会公平和自由效率成为英国教育改革的内容和目标，最终形成教育改革的价值导向。在“第三条道路”影响下的英国教育改革包括提高基础教育的标准、推行“教育行动区”（Education Action Zone）计划、重视教育培训和倡导终身学习、重视高等教育在发展知识经济中的作用。[②] 近几年英国教育改革的关键词包括“地方自治”“学校自主”“家长择校”“问责制”等。总体上看，英国的教育改革带有其古典时期的教育印记，从“绅士教育”走向“全纳教育”，在国家宏观调控的同时，还教育以自由，由市场供需加以调整。英国的教育改革也与其政治变迁相关联，都是对不同阶段实际需要、利益主体之间的博弈与调适，但不变的是“对于教育发展的不敢懈怠，每次大选都促使执政者和在野党对教育政策进行一番深刻的反思、反省和研讨，使教育政策始终置于全社会的监督和争论之下”。[③] 20世纪80年代以来，英国政府根据不同情况制定了相应的基础教育政策：在学制方面，实施普及义务教育和推进中等教育综合化；在课程方面，设置国家统一课程，实施国家统一考试；在师资方面，大学设立教育学院、成立师资培训委员会，拨款进行教师专项培训；在教育管理方面，中央教育管理权加强，公立学校得到大力扶持，实行家长择校和新督导机制；在教育财政方面，通过直接拨款形式支持公立学校发展，并由专门组织拨付

---

① Driver S, Martell L. Left, Right and the Third Way [J]. Policy & Politics, 2000, 28 (2): 151.

② 易红郡：《“第三条道路”与当前英国教育改革》，《外国教育研究》2003年第4期，第3—5页。

③ 王璐：《变化中的英国教育改革思维与教育政策》，《比较教育研究》2007年第8期，第50页。

和进行财务核审。[1] 英国的教育改革总体上是按教育领导体制、初等教育、中等教育、高等教育、师范教育几方面展开，政府在体制机制层面明确教育改革的制度化，但从微观层面看，英国的大中小学教学门类齐全，知识体系较新，学科之间的关联度很大，教学形式多样且灵活，重在提高问题解决能力，不过，没有统一教材，多是以“以点带面式”的知识点去“按图索骥”，构建自己的知识体系，需要学生更强的学习自制力。综合来看，英国的教育改革源于其工业革命和工业转型的需求，是工业文明对农业文明的知识改革，继而延伸至教育领域中，开启了以教育改革方式增加教育现代性的“伊甸园之门”。“现代知识为现代社会通论解释世界的模式及形成现代社会的动力，知识是价值中立、文化无涉与非意识形态的，是人类公共财富；到了后现代阶段，知识与实践、知识与权力、知识与性别、知识与利益等之间存在着复杂的关系。”[2] 20 世纪 80 年代以来，后现代对知识的理解出现反中心倾向，线性思维无法解释新的知识变迁。那么，以此为内容的教育随之改革，“知识化”“专业化”成为教育改革的新趋势。中国在改革开放后，积极引入英美等国的教育改革思想，并将教育理念转变为教育制度，实行依法治教，教育法律体系日臻完善。

德国作为当今世界教育强国之一，它从四分五裂到统一形成现代国家，在数十年光景中完成了工业革命，并赶上英法等国，而这背后离不开德国教育改革的催化，可以说德国现代化的关键在于其教育改革的力度与决心。德国政府为了保障工业 4.0 等国家创新战略的不断发展，在教育领域实行信息化、数字化、国际化的改革举措。从传统视角来看，受益于其教育传统，德国从自然科学到人文科学，从社会科学到应用科学，可谓是群英荟萃。德国政府最初发起的教育改革与其宗教改革相关联，兴办了武士学校、文科中学、实科中学三类学校，建立健全教育行政管理机构。例如，1810 年成立教育和宗教事务司，1817 年改司为部。洪堡从爱国主义和人文主义精神出发，进行

---

① 单中惠：《当代英国基础教育政策及其影响浅析》，《外国教育研究》2007 年第 2 期，第 30—31 页。

② 石中英：《知识转型与教育改革》，教育科学出版社 2001 年版，第 84 页。

了学校改革，形成了基础教育、中等教育、高等教育的三级教育体制，这些教育改革举措加速了德国的统一。德国在1871年统一后，实行普遍义务制教育，重视培养中等技术和各类专业人才，开办了技术高等学校，设置电力、化学、机械等新兴专业，以适应工业化发展需要；重视大学里的自然学科教育，强调教学与科研相结合，很早就开始加大教育经费投入①，采取了立法保证举措，利用社会力量办学，重视自然科学的研究，强调把科技成果转化到社会生产中。“20世纪德国基础教育改革政策在发展过程中分别体现出国家化、民主化与欧盟化的不同特色。”② 德国教育改革在欧洲一体化进程中加快现代化进程，宏观导向与微观实践相结合。2007年10月19日，KMK（德国各州的教育部长联席会议）在德国波恩举行会议，会议将基础教育学制由12年和13年并存的情况调整为12年学制，并决定从2008年起，小学二、三年级学生都应参加全国的德语、数学统一测试。③ 教育公平与效益是德国教育改革所关注的问题，也是世界各国教育改革的关键课题。

（二）在世界教育改革中定位当代中国教育改革

教育改革不能脱离原有的社会历史条件的制约。中国教育改革由近代以来的外铄型转变为内生型。以欧美为代表的先发型现代化国家，其教育水平伴随其经济改革已有了很大提升，而中国作为后发型现代化国家，借鉴了欧美发达国家的教育改革策略，由20世纪五六十年代的苏联教育模式转向欧美教育模式，并朝着多样化模式发展——即中国教育改革以自身为主、吸纳各方优点整合成适合中国发展的教育改革进程规划策略，形成“国家主导的内生性渐进改革”。中国教育特色的寻求和建立，不仅需要不断向国外学习，更需要自我反思和整合。自中国加入WTO后，中外之间的教育交流与合作进入了新阶段。在世界教育改革浪潮中，“一方面世界情怀和世界意识正兴起，

---

① 周小粒、姜德昌：《近代德国的教育改革和现代化》，《东北师大学报（哲学社会科学版）》1999年第4期，第94页。

② 李爱萍、杨梅：《20世纪德国基础教育改革政策的演进与启示》，《外国教育研究》2004年第11期，第25页。

③ 王定华：《德国基础教育质量提高问题的考察与分析》，《中国教育学刊》2008年第1期，第10—16页。

另一方面‘本土化’或‘本土生成’日益成为各国应对全球化对本国民族文化冲击的基本战略”。① 这是一个相互背离却又理所应当的问题，背离是两者的方向不同，即共性与个性的分歧；理所应当是文明需要保持独特性且是多元化共存的合理要求。中国在面对世界教育改革进程中，自身的文化和教育传统能够促使它参与到不同文明的教育对话中，重塑不同文明下的现代性，这本就是本土化的使命。中国作为后发型现代化国家，应参照其他发达国家的教育改革，建立一种符合时代精神的教育话语，在比较视域中定位中国教育改革进程，即“国家主导下渐进式改革”是如何形成的。中国与世界发达国家的教育改革进程，从一开始就有诸多不同。基于上述国别教育改革之比较，我们可以总结出 20 世纪 70 年代中外教育改革之异同（见表 6.4）。

表 6.4　20 世纪 70 年代中外教育改革异同

		中	外
同		宏观层面的教育改革都依托于政府的推动，凭借教育政策文件形成组织力和执行力；注重教育对经济、文化、社会等方面的功能性特征；强调教育标准的监测引导作用；都将教育公平视为社会公平的衍生，缩小区域和校际职教的差距；共同将人的发展视为教育改革的落脚地，教育改革遵循着人本主义原则，最大化开发人的潜能、涵养人的品格；都在积极利用教育信息化助力教育改革，顺应信息时代发展需求；学习型社会和终身教育在中外教育改革中达成共识，并积极实践。	
异	背景	中国教育改革开放的重启是对国内政治动荡后的反思，基于国家发展和人民生活的需要内生出的教育改革与发展需要，再对接国际教育发展需要而作出的回应；1978 年左右中国的工业化水平不高，教育改革既要解决农业化所需的教育支持，还要面向工业化构建人才培养体系，即承担普及教育和精英教育的双重任务。中国的	20 世纪 70 年代，美苏争霸的态势加速了苏联和欧美国家的教育升级，其工业化水平很高，经济有了飞速发展，义务教育已经普及，劳动力素质很高，这些国家的教育改革在保证存量的同时，更加注重高精尖人才培养。此外，信息技术已经进入欧美国家的生产生活中，随之而来的信息技术教育被纳入教育体系。

① 王英杰：《我国比较教育研究的成绩、挑战与对策》，《比较教育研究》2011 年第 2 期，第 3 页。

续表

		中	外
异	背景	发展是一种不均衡的发展，东中西部的经济发展水平和产业结构不同，教育改革的侧重点也各有不同。	
	文化	中国有着悠久的历史文化，中央集权的大一统格局对中国政治、经济、文化等有着直接影响，自上而下的政令体系是推动教育改革的直接动力。这些既是中国教育改革的文化基因，也有可能会成为教育改革的“桎梏”，故而佐证了中国教育改革的内生性。20 世纪 70 年代，中国受政治影响，此时的文化比较单一。	欧美很多国家早就进行了工业革命，产业结构多以工业为主，移民活动加剧了多元文化的形成。崇尚民主、平等、博爱，个人积极参与社会发展，个体主体性很强。
	体制	中国教育体制机制以政府机构主导自上而下形成，并逐渐分配下去。政府在教育改革中占据着统领地位，各级组织机构成为体制机制改革的组织者和执行者。中央集权的制度优势在于能够集中力量办大事、办成事，但学校的自主权被削弱、个人教育需求被忽视。	欧美发达国家多以三权分立的政治制度保证公民参与权，民主是其制度的底色。且现代化较早进行，其制度体系已形成框架，体制机制能够最大化助力教育改革。欧美国家的很多教育权在地方，无法形成统一的国家教育改革行动。
	组织	中国教育改革主要通过政府主导，以自上而下的制度设计和政策制定而展开，多以公办学校为主，社会参与较少。	以美国为代表的欧美国家以新自由主义为核心，以市场竞争为导向，社会组织自上而下参与到教育改革，多渠道自主进行课程与教学的实践，其制度设计与底层探索有相通之处。
	目标	中国受政治、经济等影响，改革之初的目标在于恢复教育秩序，尽快重建教育体制，大力推进教育普及，培养各行各业人才，服务于国家经济	国外多以课程和教学改革为主，通过建立教育标准、设置核心课程来培养学生的基本素养，其改革重心在学生、学校和课程上。人的能力提升

续表

		中	外
异	目标	建设，具有“内生性动力”。个人教育发展还未占据主流，多是依附于国家教育战略需要。改革之初中国教育多是在体制机制上发力，以带动整个教育改革的运作。	和素养塑造是经济、文化、社会等的根源，是教育改革的最终导向。

不同于二战后“冷战”思维下的教育竞争，21 世纪国际教育竞争是全球化趋势的推动。欧美国家从全球竞争的背景下拉开了一次新的全球教育改革浪潮，很多国家都在这一时期不约而同开启本国的教育改革。为确保国家一流的竞争力，都在不遗余力地改良教育；而以中国和印度为代表的后发型现代化国家更是在大力培养一流人才参与到世界竞争中，如此一场教育攻防战拉开了世界教育改革新阶段的序幕，并将在 21 世纪持久地进行下去。“这一轮全球教育改革是在新自由主义作为全球化的主导意识形态的背景下进行的，甚至在某种程度本身就带有新自由主义的特点。”[①]不管国别或是地区，其教育改革都被纳入现代化过程中，教育现代化是其教育改革的永恒使命。经过四十多年的教育改革与发展，中国教育取得了数量与质量的双重成绩，实现了义务教育普及任务，实现了高等教育大众化，在某些教育方面由“追赶”转为“并跑”，且向布局领域的“领跑”奋进。中国教育改革进程经历跨越式向渐进式的转型，自 21 世纪以来，深刻反思教育工具主义倾向，还原教育人本主义基调，其所经历的“四个时期八个阶段”是教育改革不同版本的缩影，是战略任务与现实实践相结合的结果，继续向着教育现代化 2035 迈进。

（三）共识：教育现代化是教育改革的主题

从世界主要教育强国的教育改革进程中我们可得知，教育现代化是中国教育改革开放始终践行的主题，而现代性是教育现代化的核心。现代化应当包含制度现代化、技术现代化和人的现代化，其中人的现代化是教育现代化的制高点。欧美等先发型现代化国家的现代化教育改革为我国这样的后发型

---

① 彭正梅等：《求取与反思——新世纪以来全球教育改革研究及中国教育传统的初步考察》，福建教育出版社 2015 年版，前言。

现代化国家提供了理论支撑和实践经验。中国四十多年的教育改革进程中不断在优先发展教育的战略中做好教育服务于国家发展、国家服务于教育进步，并将“为人民服务”的理念贯彻在教育改革基本规律中。教育改革进程的推进是对教育现代化的升级改造，表征为教育形态的演进，包括技术、制度与文化三层结构的升级换代。教育改革或教育现代化是否合理，能否增进人的现代性，最终的评价尺度在于是不是以育人为本。换言之，教育现代化水平最终由人的现代化水平所决定。

新中国成立以来，中国教育改革经历了从农业教育向工业教育的转变；到了 21 世纪，逐渐转向信息教育时代。“21 世纪的中国教育现代化是教育现代化 2.0 的中国版本，既要充分反映全球社会现代化和人的现代化对教育的共性要求，又要充分反映中国国家现代化与人的现代化的特殊要求。”① 中国作为后发型现代化国家，在优化现代性的同时，也在不断解决随之而来的现代性危机。中国的教育现代化是重叠式的推进，既要完成 20 世纪遗留下来的教育任务，又要完成 21 世纪的战略部署，“以传统性和后现代性匡正和重构现代性”②。随着义务教育的普及、教育规模的扩大和国家职能的转型与升级，教育的现代性内涵与外延面临着新挑战，教育的社会公共事务属性愈发突出，教育政策被归属于公共政策范畴，是国家管理、改革、发展教育的强有力措施。教育政策的出台依赖科学合理的教育制度程序，“教育改革是教育政策的逻辑展开”③。2013 年后，中国教育改革蹚入深水区，将改革矛头指向关乎民生且教育复杂要紧问题。简言之，中国开始全面向教育改革的“硬骨头”下手，破解教育领域的深层次矛盾和实际问题的难度更大。经过四十多年的教育改革实践，政府与社会、学校的关系有了转变，不再只是单一的上下级管理关系，还有合作共建的关系，在体制、机制、队伍等多方面渐成合势，且教育改革随着世界政治经济形势的发展，呈现出国际化、终身化、全民化、信息化、民主化、个性化等趋势。

---

① 褚宏启：《教育现代化 2.0 的中国版本》，《教育研究》2018 年第 12 期，第 9 页。

② 冯建军：《超越“现代性”的中国教育现代化：人的现代化视角》，《南京社会科学》2019 年第 9 期，第 133 页。

③ 范国睿等：《教育政策与教育改革》，教育科学出版社 2016 年版，前言。

随着现代教育活动实践的深入，教育体制机制的科学性与人本性被强化，越来越重视将“向内教育”与“向外教育”有机统一起来，即将教育的价值理性与工具理性统合起来，从技术、制度与文化三个层面对教育改革进行认知。中国教育改革进程虽是在改革开放的大背景中酝酿和实施的，但其有着自身的根本规律，即是关于人的发展的规律，外在的技术、制度与文化是围绕这一规律展开的。“比技术问题更紧迫的问题恰恰是理解人类自身的本性和存在经验”[①]，教育改革更是如此。符合育人本质的教育改革不管是增量式改革，还是突变式改革，都有利于教育发展和顺应历史潮流。教育要发展，离不开改革；改革要突破，制度设计与体制安排是关键；改革要见效，出路在综合。2010 年，我国出台后十年的教育改革蓝图，把教育改革推向历史新高点，国家成立了教育体制改革领导小组，进行了六大方面、十项改革项目的总体部署，通过改革试点、出台政策文件，掀起新一轮的教育改革浪潮，在人才培养体制、办学体制、管理体制以及保障机制等方面展开教育体制机制改革与建设。中共十八大以来，教育改革继续沿着 2010 年的纲要规划实施，并将“治理”纳入教育改革的视野。在即将完成十年规划后，中共十九大和全国教育大会（2018 年）再次将教育改革的持续性加以强化，并将教育改革与教育强国建设、教育现代化推进结合起来。中国教育进程在顶层设计与局部探索的过程中优化了“国家主导的内生性渐进改革”，形成了一种看似矛盾但实际上彼此互补的包容性制度结构，由此产生了包容智慧。

与欧美国家教育改革体制机制不同，中国通过教育改革四十多年的宏观制度构建，初步形成比较有效的教育体制，在组织与制度分合形态中以形成良序来推进“国家主导的内生性渐进改革”。我们所要明确的是，一方面，教育体制机制是教育改革的中心，而教育组织机构是教育体制机制的承载体，教育规范是教育体制机制的核心，现代学校制度是教育体制机制落实的前提基础；教育管理体制是其他教育体制机制得以运行的轨道，并划分为宏观的

① 田冠浩：《技术革命与人的回归——基于对马克思哲学当代效应的一点思考》，《马克思主义与现实》2019 年第 6 期，第 47 页。

教育行政体制和微观的学校内部管理体制。[①] 由此而引出政府教育职能、现代学校制度、办学体制、考试招生体制、教育对外开放等方面的教育改革，架构起教育改革的整体概念，从教育政策的制度层面充分发挥制度优势，从教育研究的学术层面资政建言。另一方面，教育改革四十多年伴随着教育实验，从微观层面进行调整，主要包括针对教学形式的改革、基于教学逻辑的改革、从教学走向育人的改革、走向理想教育的改革、立足课程重构的改革、新技术融合的变革。[②] 总之，教育改革是一项永无止境的事业，以现代性引领教育方向，走出现代教育的迷思，利用技术手段促进教育现代化升级，并将人的现代化作为教育改革的根本追求，通过制度化、法治化为教育改革保驾护航，营造以人为本、促进人的现代化的教育生态。

---

① ［俄］娜·叶·鲍列夫斯卡娅，王德武译：《教育改革的体制理论：中国的经验与启示——读〈中国教育体制论〉》，《教育研究》2006 年第 4 期，第 94 页。

② 崔勇、刘莉莉、余秀丽：《我国近四十年教育改革与实验典型经验综述》，《教育科学论坛》2018 年第 10 期，第 33 页。

第七章　当代中国教育改革进程的经验总结与未来展望

自鸦片战争以来，中国的独立之求索、社会主义道路之探索以及改革开放四十多年实践带给中国最大的财富是“科学、民主、市场经济和法治体系”，这些观念逐渐深入人心，又从观念转变为制度，再由制度衍生出体制机制作用于各个领域。“教育是改革开放的先行者、受益者、助力者。”[①] 四十多年来教育完成了从传统到现代的转型，取得了历史性成就。在此过程中，教育改革中的制度设计、组织设置、落实路径为未来教育改革积累了经验，无论是教育规模还是教育质量都取得了前所未有的成绩：全面实现义务教育普及、高等教育迈入大众化阶段、教育公平与效率有了质的突破、中国特色社会主义教育体系初步形成。四十多年来的经验值得总结，包括理论与实践、理念与技术、目标与制度、内部与外部的统合。总结这些经验对健全和完善国家教育治理体系和提高国家教育治理能力有着现实意义。

经过四十多年的改革实践，教育体制机制改革逐渐由外延规训转向内涵塑形。进入 21 世纪后，在内外需求的共同作用下，教育改革逐层下移至课程、教学、教师，重点扩大教育内部改革，以内生性呼应外生性，深化课程

---

① 陈宝生：《中国教育：波澜壮阔四十年》，《人民日报》2018 年 12 月 7 日第 11 版。

与教学改革，扩大教师教育体系改革，在集权中放权，给予基层教师一定自主权，使这部分自主权成为教育改革的弹性空间。中国教育改革进程是自上而下推进开来的，在与政府、社会、市场之间的博弈中调整策略。教育改革经历了政治导向型、经济导向型、社会导向型和服务导向型，不同类型的教育改革是不同时期的教育战略侧重点，并非是单独存在的。教育改革的总体定位是“推动中国特色社会主义制度更加成熟更加定型”①，它更多是对体制机制的改革，尤其是教育管理体制改革是先决条件，是政府、市场、社会、教育这四者构成共生关系的存在场域。自由开放的环境是制度生成和完善的基础，如此才能牵引出其他体制机制改革。未来教育改革的方向是为建设教育强国而努力，为实现教育现代化铺路，朝着更加公平且有质量的教育方向迈进。改革本身也是一种治理行为，那么，未来的教育改革需要治理思维，尤其是教育改革要力促教育善治，健全和完善国家教育治理体系，提高国家教育治理能力乃至国家教育能力，最终为实现国家现代化与人的现代化服务。从世界范围来看，教育改革主要有国家主导型教育改革、市场导向型教育改革和国家-市场导向型教育改革。

第一节　当代中国教育改革进程的经验总结与规律探析

当代中国教育改革历程是伴随着中国政治、经济、文化和社会改革进行的。在教育制度演变过程中，教育对国家发展与个人成长的双重作用被放大。中国坚持将教育改革开放作为教育发展的根本动力，以期让教育发展适应国家发展和个人成长之规律，走“双服务”之路。教育改革是一项长期复杂的任务，中国教育改革要把握制度优势，集中力量办教育，实现教育改革的阶段性目标和总体性目标。那么，四十多年的教育改革进程为新时代教育改革积累了经验教训，是值得总结和反思的。教育改革从历史经验中总结出一套可鉴规律，所依据的是社会历史条件，并在人的教育活动中得以体现和实现，对教育改革具有决定性、制约性、具体性和复杂性的作用影响。从历史发展

① 任天佑：《总体目标：推动中国特色社会主义制度更加成熟更加定型》，《求是》2014年第19期，第36页。

的过程来看，教育规律在教育改革推进过程中主导着主体的价值选择，教育改革本质上也是教育规律与历史演变在社会领域中实现和发挥作用的过程，这促成了历史必然性与主体选择性的辩证统一。教育改革在不同时期的发展模式也不尽相同，这与人类历史发展的一般规律并不矛盾，是历史发展的一般规律在各个民族的辩证体现和实践表征。

一、当代中国教育改革实践的经验总结

当代中国教育改革的成功其意义可以归结为四个方面：一是对中国教育改革实践经验的阶段性科学梳理，得出其规律，且按照教育内在逻辑演进；二是中国教育改革对中国乃至世界的现实意义，找出内在与外在之间的历史哲学价值；三是中国教育改革成功归因与价值导向，印证马克思主义唯物史观所提出的“历史合力论”“历史决定论”与“历史选择论”；四是中国教育改革进程折射出传统文化与现代理念的再生性创造。具体实践经验如下。

第一，持续推行教育改革开放的基本战略不变。四十多年的教育改革通过实践证明了教育改革开放更符合社会发展与历史规律，教育改革目的在于调适矛盾和促进人的成长，而矛盾源自社会存在与社会意识之间的不适应，本质上归结于生产力与生产关系的基本问题。当代中国教育改革进程即是在不断解放思想、实事求是，不断解放生产力、发展生产力的理念渗透于教育领域，是内在需要与外在要求的双重要求。坚定地贯彻落实教育改革的战略决策与战术安排在中央和地方上的改革态度始终如一：对内不断改革，以求得制度良序，为教育发展规制方向并赋能增效；对外持续开放，加大教育合作，借鉴先进教育改革经验，为教育发展拓展渠道并找寻目标。这四十多年的教育改革进程既是一个制度优化的过程，也是育人为本的过程，这是一个渐进式的过程，不是一蹴而就的。在中央与地方协作共建的改革进程中，中国教育发展才有了规模和质量的提升。在当代中国教育改革进程中，有成功实践的经验，加速了教育改革进程，但也有教训，例如教育产业化所带来的教育费用的不合理增长、教育的功利主义偏重等。此外，自恢复高考至中共十九大的报告发布，我国在制度、理论与实践上坚定继续进行教育改革开放的基本态度没有改变。我国先后经历了苏联模式印记、欧美模式以及后来的

多元模式，教育改革的经验模式从单一走向多元。四十多年教育改革进程强化了要从教育内外推进教育治理能力现代化的认知程度，将教育改革进程与推进教育现代化、迈向教育强国融为一体，继续向“两个一百年”的目标推进。

第二，坚持发挥党对教育事业的全面领导作用。在当代中国教育改革中，中国共产党作为执政党，始终代表广大人民群众的根本利益，在历史的关键点上力挽狂澜，带领中国教育走出阴霾，走向强国之路。经过近百年的淬炼，中国共产党的执政理念与时俱进，立足中国，放眼世界，将现代政党制度体系和价值理念赋能于当代教育改革进程中。党对教育事业的领导是全面且深刻的，它从现代政党的要求出发去思考现代政府与现代教育的关系。它着力将国家发展与群体权益统合起来，由党的领导、现代政府和实施依法治国共同构成了教育改革的政治依托，形成了中国教育改革的内在特性。党的领导保证了教育改革的发展力和持续力，党的教育理念为政府教育职能发挥提供了方向。四十多年的教育改革实践充分体现了中国共产党在中国教育改革中的领导作用，党的领导贯穿教育改革四十多年的风雨历程。此外，基层党建工作从有到优，逐步升级强化，各级各类学校都有党的领导发挥着作用，优秀的党组织能够发挥教育改革的最大效率，自上而下形成凝聚力和行动力。总之，党对教育事业的全面领导是教育改革顺利推进的领导保障，是攻坚克难的重要法宝。强有力的领导核心对教育改革的启动、展开、深化有着“掌舵”作用，使得教育改革有一个稳定的领导机构。这种稳定性领导体制能够调适和解决教育改革过程中的秩序问题及外部环境导致的危机，提高教育政策举措的执行力，增强教育公信力，实现对教育改革与发展的宏观把控，处理不同群体的利益冲突、促进社会整合。这对处于社会主义初级阶段的中国来说，犹如“定海神针”。

第三，形成以政府为主导的多主体教育格局。中国的教育改革是自上而下展开的，政府通过行政职能的发挥，聚合和分配教育资源，统筹兼顾。随着教育改革在体制机制层面的深入开展，教育改革由政府主导转向政府、社会、学校、家庭等主体合力推动，凝结为教育改革的整体性力量，保持教育改革统一性与多样性的结合，将历史决定论与选择论相结合。政府不能大包大揽，该管的管，该放的放，由政府和市场两双手合力应对教育的不确定性和复杂性。尤其是在办学体制方面，将公办教育与民办教育统合起来，给予民办教育制度、政策和法律支持，吸引社会力量办学，将人力、物力、财力融入到教育大改革。在教育体制内部，由政府主导的权力分配更为合理，政府将学校教育、社会教育和家庭教育组合起来，让内在需求的同向性催生教育改革的多主体共存，充分调动民间力量参与教育改革中，使自上而下与自下而上对接起来，形成教育改革进程推进的双向性，以此深入探究教育改革进程的“历史合力论”。21 世纪以来，在历次重要会议中，教育智库、教育研究团体、高校组织等也都参与到教育改革中献计献策。

第四，不断完善中国特色社会主义教育体系。中国的国体和政体使得中国的教育制度具有权威性，自上而下开展教育改革有了稳定的制度基础，能够集中力量祛弊陈新，形成发现—分析—解决教育问题的教育智库体系。教育制度的优势在于能够集合可以利用的力量解决教育发展的规模、速度和质量问题，并通过制度优势搭建和完善中国特色社会主义教育体系，这是中国教育改革四十多年的实践过程。有机统一的教育行政管理体系保证了政通令达，教育行政统一且有效率是教育改革的保障。同时，制度能够沟通社会、家庭、学校同国家之间的交互，从改革开放以来的国家教育战略部署中，我们可以看出制度优势作为一种经验总结，逐渐形成共识。教育制度设计和制度执行能力是国家教育制度优势的“外显”，而通过制度规约人才培养、赋能社会教育、服务国家发展和教育进步，使教育理念上升为政策制度，发挥全局性教育育人作用，这是制度优势的“内隐”。

第五，秉持适时适地原则解决中国教育问题。中国教育改革源于内生性的国家发展需求，外铄于欧美教育进步之潮流。1985 年，我国开启教育体制改革，从核心层面改革教育体系，至今仍在继续。这段教育改革历史经历了苏联的影响、以美国为代表的西方教育的影响，再到后来的混合模式，是一个由外到内的探索改革之道的过程。自 20 世纪初实行市场经济以来，教育在政治取向外，衍生出经济取向，但盲从西方教育改革模式并不能真正促进中国教育发展，相反带来“水土不服”，其关键因素是生产力与生产关系的匹配问题，适时适地解决中国教育自身问题。21 世纪以来，中国教育改革逐渐立足中国自身国情和教育实情，基于国家发展战略和教育培养目标，教育改革举措充分考虑区域、城乡、校际的差别，因时而动、因地制宜、因势而为地采取灵活方式办教育。例如，1986 年《中华人民共和国义务教育法》、2011 年全面完成“两基”战略任务、农村寄宿制学校、“两免一补”、农村中小学现代远程教育等都是扎根中国大地办教育的实践举措。扎根中国大地办教育培养的是立足中国、放眼世界的“全面发展的中国人”，是教育改革成功的内在特性。

第六，以教育共同体理念有效推动教育公平。教育公平既是理念，也是制度追求，更是实践探索，始终贯穿于教育改革之中，没有止境。1979 年改革开放之初，教育改革重在恢复正常秩序，面对有限的教育资源，教育作出重点培养、重点突破的策略，加速了重点学校、重点学科等建设，但也带来了城乡之间、区域之间、学校之间的差距拉大，教育资源数量与质量的不均衡。自 2003 年后，这一问题被逐渐提上解决日程表中，2010 年国家更是将“促进公平”作为教育改革与发展的一大方针。教育公平要保证教育机会公平、教育过程公平、教育结构公平，通过依法治教保障公民依法享有受教育权，重点在于促进义务教育均衡发展、帮扶困难群体，基础在于增加教育财政投入和合理的资源配置机制。教育公平是在政府主导下集合众多力量来达成的，从制度、政策、法律等来巩固教育公平，促成有内涵、有质量的教育发展。教育公平是教育改革的应有之义，没有教育公平的教育改革是不成功的。教育更加关注弱势群体，调适不同群体的权益，确保教育公平与质量，使教育发展维持在相对合理的区间，维护教育正当和教育美善。2003 年提出“普九”和“两基”计划，2006 年免除学杂费，2011 年实施的 100 亿元推进全国中小学校舍安全工程、每年 160 多亿元农村义务教育学生营养改善计划，这些举措强化了基础教育公平性，稳定了社会秩序。总之，公平成为教育改革积攒的经验和传承的法宝。

第七，上下联动形成立德树人的观念和实践。中国教育改革起初有将教育作为国家发展工具的观念，一段时间内只见教育不见人，人被工具化，违背了发展规律。一些改革举措虽然短期内适应了国家发展需要，但也造成人才结构的单一性，缺乏个性化的人。随着对改革的深入了解和透析，“立德树人”在党的十八大后，频频出现在党和国家的政策文本中，意味着立德树人已上升至国家意识层面。这种意识显白于社会公共生活中，隐微于教育发展规律内。2017 年 9 月，《关于深化教育体制机制改革的意见》指出，要健全立德树人系统化落实机制。党的十九大报告和 2019 年 2 月的《中国教育现代化 2035》都强调要全面落实立德树人根本任务，广泛开展理想信念教育。教育逐渐由器的层面转向人的层面，人的价值被重视起来。从政策文本到学术理论，立德树人实质上是对“培养什么人、怎样培养人、为谁培养人”这一问题的具体回答。历史经验表明，正是因为贯彻立德树人理念，教育改革才从人的缺位走上人的复归。立德树人是对价值理性与工具理性的统合，诠释了教育的本质。

第八，保持以教育体制机制改革为中心的制度变革。教育体制机制作为教育改革的核心，有着牵一发而动全身之效能。1985 年教育体制改革开启后，学位制度、考试制度、毕业生就业制度、学生资助制度等进入探索阶段，逐渐恢复了教育制度的正常存在，而在 1993 年后，办学体制、教育行政管理体制和教育投入体制跟进于教育体制改革中，使体制机制的完备性更强。中国教育改革需要政策支持，其根本途径还是要从体制机制入手，基于对内改革和对外开放的双重需要注入活力，积极主动地进行改革，回应时代变革和社会发展。教育改革包含了以学制改革为突破口的技术层面、以专业改革为着力点的结构层面、以体制改革为核心点的制度层面。教育体制机制改革是最为根本的改革领域，刺激着整个教育系统。教育改革是一个多元主体参与的整体行动，将理念、利益、权力和制度加以整合，在复杂性系统变革过程中教育改革将外部生态环境和内在生长要素联系起来。在多重要素与目的论的催生下，教育财政体制、考试招生体制、办学体制、现代学校制度、教育对外开放制度等深度交织在一块并交互生成，突破了教育学科单一化的理解思维，通过将教育学、政治学、经济学等知识体系相互交叉融合，形成跨视野的专业领域。在对教育政策的梳理总结中，衍生出教育激励机制、教育市场竞争机制和公共选择机制，从而使教育改革效率提高、教育改革全面深化和教育向心力增强。在既有的稳定教育秩序下，通过教育制度改良和创新推进教育可持续发展，维护社会稳定，促进人的发展和国家繁荣。总之，教育改革最大的含义就是通过制度设计和政策发布来实现教育改革的力度、发展的速度和教育可持续发展能力的内在协同一致，这既是经验所得，也是未来教育改革继续拓展之处。

第九，建设优质教师队伍。教师是教育改革的重要力量，再好的教育改革方案最终是要靠一线的教师去实践落实，需要教师结合学校管理，将人才培养与服务社会协调起来。教书育人是教师的基本任务，乡村教师在农村教育改革中发挥着重要作用。2015 年的《乡村教师支持计划（2015—2020年）》首次在国家层面上对乡村教师建设提出了专门的政策，乡村教师是教育改革继续下沉的前沿队伍，应从教师荣誉制度、待遇提升、职称评定等方面给予倾斜。培养优质人才最终靠的是教师的点滴耕耘，以优质的教师培养优质的人才。四十多年的教育改革实践反复在验证教师队伍对于一国教育的重要性。从党的执政理念到政府教育职能发挥，再到治理体系总结，教师队伍建设的优质化逐渐明晰。正是这样，教师才能扎根中国大地培育出拥有中国文化基因的中国人，助力“双服务”建设。

第十，坚持扩大教育对外开放。中国的教育改革从开始之初，就与国外有着紧密联系，从借鉴教育改革经验、引进教材、学习教育制度等方面都离不开世界其他国家的先进经验。人才的输入与输出是中国教育对外开放四十多年的常规化操作，人才流动加速了中国教育对外开放的转变结构。从国际教育到全球化教育、从地球村到人类命运共同体，教育对外开放的格局在不断扩大。加快由教育经验引进转向教育经验输出，从教育治理角度发出中国教育声音，以教育智库为平台献上中国教育方案，在中外交互过程中，中国教育实现了农业文明、工业文明和信息文明交织形成的教育体系，凝结为国家教育治理能力，另外，不同类型、不同层级的教育交流平台的建成，使高等院校的对外教育逐步加强，提高了中国高等教育的国际影响力。在“一带一路”战略赋能下，中国教育对外开放由点转向面。继续扩大教育对外开放是正确的教育战略方向，能够促使教育改革在宏观、中观和微观层面持续升级，在制度、理念、举措、人才等方面海纳百川，为中国教育发展和国家建设服务。

以上是从教育改革进程中的教育观和制度观角度所得出的经验。在马克思主义唯物史观指导下，我国以适应主要矛盾任务为目的而运用一切可以运用的力量改革教育，形成了“国家主导的内生性渐进改革”。在制度变革、政策酝酿和基层探索中形成教育改革的“合力”，这符合马克思所倡导的“历史合力论”。教育改革是内因与外因共同推进的结果，从历史哲学层面看，“外因是变化的条件，内因是变化的根据，外因通过内因而起作用”①。实践与矛盾依旧是推动教育改革的直接依据，契合“马克思把历史观归结为物质实践活动，归结为生产方式运动中产生的经济必然性，并将历史作为整体来研究”② 的观点，通过制度、政策和实践在教育改革进程中加强对教育进行现代化形塑，并基于马克思主义历史观归纳出推进教育改革的规律。

二、当代中国教育改革进程存在的问题

改革开放以来，中国教育改革与发展所取得的成就是全方位、开创性的，教育改革举措是深层次、根本性的。当代中国教育改革从范围上看具有全域性，涉及各级各类教育；从进程上看，当代中国教育改革进程充满了复杂性，国家对进行教育改革的决心是坚定的，但落到基层有的改革举措难以推进。中共十八大以来，中国教育改革正加快涉入“深水区”，准备啃下“硬骨头”。进入新时代，我国对教育改革进行了新的谋篇布局，尤其是 2020 年 10 月召开的中共十九届五中全会提出了“立足新发展阶段，贯彻新发展理念，构建新发展格局”。站在历史拐点，回望过去四十多年的教育改革，我们可以说，改革总体上是有成效的，也是有必要的，成绩斐然。但瑕瑜互见，当代中国教育改革进程中还存在着诸多问题。“与人民日益增长的美好生活需要相比，教育事业发展不平衡不充分问题”③ 是当前最大的实际矛盾问题。具体来看，当代中国教育改革进程中存在如下问题。

第一，教育改革与发展存在不均衡问题。从总体上看，教育事业取得了巨大发展，教育规模进入世界教育中上行列，但区域之间、城乡之间、群体

---

① 毛泽东：《毛泽东选集·第一卷》，人民出版社 1991 年版，第 277 页。

② 杨耕：《马克思主义历史观研究》，北京师范大学出版社 2012 年版，第 4—5 页。

③ 佘宇、单大圣：《中国教育体制改革及其未来发展趋势》，《管理世界》2018 年第 10 期，第 124 页。

之间等方面的差距依然较大。2019 年，全国共有各级各类学校 53.01 万所，比上年增加 1.13 万所，增长 2.17%；各级各类学历教育在校生 2.82 亿人，比上年增加 660.62 万人，增长 2.40%；专任教师 1732.03 万人，比上年增加 59.18 万人，增长 3.54%。这个发展规模是改革开放之初中国教育规模的几十倍。若投射到不同区域中，教育改革的差距问题就会浮现。东部地区和城市地区的经济发展水平高，其教育投入大，教育发展快；中西部地区和乡村地区受经济等限制，教育投入少，教育发展相对缓慢，尤其是西部地区教育整体发展水平相对较低，人才流失严重。由此所带来的学校、师资之间的分配存在差距，尤其是乡村地区、偏远地区儿童的受教育权利难以得到保障，解决教育公平问题依然任重道远。教育体制机制需要解决教育均衡或公平问题，且需要在理念和制度上形成统一。进入新时代，社会矛盾变化会延伸至教育改革中，社会对教育均衡有了新的期待，自然成为教育体制机制应考量的因素。若两者不能达成一致，则会出现相悖情形，教育体制机制改革也会因此被淡化，缺乏可行性。

第二，人民群众多样化的教育需求未能得到高质量满足。这是社会矛盾变化在教育领域的体现，根源于教育不均衡发展。中国教育改革是在国家主导下展开的，多以统一规划、统一部署的自上而下的行政法令实施，这是教育改革的制度优势，能够集中力量办大事、办成事，大幅度增加了人民群众的受教育机会，但社会参与程度还很不够，自下而上的实践探索总结也不足。由于中国教育体量非常大，难以全面考量不同群体的教育需求，多样化的教育改革之路还有待完善。随着经济水平的提升，人民群众越来越渴望优质化的教育服务，但改革学校片面追求升学率，促进学生全面发展等问题尚未真正解决。多样化教育需求需要有多样化的办学体制赋能，以提供多样化供给，形成供需配套。

第三，教育综合改革的系统性、整体性和协调性不足。这里的系统性不是说国家主导的教育改革规划、战略部署的系统性不够，而是在中观层面、微观层面与宏观层面之间有所脱节。或者说，由于过度重视教育行政作用，使得下位教育组织机构在进行教育改革时多是应激式反应，在行政压力中难以形成效率。基层组织多以经验论来执行教育改革方案，缺乏系统规划，使得教育改革被多个部分拉扯，出现碎片化状况，影响改革的执行效率。它们以单一的矛盾论来分析教育改革问题，使得教育改革的整体性被削弱，重点突破未能真正带来教育改革的全面提升，割裂了部分与整体的联系。面对同一个问题，各个部门没形成协同机制去共同解决，相互推诿、扯皮的现象依然存在，使得教育改革的能量被削弱。此外，从教育改革的内外部环境来看，家庭、社区等教育资源与学校的整合力度不够。系统性、整体性和协同性是推进教育改革进程当且应当具备的条件属性，否则，会带来诸如教育投入不足、法律体系不完备等具体问题。我们要通过各项保障制度和措施来协调内部教学科研和行政管理事务之间的利益冲突，逐步从单一的行政管理控制走向共同治理。在此过程中，宏观的教育改革框架是源于实践的经验设计，从而更好地指导微观的改革行动，实现同频共振。

第四，教育体制机制从设计到执行转化过程中缺乏适切性。教育体制机制还存在某些弊端，从教育管理体制看，政府不同部门存在分工不明的问题，可能对学校管得严，限制了学校教育的活力。在从管理到治理的转变中，原有的管理思维依然发挥着作用，并未做出实质性的调整。从教育财政投入体制上看，区域和城乡教育投入差距明显，公共财政投入的结构性问题比较严重，教育财政投入的效益有待提升；从办学体制来看，民办教育体制发展程度还有待提升，很多民办学校缺乏规范体制建设；从考试招生体制上看，仍偏重于用单一标准选拔学生，侧重于对学科知识的考查；从教育质量来看，在促进受教育者个性全面发展并适应社会与经济发展需求方面依然有待努力，等等。教育体制机制不是闭合的过程，而是循环改进的过程，在动态过程中实现均衡。没有一成不变的体制机制，实事求是和解放思想是高质量完成教育改革工作的先决条件，需要遵循从实际中来、到实际中去的原则而作出教育体制机制改革，才能保持教育改革的合宜性和教育生存发展的适应性。

第五，教育改革进程中制度设计缺少“人”的存在。自改革开放以来，教育所施行的制度与政策所反映的人的形象是群体性的，核心思想是强调人的群体性，具体改革内容在不同阶段是不同的，其依据是国家发展需要，对人的个体性的内涵理解不深入，且广度也不够。强调人的群体性，是受我国以群体为本位的传统文化的影响。我国本身就是重群体价值观的国家，教育在很长一段时间里带有很强的工具色彩，即教育工具论。教育工具论是特殊历史时期的产物，忽视了人的生命性。教育中的人在教育体制机制的设计与安排中缺位。在20世纪90年代后，教育中的人（管理者、老师、学生、家长等）的个体性被提出，教育改革开始审视个体需求，将学生的全面发展作为制度设计和政策制定的出发点，使“人”逐渐回归到教育改革进程中，尤其是将人民主体教育论作为推动教育改革进程的理论基础之一。

以上是对当代中国教育改革所存在问题的总体阐述，也是对教育改革的方向认识。这些问题也成为未来进一步攻克的目标，与经验法宝从正反两方面合成未来趋势。在总结完经验和问题后，我们不得不思考当代中国教育改革进程背后是否存在所谓的规律性法则，若存在，又为何？

三、当代中国教育改革进程的规律归纳

当代中国教育改革进程经历了全面启动、逐步拓展、走向深化、全面深化的四个时期，其间有成功的经验，也有值得反思的教训。当前中国教育改革进程加速向前，需要总结经验和教训，探讨中国教育改革的规律，从而在实践上有助于中国的教育改革更好地按规律办事，“人们只有在尊重历史规律的前提下，才有可能实现超越”。[①] 当代中国教育改革进程以遵循规律而推进，“强调了人的主观意识与物质环境、历史文化的互动作用……对教育规律性的认识也是由点到面、由表及里、由浅入深从而不断前进的”[②]。改革开放之初，教育改革多是依附或嵌入在政治、经济、社会和文化等改革中，这些外在的改革体系可视为教育改革的外部规律。随着教育改革的不断深入，我们逐渐有意识地探讨教育内部各要素之间内在的、必然的和本质的联系，凸显教育的相对独立性。

第一，中国教育改革进程是一个有规律的过程，它按照教育与历史的内在逻辑（历史逻辑、实践逻辑和理论逻辑）加以演进，呈现出统一性与多

---

① 章开沅：《教育改革应尊重历史规律》，《学习月刊》2004年第10期，第7—8页。

② 袁振国：《教育规律与教育规律研究》，《华东师范大学学报（教育科学版）》2020年第9期，第7—13页。

样性。

中国教育改革源自从传统教育走向现代教育的过程，肇始于近代以来的民族巨变与社会变迁。西方工业文明的涌入改变了中国原本存在的农业文明运行轨迹，中国从被迫到主动与世界对接，以开放之态进入近代史，教育的性质与走向随之改变。其中，重构教育秩序和建构知识体系成为近代以来国人孜孜以求的实践举措，内外双重作用加快了中国教育现代化。现代意义上的民族国家形成，随之而来的新教育在民国时期不断演进，一批批仁人志士向他国求学取经，寻中国独立富强之路。中国共产党领导的革命取得成功，找出了符合中国国情的国家振兴之路。新中国成立后，我们在不同的历史时期依据实际情况采取了不同的教育方针。改革开放后，中国教育改革的现代化进程驶入快车道，教育改革与发展开创了新局面。教育改革实践不是从“零”开始的，它是对历史的继承与扬弃，是对未来教育的开启。“每一时代的理论思维是一种历史的产物，在不同的时代具有非常不同的形式，并因而具有非常不同的内容。”① 教育改革作为一项复杂的工程，在理论与实践的交互作用中渐进，而“任何思想系统都是开放的和包含有一个缺口、一个存在于它的开放本身中的空缺”②。从马克思主义唯物史观角度看，中国教育改革进程是一个有规律的过程，在教育改革进程中，教育体制从管理思维逐渐转变为治理思维。教育积极服务于国家发展需要，国家努力服务于教育进步，通过教育理念上升为教育制度，制度设计从规制走向赋能，成为推进教育改革进程的历史逻辑。历史逻辑决定了推进教育改革的实践逻辑和理论逻辑，在世界视域中形成了“国家主导下的追赶-超越型”的中国教育现代化模式，进一步澄清了教育本质问题，使教育理论趋向于融合式发展。以“双服务”为线索，基于历史逻辑-实践逻辑-理论逻辑的分析框架来检视改革开放以来的教育改革进程，这意味着推进教育改革进程所遵循的规律或者说必然选择是一个实践问题，包含着人与社会的物质转换、人与人之间的活动转换以及

---

① ［德］弗里德里希·恩格斯著，中共中央编译局译：《自然辩证法》，人民出版社2015年版，第25—26页。

② ［法］埃德加·莫兰著，陈一壮译：《复杂性思想导论》，华东师范大学出版社2008年版，第78页。

资源与观念的制度设计。教育改革与发展的内在逻辑规制着其进程的方向、速度与质量。教育改革进程面向的是当代世界，主客体之间的相互作用不可能终结教育改革，只要有人的实践活动，教育改革进程就不会停止。基于内在与外在因素将改革理论与实践还原到组织与制度合流的轨道上，按规律改革教育是能够取得成功的。而在这一进程中，主体是由政府主导推进，并有社会、学校、家庭等组织参与，自然包括教育管理者、校长、教师等，呈现出统一性与多样性的结合。

第二，教育改革进程的快慢和生产力与生产关系、社会存在与社会意识之间的匹配与否相关，以此所产生的社会矛盾在推动着教育改革与发展，有赖于各方力量形成“合力”以推进教育改革进程，将“历史决定论”和“历史选择论”相统合。

在社会主要矛盾的作用下，教育要适应政治改革、经济改革、社会改革和文化改革的需要，完善教育改革的外部环境。纵览教育改革开放四十多年历史进程，我们可以发现其制度变迁是依循着符合每个历史时期历史发展需要而能动地作出对生产力和社会存在的正向推进作用，其所演化而来的源头是近代以来的生产力与生产关系、社会存在与社会意识之间的矛盾冲突，激活整个国家教育变革与发展的运行机理。新中国成立以来，尤其是十一届三中全会后，解放生产力和发展生产力成为社会主义建设事业的核心任务，此后的四个时期八个阶段的改革任务与举措由此衍生出来。实践证明，生产力越发达、科技发展水平越高，广大人民群众对教育获得感的需求就越强烈，对教育公平、教育质量的重视程度就愈发深入。以政府为主导，吸纳社会、学校、家庭等多方主体，既有力量和需求的统一，也有主体和供给的多样，加深了顶层设计与基层实践的联动、互动。教育改革进程的推进本质上是由生产力提升和生产关系升级共同作用的，隶属于社会发展的自然过程，带有必然性。生产力发展提供了改革所必需的条件，因此，教育改革进程的推进是辩证的“历史决定论”。同时，不同历史时期的教育改革战略方针是人民群众选择的结果，教育改革进程与领导者基于群众意愿作出的教育战略部署有很强的关联。对于教育改革，作为付出实践的人可以根据条件和目标采取一定行动趋利避害，使得教育改革进程能够顺利推进下去，这带有“历史选择论”的色彩，这种选择需要发挥领导者和群众的主观能动性。“历史决定论”和“历史选择论”彼此互补，符合中国国情，共同构成推进教育改革进程的规律，印证了马克思主义唯物史观是历史决定论与历史选择论的结合体。

第三，过程哲学视域下的教育改革进程遵循着服务人的自由而全面发展与国家建设发展，其中，遵循为人的自由而全面发展服务是完成教育改革的本质规律，属于内在规律；遵循为国家建设发展服务是推进教育改革的衍生规律，属于外在规律。内在为本，外在是内在的延伸，并通过内在起作用。

当代中国教育改革进程是由“谁来改、改什么、为什么改、如何改”的四要素所构成的整体演进。按照教育改革的基本规律行动就是要充分发挥这四要素在教育改革中的作用，包括了教育改革的主体、客体与媒介。改革开放初期，党和政府是推进教育改革的主体，进入 21 世纪后，除了发挥党和政府在教育改革中的作用外，我们还比较注意调动学校、教师、教育科研组织等参与教育改革的积极性。在明确改革的主体后，基于人的自由而全面发展和国家建设发展需要，我们确立了教育改革的目标、内容和路径，例如科教兴国战略、人才强国战略的部署，即是满足国家建设发展所要的科技人才支撑和高素质劳动力需求，进而从人才培养模式、教育经费划拨、教育管理效率、政府职能发挥、课程改革、教学改革等教育单项改革共同组合成教育改革的整体行动。教育改革进程是在以上四要素的共同作用下向前推进，并逐渐从教育改革之初的“自为改革”转向“自觉改革”。“自为改革”即改革系统规划下作出的改革应激反应，具有被动性和滞后性，为了应对外在环境的变化而作出单项教育调整；“自觉改革”是教育改革从教育要实现人的自由而全面发展出发，有意识、主动地解决教育问题，积极营造教育良序发展的教育生态环境。“全心全意为人民服务”是中国共产党的根本宗旨，中国的国体和政体决定了政府要代表广大人民群众的根本利益。所以，教育改革要遵循为人的自由而全面发展服务的内在规律，构建以人为本的现代教育体系。随着教育改革进程的推进，教育为人民服务和办好人民满意的教育成为一条规律性原则，坚持群众教育思想的主体地位，树立人民至上的价值取向，在改革进程中完成从“片面人”向“全面人”转变，实现人的自由而全面的发展。这属于教育的本质规律范畴。按规律进行教育改革，能够加速推进改革进程，推动教育事业发展规模与质量的提升。这一内在规律决定着改革实践的方向，形成“实践智慧”，“实践智慧的形式是以符合人的类本质、社会本性和主体需求的方式，限定‘改变世界’的方向”。[①] 而从外在教育发展的基础和服务的对象来说，教育要适应国家政治、经济等发展的需要。四十多年教育改革历经了政治取向时期、经济取向时期、社会取向时期等不同的改革规划时期，其遵循的是为国家发展需要服务，发挥着教育的外在功能性价值。中国教育改革受制于特定历史时代的政治、经济和社会制度，并服务于政治、经济等方面发展的需要。

教育改革进程所体现出的“双服务”取向作为教育改革内在要求，在制度与政策上得以确立。其中，教育改革为人的自由而全面发展服务是主要方面，乃是教育的根本目的；为国家发展建设服务是次要方面，是教育的职能贡献。它们确定了教育改革的根本性质是育人为本的人本性和公益性追求。教育改革进程的每个时期、每个阶段都是在束缚与解放的张力下推进，在既有体制机制框架规制下按制行事，同时在改革进程中解放束缚，为教育主体赋能，加快教育事业发展。“我们的教育是为人民服务、为中国特色社会主义服务、为改革开放和社会主义现代化建设服务的……”[②] 相应地，中国教育改革依靠着基础性国家能力，也可以理解为国家基础建设，而教育改革进程的快慢与否、顺利与否跟国家综合实力有直接关联，因为国家综合实力决定着国家基础建设的完备性，能够影响教育改革能力大小或推进程度。在教育改革四十多年的宏观制度构建中，体制机制是教育改革的核心问题，关乎整体和部分的良性运行。教育制度的“废”与“立”是基于客观条件和具体问题加以考量的抉择，旨在为国家蓄能量、为人民谋福祉。一系列政策围绕教育战略和方针制定，侧面反映了教育改革的基本式样或所谓的规律性总结，即教育改革内外要素构成的必然联系，阐释了教育改革“由谁来改、改什么、为什么改、如何改”的问题，回应的是教育基本问题——“培养什么人、怎

① 田海平：《“实践智慧”与智慧的实践》，《中国社会科学》2018 年第 3 期，第 4 页。

② 习近平：《做党和人民满意的好老师——同北京师范大学师生代表座谈会时的讲话》，《人民日报》2014 年 9 月 10 日第 2 版。

样培养人、为谁培养人”。

第四，中国教育改革经历了从嵌入式改革转向交互式改革、从二元结构转向多元结构的过程，制度设计与实践探索呈现出渐进式改革特征，确保稳中求进。

自 1977 年高考恢复，中国现代教育改革重启。在政治、经济、社会、文化等体制改革的反推下，教育被嵌入在政治改革、经济改革、社会改革、文化改革等系统中进行变革，更多是在适应政治、经济等发展的需要，为其提供人才和智力支撑。教育改革进程也是在政治、经济的裹挟下推进，多是通过自上而下的政策制定与实施展开的，是一种强制性的制度改良行动。由此开始从单项教育体制改革向综合教育体制改革前进，以适应经济体制改革的要求。中共十六大提出科学发展观和构建和谐社会的目标后，教育公平成为教育公共政策的基本价值诉求。2001 年，“十五”计划提出坚持公平与公正性原则，标志着教育公平价值第一次进入官方文本，但真正在教育改革进程中加以实践主要是在 2003 年后。2010 年出台的《国家中长期教育改革和发展规划纲要（2010—2020 年）》，初步构建起了教育改革的整体框架，经由对教育产业化的反思，关于人的自由而全面发展的教育方针逐渐复位到教育改革进程中。教育改革逐渐从社会改革中独立或凸显出来，以科教兴国战略、人才强国战略牵引教育改革的独特优势与功能。尤其是中共十八大后，随着国家治理体系和治理能力现代化的提出，教育作为国家发展的重要组成部分，越来越被重视其相对独立性，重视利用制度优势发挥教育与政治、经济、社会、文化等之间的交互作用。交互式改革是教育改革的新方向，在交互式教育改革中，国家、市场、社会与教育形成多元互动结构，通过制度设计与政策路径形成共同的教育改革目标及其价值观念，构成国家治理体系和治理能力中的组成部分。教育在与其他社会系统的交互中，形成教育行政、市场组织和社群机制的互补性。教育改革从嵌入式转向交互式是教育改革由“自为”向“自觉”的发展过程，是教育改革自身成熟的特征。自教育改革开放之初，中国教育结构大体是“政府-学校”的双元结构，到了 20 世纪 90 年代后逐渐变为“政府-市场-学校”的三元结构，到了 21 世纪前十年将社会组织纳入其中，形成“政府-市场-社会-学校”的教育结构。这种教育改革的趋势是将各方主体纳入改革过程中，呈现多元融合趋势。多元结构是“治理体系”的特征，统合“自上而下”和“自下而上”两种路径，在多元结构的网格中形成教育改革共同体。

当代中国教育改革进程中的制度设计与实践探索呈现出渐进式特征，确保稳中求进。渐进式的改革规律是实践经验的总结。战略目标与阶段任务是不断叠加的，或者说是在不断升级的过程，它没有完成时，只有正在进行时，因为所面临的问题和所处的背景一直在变化着。改革就在动态调整中不断优化制度设计或是更新思想理念，继而纠正实践举措。遵循渐进式改革规律是由中国改革所处社会的政治、经济环境的特殊性，改革性质和目标的定位，以及改革的内在动力和约束条件所决定的“内生”的客观选择。改革利益冲突性质构成改革的约束条件。中国教育改革进程最终是不同利益集团相互博弈后形成的一种社会公共选择过程，这也决定教育改革必须采取渐进式改革。四十多年的教育改革算不上很长，在渐进式改革中形成自我强化机制，所取得的成功越大，就越能为人民群众所接受。自中国完成从人口大国转向人力资源强国的战略转移后，所带来的人口红利催生了中国经济腾飞。而经济的快速发展反哺教育改革，从人力、物力、财力上为改革进程提供动力支撑。总之，教育改革是对内与对外的“双重变奏曲”，逐渐形成了教育改革进程的创新动力论、人民主体论、中国道路论、现代方向论和综合方式论等，强化了马克思主义唯物史观对教育改革进程研究的指导作用。

从改革开放之初跟在发达国家教育后做“学生”到四十多年后的今天，我们能在教育的某些方面与之一争高低，中国教育改革进程在与其他发达国家的比较中有了很大进步。通过坚持以时间换取空间的总体战略，中国逐渐从跟在发达国家后面学习其教育改革经验举措转到能够与其进行教育对话、从整体追赶到部分超越，并计划到 2035 年达到发达国家教育平均水平，朝着实现“两个一百年”奋斗目标前进，形成更加成熟的教育体系与更加合理的教育体制结构。在“办好人民满意的教育”目标下，我国尽可能平衡各方利益，制定能为各方所接受的教育改革方案，而这种方案的制订必须是内生的和渐进式的，不能是外力强加的和跳跃性的，如此才能扎根中国大地。

四、以历史制度主义审思教育改革进程

自 1840 年鸦片战争至 1949 年中华人民共和国成立的百余年，是一段激荡巨变的岁月，教育思潮迭起，教育流派纷立。“改革”这一词汇早在晚清和民国时期就已被使用。随着西方经济资本进入中国的还有其文化教育，改变了中国教育的性质和走向，使其逐渐由传统旧教育演变为近现代新式教育。中国现代教育改革由此逐步深入。清政府一方面着手整顿中国传统教育秩序，以巩固风雨飘摇的王权统治，另一方面尝试接纳有限的西学，以应对颓败的局势。中国近现代教育改革浪潮的出现，并非偶然的，而是在与西方社会接触后所带来的知识转型和思想流变之结果，逐渐从浅层的表面拓展到深层的机理。近现代的中国教育改革的关键特征是教育现代性，不论是其早期的近代化改革，还是新中国成立后的现代化改革，目的都是为了增强中国教育的现代性，与世界强国接轨，遵从特定历史时期对教育改革的规制与引导。中国近代教育改革所解决的是教育近代化问题，更准确地说是聚焦教育的现代性，从学制、办学体制、学校管理、课程设置、教学方法等方面学习西方教育模式，搭建具有现代性的教育结构体系的雏形，主要任务是通过一系列教育体制改革使得教育从传统框架中挣脱出来，融入现代教育元素，开启中国教育近代化；新中国成立后，中央政府加快了教育改革进程，主要表现在对旧教育结构的改造，使教育发展方向从精英走向大众，教育重心下移，真正开始惠及广大人民群众，提高了国民素质，适应了社会主义探索时期的需求。在承接旧有的教育体系中，不断改造教育结构，旨在继续增强教育现代性，加速从农业文明教育向工业文明乃至信息文明教育的转型，持续性地推进教育改革进程的现代化。

（一）继往开来：传承中国教育改革的历史基因

从晚清至新中国成立前，纵向的教育学制在各个时期不断完善，横向的教育类型在不同阶段有所扩展。新中国成立后，在已有近现代教育改革的基础上，加快了教育现代化的进程，从承继走向中国特色社会主义教育改革之路。在中国历史处于前所未有的大变动阶段，受时代政治经济生活的推动和社会文化思想的影响，各类教育思潮和流派先后出现，与激荡的社会相呼应。

“教育思潮通常是指流行一时的、反映了一定阶级、阶层或社会群体利益要求和普遍心理的教育思想潮流。教育流派则是在一定历史时期内某些具有相同或相近的政治倾向和教育理想的教育工作者，为提倡和推行某种教育主张而形成的教育流派。”① 教育思潮与流派都是社会历史的产物，在宏观、中观、微观三个层面开始了中国早期的教育改革。在西方列强的坚船利炮下，中国封闭许久的国门被打开，伴随列强的渗透，中国大地上出现了新的社会群体、社会思想，力量由弱而强，特别是科学进入中国人的视野。科学不是简单的知识体系，也不能仅用人类生存的工具加以表述——科学有这些表征或功能，但科学于人的发展而言，更具长远意义，它成为一种精神和文化，求真求理，与人同化，形成了科学文化，由此衍生出各类学科，传知识、育精神。“科学文化在不同民族文化传统中的传播是近代教育发展的重要文化基础，也是科学教育赖以推广和普及的前提。”② 近代以来关于教育话题的探讨不绝于耳，通过“全国报刊索引”对 1840—1949 年间关于“教育”主题文章的检索可知，近代教育在中国已有了深刻的认识，上到国家教育层面，下至基础教育探索，从教育理论到教育实践，“育”之所在，“辞”之所至。解放教育思想在这一时期达到了前所未有的高度，世人对教育的认知有了新思考、新探索，传统教育的哲学观在西方知识体系冲击下有所松动，从“平顺”中产生“阵痛”。田正平教授明确将中国近代教育史划分为近代新式教育的产生期（1862—1894 年）、近代新式教育的发展期（1895—1911 年）、近代新式教育的成熟期（1912—1927 年）三个阶段。③ 所观照的是当时教育观念、教育制度、教育内容、教育方法等方面的基本特征。此外，教育家周予同将中国近代教育分为五个时期。与田正平的划分相比较而言，周予同更注重于教育历史的事件节点，更加具体，带有特定的时代性，将教育历史由点到线地串联

① 董宝良、周洪宇主编：《中国近现代教育思潮与流派》，人民教育出版社 1997 年版，第 2 页。

② 张钢：《科学文化与近代教育发展——兼论科学教育与世界科学中心转移的互动关系》，《自然辩证法研究》2000 年第 5 期，第 40 页。

③ 田正平：《关于中国近代教育史学科体系的几点思考》，《华东师范大学学报（教育科学版）》1989 年第 2 期，第 31—34 页。

起来。总的来说，中国近代教育的发展脉络只能说有个大体线条，很难有明确的时间节点，多数情况下教育是迭代发展的，旧问题在新阶段有新表征，会演变为新问题，新发展也会有新冲突，在“进”与“退”的矛盾中螺旋式发展，较为客观地展示新事物成长为新力量的途径。

在救亡图存的时代背景下，国人开始走向世界，考察其他国家的教育发展或是留学欧美，各类教育思潮迭起，通过教育人物、教育组织与教育上层建筑相结合，推动中国现代教育改革的进程。各类教育改革运动、教育实践应运而生。鸦片战争后，洋务运动兴起，张之洞秉持中体西用教育思想，在其创办的洋务改制学校中将西方自然科学知识和技艺嫁接到教育中，将技术发展与人才培养纳入现代教育转型中。维新改良运动虽存在短暂，但康有为、梁启超等变科举而兴现代学校教育之思想得以继承下去，逐渐渗透在清末教育改革的方方面面。清末新政的新式教育改革，从制度层面开始尝试对中国传统教育进行改良，而非颠覆，但最为重要的教育改革举措是废科举，从农耕文明的教育走向工业文明教育。清王朝在辛亥革命的炮火中湮灭后，中国现代教育改革开启了新格局，各类教育思潮与教育改革实验相伴而生的，对中国教育走向近代化，产生了重要影响。尤其是在五四运动以后，中国教育界迎来教育改革思潮的“井喷期”，各类教育改革实践活动此起彼伏。蔡元培主张“五育并举”，在担任北大校长期间，对北大进行了大刀阔斧的改革；职业教育改革家黄炎培主张通过大职业教育思想进行职业教育改革；陶行知、梁漱溟等教育家通过基层教育改革实验，推进着基础教育改革。众多的教育思想人物与教育改革行动描绘出了民国时期教育改革的多彩图景，使其逐渐从“盲从”西方教育模式走向“改造”教育以适应中国国情。一批精英人物和普通知识分子在大变革背景下带着传统理念、现代价值，尝试着改造出符合中国实际的现代教育体系，开展了新教育中国化运动。20 世纪初的一些知识分子看到：“现代教育是洋化的、不切实际的、昂贵的，且培养出的竟是在各方面脱离社会的其他人士的精英分子。然而，却也没有人愿意恢复科举、书院或私塾。相反，他们的处方是通过象征性行动来提高民族威望，在确立教育水准和课程设置方面，因时制宜，量力而行，并使教育与外部世界更紧密地结合起来。”[①] 在中西教育的滋养下，一批学贯中西的大师出现。杰出师者与现代学校共同培养了一批英杰，为后来动乱时期的中国奠定了人才基础，保存了新生的火种。

全面抗战时期国民政府基于原有教育改革成果，将一大批学校西迁，为抗战培养人才，但它更多的是实行精英教育。而中国共产党建立的根据地进行工农大众教育，面向普通民众，一定程度上弥补了精英教育的短板。从“精英”到“群众”，教育视野下移，基层教育探索实践扩大。同时，工农大众教育丰富了教育改革的内容和方式，为新中国成立后的中国特色社会主义教育探索积累了经验。以上各时期的教育改革为现代教育中国化做好了理论准备和实践探索。

从新中国成立到社会主义改造基本完成期间的教育改革，主要是初步建立社会主义教育制度，解决社会主义教育制度从无到有的问题。国家接管和改造旧教育，建设人民新教育，从办学体制改革、教育管理体制、现代学校制度建立、对外教育等方面改革教育，建立了各级教育行政机构，加强了中国共产党在教育领域的领导地位。在工农教育、基础教育、学制改革、高等教育、中等教育、少数民族教育等多个方面做了初步改革尝试，教育改革是为了使教育面向人民大众，在承接旧教育的精华中，凝练出新教育的雏形。新中国成立初期，我国主要是学习苏联社会主义教育经验，在1949年12月召开的第一次全国教育工作会议上明确提出要“借助苏联教育建设的先进经验”作为我国教育建设指导方针的重要组成部分。这也是在特殊时期政治上采取“一边倒”策略在教育领域中的体现。就这样教育系统在20世纪50年代开始学习苏联教育经验进行院系调整，进行课程、教材与教学的改革。新中国成立初期，出于稳定教学秩序的考虑，人民政府沿用了国民政府时期以美国学制为蓝本的1922年学制（壬戌学制），即“六三三”学制，但也只是延续了较短的时间。为了更好地让教育为人民服务，为新民主主义、社会主义建设事业服务，1951年10月1日，政务院颁布《关于改革学制的决定》，

---

① ［美］吉尔伯特·罗兹曼主编，国家社会科学基金“比较现代化”课题组译：《中国的现代化》，江苏人民出版社2010年版，第357页。

开始全面改革旧学制。在这一阶段，我们对教育的本质和功能有了新认识，加强了教育管理，关涉各级各类教育的体制机制形成并发挥作用。教育从非正式向正规化迈进，从革命斗争时期的创业路线走向和平时期的建设路线。教育改革一方面在“立规矩”，另一方面在“卸枷锁”，一张一弛即是教育之道。教育改革在浴火重生中进行，被打上了浓厚的时代烙印和厚重的国家印记。从1956年开始，新中国进入了教育改革新的历史阶段。自1956年至1966年的十年是中国共产党领导全国人民全面建设社会主义的十年。在这十年里，我国逐步确立社会主义教育方针，在教育制度、教育管理体制和教育教学工作等方面进行了改革实验。1966年6月至1976年10月，教育领域被卷入“文革”中，教育改革被教育革命所取代，使得教育事业经历了前所未有的损失。以1969年4月中共九大的召开为界，之前教育领域主要在“斗”，之后主要在“改”，而“批”则贯穿“文革”始终。教育改革所依循的正确方针被曲解，主要理论和指示有“五七指示”“七二一指示”等。这些教育革命理论和指示，使得教育发展过于偏左，导致教育未能符合实际、整体教育水平下降。虽然其间有周恩来、邓小平等同志进行短暂的调整，但整体局面未能改变。教育改革被教育革命所取代，政治与教育的关系失衡，教育管理体制失去原有作用，教育领域近乎处于“教育真空”状态。这脱离了教育规律，知识与真理被误解，教育经费没有保证，教学秩序得不到维持，如此更不用谈教育改革。教育革命式模式遮蔽了教育与生活的外在联系、教育与人的内在关联，属于“非正常”状态下的教育发展阶段。故而，对这一时期的教育革命有必要进行反思和总结。在教育改革过程中，我们要处理好政治与教育的关系，不能以政治运动代替教育；各级各类教育应依据实际条件和需要办学，以德育为首。教育改革的行动前提是尊重劳动、尊重知识、尊重人才、尊重创造，必须坚持党对教育事业的正确领导，按照教育规律办教育，合理配置资源，尽可能适应各个时期社会发展和个人发展的新要求，将两者统合起来，为国家发展服务，为个人成长服务。这些经验教训在党的十一届三中全会后，逐步加以确立。经过拨乱反正、全面改革后，我国进入了教育改革新时期。教育改革与教育现代化、教育治理的融合更加深入、全面，教育改革进程进入加速期。

（二）制度耦合：教育改革进程的历史观阐释

1. 以历史制度主义审视当代中国教育改革进程

历史制度主义是20世纪80年代当代西方政治学领域中的一种流派，主张将“制度理解为嵌入政体或政治经济组织结构中的正式或非正式的程序、规则、规范和惯例”，“将制度研究置于历史过程之中，主张以‘追溯历史过程’的方式‘认真对待历史’”[①]。历史制度主义源起于20世纪80年代，发展于20世纪90年代，在21世纪后逐渐成为重要的社会科学理论，为制度研究提供了一个分析框架。以历史为视角，将历史观念和制度观念整合起来，在时间轴上确定制度变迁的因果关联，以普遍联系的哲学视域去审视制度的演变历程，为研究人类行为互动提供启示。中国教育改革四十多年的进程以体制机制为中心，以此解开教育实践的本质，又通过历史这一维度来阐释教育改革的合理性与局限性。基于历史制度主义的教育改革研究，即通过展现教育改革不同时期、不同阶段的制度革新的层次结构、制度的延续与创新、制度的量变与质变平衡。从理论核心观点上看，“历史制度主义的基本观点是制度形成后具有自我强化和自我学习的机制，换言之，产生于特定背景中的制度对以后的制度发展具有决定作用”[②]，颇有“取之于蓝而胜于蓝”的正向演变趋势，制度的规制与赋能总体上追求的是良序与善治。“渐进性制度变迁是历史制度主义法治的一个新方向”，其中，“关键节点（critical junctures）是历史制度主义的重要概念，它强调在制度变迁中存在着某一关键时刻，对制度的形成和发展具有重要的甚至决定性的影响”。[③] 综上所述，我们对历史制度主义的整体认知如下：历史制度主义视域下的研究时间阈是长期的，制度作为核心要素，包括了正式及非正式的规则，利用制度内生性过程纠正制度偏狭，采用委托式进行制度创设，在自我维持中进行潜在扩展，厘清改革

---

① 王保星：《历史制度主义与我国教育政策史研究的方法论思考》，《河南大学学报（社会科学版）》2017年第1期，第136页。

② 庄德水：《论历史制度主义对政策研究的三重意义》，《理论探讨》2008年第5期，第153页。

③ 马得勇：《历史制度主义的渐进性制度变迁理论——兼论其在中国的适用性》，《经济社会体制比较》2018年第5期，第158—159页。

的分期与制度的演变，找出历史的关键节点，在量变与质变中定位时代特性。历史制度主义作为一种分析理论，形成了宏观结构、中观制度与微观行动的框架体系，涵盖影响制度的宏观因素分析、演进的路径依赖和变迁的动力机制。透过历史制度主义的分析框架来解读教育改革进程，或许能从政策文本中俯瞰整个过程，从教育改革政策的制定、实施、反馈及调整中探究改革关键节点、制度依赖和经验选择，继而展望未来的可能趋势。基于历史制度主义的教育改革分析“揭示了同一国家由于同一政制而在不同政策领域中体现出延续性或相似性”。[①]

教育改革进程伴随着历史观与制度观的耦合，教育政策的制定、实施与调适所形成“结构-功能”体现，最终合成为教育体系，在制度构建中表征出系统性和有序性。基于历史制度主义是一种理论视域，而方法论基础还应是马克思主义历史方法论，以马克思主义历史方法论来回溯四十多年的教育改革遵循，其核心原则是“实事求是”。在马克思主义历史语境中，对历史活动起始分析和总结是基于事实展开，属于事后性的反思，其内在逻辑和规律建立在实践基础上，教育主体、教育思想、教育道路、教育理论、教育制度体系等由事实经验得出，称之为“历史反思法”。四十多年的教育改革实践证明，教育改革就是不断解决教育问题，纠正一些走偏的方向，使其适应国家发展与个人成长的共同需要，在此过程中逐步形成了中国特色社会主义教育道路，搭建起国家教育治理体系，强化国家教育治理能力，推进教育现代化，最终实现教育强国的战略目标。

教育改革不是对过往教育简单的否定，原有教育中的优秀的教育思想、制度和方法，符合教育发展规律和认知规律的，应当被继承下去，例如我国古代“因材施教”“教学相长”等教育思想，至今仍有强大的生命力。“教育的传统和变革的过程是十分复杂的，但离不开继承、发现、选择和创造这四个基本环节。”[②] 近代教育改革的转型真正开始于清末新政，属于冲击-回应的

---

① 张海清：《制度如何形塑政策？——基于历史制度主义的视角》，《中国行政管理》2013 年第 6 期，第 58 页。

② 王日根：《民营教育的历史观照》，湖北教育出版社 2000 年版，总序。

外铄型教育改革。（见图 7.1）如果说废除科举意味着中国教育改革的真正开始，那么随之而来的新学制、教育管理体制、教育组织结构等都可以说是实施意义上的教育改革举措。当然，教育改革与发展在历史时空中存在着差异性。这种差异性体现在历史传统和人文环境等方面，拉开了不同国家、不同民族、不同区域的教育发展水平，教育改革模式因此也有了多样化选择。总之，教育改革不能脱离原有的社会历史条件的制约，不能毫无目的地进行选择和创新。教育改革从历史经验中总结出一套可鉴规律，所依据的是社会历史条件，并在人的教育活动中得以体现和实现。教育改革在不同时期的发展模式也不尽相同，这与人类历史发展的一般规律并不矛盾，是历史发展的一般规律在各个民族的辩证体现和实践表征。马克思认为，历史发展过程中“极为相似的事情，但在不同的历史环境中出现就引起了完全不同的结果”。①

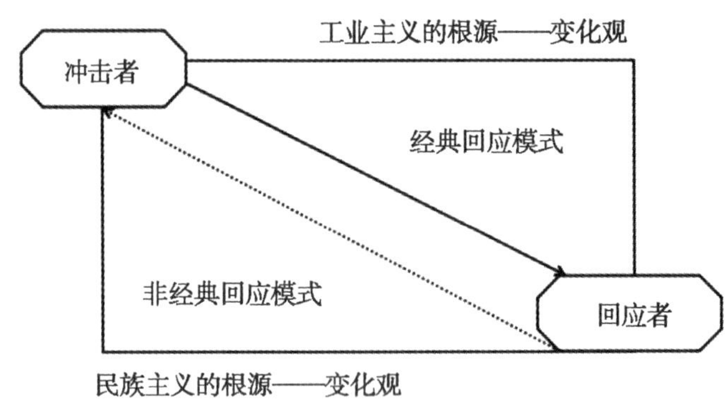

图 7.1　教育改革的变化观

中国教育改革有中国内在基因链在起作用，故而，对四十多年教育改革进程要放置于中国制度文明中加以考量，以历史制度主义阐释教育改革的中国因素，察中国国情，办中国教育，走中国道路。中国教育改革进程中存在的文明基因要素有四：一是尊师重教的风尚，二是经世致用的理念追求，三是家国同构的统一格局，四是政令合一的行政体系。中国独特的文明基因造就了自身的民族特色，一是有效化解了近代国外资本对国家的控制和影响，

① 中央马克思恩格斯列宁斯大林著作编译局：《马克思恩格斯全集·第十九卷》，人民出版社 1995 年版，第 131 页。

二是强化了教育与个人、社会和国家之间的互补关系。传统优秀文化内化为中国教育改革的内动力，驱动着教育的“变”，涵化着教育的“不变”。

纵观整个20世纪，中国教育界始终将教育方针作为改革的风向标。教育方针变迁的背后折射的是教育历史演变的实然逻辑，潜在影响着教育制度的安排，从宏观、中观、微观三个层面影响着教育改革的广度与深度，而教育方针所属的时代背景与人类社会一直是其背后的两个既断裂又连续的统一体。同时，教育改革进程伴随着教育现代化的过程，教育现代化需要通过教育改革来纠偏，确保教育现代化的正确方向。中国教育改革充斥着多元复杂的因素，传统社会中隐匿的“人治”还存在着，很大程度上影响教育改革的观念、制度、行动和情感，传统社会中所形成的“超稳定结构”既是优势也是劣势。如此就存在教育改革追求突破与超越的模式和坚守传统社会中的历史延展与文化承继之间的矛盾，这就构建出不同于其他国家的教育改革之路，形成中国特色社会主义教育发展道路和教育体系，从而去解释中国教育改革和把握中国教育改革在世界教育改革中的应有位置和影响力。

党的二十大报告明确指出：“中国共产党的中心任务就是团结带领全国各族人民全面建成社会主义现代化强国、实现第二个百年奋斗目标，以中国式现代化全面推进中华民族伟大复兴。”在这一宏伟目标的引领下，教育现代化进程展现出鲜明的求真、求善和求美的品质向度，为推进中华民族伟大复兴注入了强大的动力与活力。教育现代化与教育强国建设及新质生产力的培育紧密相连。教育强国是实现中华民族伟大复兴的基础工程，同时也是推进中国式现代化的关键环节。新质生产力作为推动经济社会发展的重要力量，其培育和提升离不开教育的支持。“新质生产力将实现人的发展形态的历史性超越，也就是摆脱‘物的依赖’和‘人的依赖’逐步迈向‘自由个性’的过程。”① 在数智时代，尽管技术环境和生产方式发生了深刻变革，但人的自由全面发展依然是社会面临的终极问题。教育强国、新质生产力与中国式教育现代化三者之间相互关联、相互促进。教育强国的建设能够为中国式现代化

① 刘远杰、熊庆澄：《新质生产力驱动新时代教育变革：逻辑、方向与因应》，《中国远程教育》2024年第5期。

提供坚实的人才保障和支持；新质生产力的发展则依赖于教育培养和引进相应的人才；而教育现代化则为教育强国和新质生产力的发展提供了重要的基础和平台。三者之间形成了紧密的联系和互动关系，共同构成了中国特色社会主义现代化建设的有机整体。

2. 马克思主义唯物史观是研究教育改革的指导思想

在马克思主义历史观语境中，对历史活动起始分析和总结是基于事实展开，属于事后性的反思，其内在逻辑和规律建立在实践基础上。教育主体、教育思想、教育道路、教育理论、教育制度体系等由事实经验得出，称之为教育的“历史反思法”。马克思主义唯物史观是认知教育改革历史的根本方法，实事求是是推进教育改革的基本原则。在“实事求是”的要求下，我们应认识到，教育改革在取得巨大成效的同时，也存在诸多问题；既解决前一阶段遗留的问题，又着手处理新产生的问题。四十年的教育改革实践证明，教育改革就是不断解决教育问题，纠正教育方向，使其适应国家发展与个人成长的共同需要，在此过程中逐步形成了中国特色社会主义教育道路，搭建起国家教育治理体系，强化国家教育治理能力，推进教育现代化，最终实现教育强国的战略目标。从整体的教育改革演进来看，中国教育改革与区域发展水平紧密相关，城镇教育改革由于具备资源优势，并得到国家教育制度优势的加持，进展速度较快，现代化水平提升。乡村教育从规模到质量都有了极大提升，进步不可谓不大，展现了新时期、新时代教育方面的成就。然而，城乡教育差异依然存在，自始至终都是教育改革的短板，也是衡量教育改革总体水平的重要指标。从政策视角来看，乡村教育政策是国家教育规划、重要会议决策的重点议题；从认知基础来看，乡村教育改革与发展很大程度上反映了“中国之维”。乡村教育改革是在传统与现代的冲突与融合的基础上，对教育基础设施、理念、制度进行改造，在动态调整中预设目标、制定指标，确立前进方向，有效推动了城乡教育一体化，将公平、公正、效率、质量注入乡村教育改革。乡村教育是中国教育改革的重中之重，也是问题积弊之处，属于“硬骨头”，深化教育改革不得不考虑这个问题。

教育改革进程具有历史的延续性与复杂性，一方面是解释教育改革绕不开的历史起点和现实要求，另一方面从长远的视角看，中国教育改革经过百余年的演进，形成了中国特色社会主义教育体系，并明确了迈向教育强国、推进国家教育治理体系和教育治理能力现代化的前进方向。著名历史学家章开沅先生提出，要“做好辛亥革命‘三个一百年’研究”①。它符合历史制度主义所主张的以整体思维去贯穿“时空”探究教育改革进程。那么，教育改革也自近代开启，与国家命运、社会转型交织在一起，应当以长时段研究去审视教育改革。“百年中国教育改革可分上、下两段，上段为旧中国的教育改革，下段为新中国的教育改革。”② 新中国成立后的教育改革有别于旧教育改革，既有历史原因，也有教育发展因素。加上改革开放以后，我国确定“基本路线一百年不动摇”的方针，故而以新中国成立为节点，往前推一百年，反思近代教育变革以来的教育之路，包含了洋务教育改革、维新教育改革、清末新政中的教育改革、北洋政府教育改革、南京国民政府教育改革，再到新中国成立后的教育改革举措。在这一历程中，教育是边改革边发展，从传统的科举教育转向现代学校教育，从“四书五经”转向自然科学，从小农经济思维转向工业经济思维，在大时代的变革浪潮中，教育被裹挟前进，其变革的总体历史轨迹是传统向现代挺进，实质是传统与现代在教育领域中的交锋。接着新中国成立以来所进行的教育改革，我们将在 21 世纪中叶实现教育强国，对接“两个一百年”的阶段性目标与总体目标。

一百年之期还未到来，但已经被纳入教育改革的反思视域。这一百年里的新中国教育改革有成功经验，也有失败教训，实现了初级的“识字”目标、创新教育体制改革、中央顶层设计与部门协同推进改革、初步构建起中国特色社会主义教育体系等。改革开放以来的四十多年，经过制度设计、理念先行、体制机制支撑，中国特色的教育制度初步形成，聚合成整体性教育政策变迁和趋势。自 2013 年以来，中国教育改革在教育现代化、教育治理等理念的加持下，明确了从教育大国迈向教育强国的战略目标，并与政治、经济目标相一致，最终实现社会主义现代化强国。在历史节点的紧要关头，2017 年

---

① 这一观点是章开沅先生于 2010 年 11 月 13—14 日在中山市举办的“孙中山·辛亥革命研究回顾与前瞻高峰论坛”上提出。这三个“一百年”即辛亥革命之前的一百年，辛亥革命以来的一百年，以及放眼今后的一百年。

② 周洪宇：《百年教育改革的启示》，《教育研究》2013 年第 4 期，第 8 页。

中共十九大、2018 年全国教育大会、2019 年中共十九届四中全会三次会议，重申并细化了“两个一百年”目标，通过《关于深化教育体制机制改革的意见》、中共十九大报告、中共十九届四中全会报告等文件巩固并完善中国特色社会主义教育制度，以国家教育治理体系和国家教育治理能力现代化探寻教育改革“深水区”，解放和深挖教育发展力。对于 21 世纪中叶以后的一百年，我们需要依据前两个“一百年”的研究与发展来作可能判断。未来的一百年，可能会出现：传统意义上的学校消失，学校变为教育服务机构和数据中心；教育依据市场供需作出抉择，课程由政府教育部门招标、全社会竞争中标的方式进行；教师来自全社会，扮演人生导师的角色；实施项目式学习、“混龄学习”、定制化学习、学分银行制度等。① “三个一百年”的历史视域或思想是基于唯物史观、整体史观来进行关键事件研究，秉持的是马克思主义的大历史观，“其目的旨在构建一种整体化的历史意识”。② 通过“三个一百年”来看，中国教育改革经历了日本模式、美国模式、苏联模式、欧美模式等，并逐步走向多元模式或融合模式，孕育成历史制度主义视域下的教育历史与教育制度互动的动力机制。

从马克思主义唯物史观审视中国教育改革进程，我们可以归纳出中国教育改革的矛盾动力论、人民主体论、中国道路论、现代化方向论和综合方式论等。矛盾动力论指的是中国教育改革进程是由内外部矛盾引发的自觉行动，并从改革之处的矛盾牵引转为持久的创新驱动，以新制度、新政策调适矛盾冲突，推动教育改革进程；人民主体论是说中国教育改革开放的创造主体、发展主体和共享主体是人民群众，将人民主体思想作为教育改革开放的哲学基础；中国道路论即改革开放以来在内在和外在的双重压力下逐渐形成中国制度优势，明确扎根中国大地办教育，走向内涵式的教育强国之路，彰显中国特色与教育自信；现代化方向论认为，中国教育改革进程迈向的是教育现代化，应以教育现代化理论充实教育改革的内核，并形成人的全面发展和人

---

① 朱永新：《未来学校：重新定义教育》，中信出版集团 2019 年版，第 5 页。

② 李敏伦、李霞玲：《马克思主义大历史观下的新时代：历史、理论与实践》，《湖湘论坛》2019 年第 6 期，第 81 页。

民至上的教育思想、制度和实践；综合方式论是指推进中国教育改革进程要利用多方力量形成合力，以体制机制为中心开展全方位的教育改革，在制度、政策、组织、人员等方面形成教育改革模块化管理，为教育改革赋能。以上几方面，基于唯物史观的实践哲学回答了教育改革四十多年所形成的马克思主义教育改革理论的重要理论议题，“坚持和深化了尊重社会发展规律与发挥人的主观能动性的统一”，印证了“历史唯物主义自身的实践性、真理性以及它的创新、发展本性，为当下时代的人们自觉地走向未来提供科学的理论凭借和合理的价值旨归”①，强化了历史决定论与历史选择论的融合趋势。

培养全面发展的人是教育改革的最终目标，也是实践在场的行动指南。人的定义是教育体制机制等外在改革项目的内核，立德树人是教育制度变迁的重任。从历史制度主义视角看，当代教育改革要放置于历史与人类文明演进的大背景中才能有更为深刻的定位，并在历史中反思教育实践，调整教育政策与制度安排。从社会结构来看，中国教育改革正在经历独立自主个人的生成过程。具体而言，社会转型在个人身份方面的变化乃是随着单位制、人民公社制度的解体，使“单位人”变为“社会人”，“社员”变为农民。个人对单位、集体一定程度的人身依附关系越来越弱，个人越来越需要单独面对市场和社会，逐渐变成具有不同利益需求的个人主体，以及组织化的新的利益主体。

五、当代中国教育改革是“国家主导的内生性渐进改革”

从存在的改革模式看，当代中国教育改革进程主要存在项目合作模式、规划发展模式、特色示范模式以及综合改革模式。前三者是在不同时期、不同阶段产生，依据需要作出相应体制机制调整。在一定时期内，这三种模式是同时存在的，总体体现为“专家主导，项目推动；国家主导，政府推动；特色发展，示范影响”，三者均衡重于教育内部的互利合作，共同形成“国家主导的内生性渐进改革”。中共十八大以后，教育综合改革模式被强化，偏重

---

① 刘卓红等：《当代中国马克思主义的历史唯物主义创新》，人民出版社2020年版，第14页。

于系统推进、综合治理，涵盖了前三种模式的特征与优势，在国家主导和政府推动下，愈发注重从总体宏观结构上进行以体制机制为核心的制度顶层设计。十八届三中全会圈出了中国教育改革的重点。2013 年 1 月 26 日教育部为全面深化教育体制机制改革布局，将人才培养模式、办学体制、管理体制、保障机制等 4 大类 17 个点作为新突破口。同时，我们进一步将“自上而下”的推动与“自下而上”的探索糅合起来。从教育管理结构看，中央政府做好管总性的顶层设计，地方政府积极落实落细教育改革；中央通过颁布学校制度和课程标准、确定教职工编制和工资标准等基础性指标，拟定好改革方向、试点计划、规则程序等，借由政策文件下移至教育各层各面，力求稳中“渐进”、适度“分合”。自 1978 年以来的教育改革，正是由于各级政府和各级各类学校相互协作，并依据各地实际情况作出机动调整，在试点工作中保证效率与质量兼顾，才逐渐呈现出“国家主导的内生性渐进改革”。

“国家主导的内生性渐进改革”一词是基于四十多年中国教育改革进程的“四个时期八个阶段”所作出的判断，是对中国教育改革及其进程的总体性概括。这里的国家主导是指中国共产党领导的人民政府，包括党的领导与政府主导两层含义。渐进式改革是对四十多年教育改革进程的整体概括，即中国教育改革在党的领导和政府主导下，联合多方教育主体形成“合力”，在不同时期基于客观需要内生出教育改革要求，作出合乎历史实际的系统规划，遵从教育改革的内在逻辑，以制度和政策形式循序渐进地扩大教育规模和提升教育质量，形成多元共治的教育改革格局。这一学术关键词是在前人“渐进型改革”概念基础上，进一步指出这种“渐进型改革”是由“国家主导”，不同于某些“非国家主导”的“渐进型改革”。但这种“国家主导的渐进型改革”并非完全由国家发动而没有任何“内生性动力”，否则便无法解释在改革初期国家有时不赞同也不支持，甚至开始还明确反对的情况下，某些地方或基层的教育改革仍会发生的原因，这说明地方或基层的教育改革依然有其“内生性动力”所驱使与发动。这种“内生性动力”就是教育改革自身的迫切需要，就是人民群众的客观愿望与要求。“国家主导的内生性渐进改革”这个关键词也符合历史唯物主义的世界观和方法论。“国家主导的内生性渐进改革”凸显了现代型执政党与现代型政府的双重规制与效能：一方面强化了中国教育改革的核心组织力量对教育改革进程的领导和推进作用，另一方面阐释了中国教育改革进程的内生性及其“稳妥积极”的行动节奏。这一特征诠释了教育改革内外部形成的关键特征或是基本原则，在教育改革的整体和部分中具有互联性和普遍性。这种整体的原则性秩序向部分转化或渗入一般是在特定历史时空中不断延展开来的，从系统角度去探究教育改革内外系统及演化过程。由此可得出，中国教育改革具有“内生性动力”，并在教育改革进程中形成“内生化”概念。中国教育改革的内生化是基于“四个时期八个阶段”历史进程所作出的判断，从国家发展和人民需要中得出改革的必要性和可行性，由教育改革自身演进和人民群众主观选择共同推进，外在变量通过内在变量起作用，表征出中国教育改革进程的内生性及其实践探索过程的内生化。“国家主导”“内生性”“渐进改革”糅合于中国教育改革的场域中，从而形成中国教育改革及其进程的最大特征，即“国家主导的内生性渐进改革”。这一概念是对以往教育改革进程表述的承继与发展，从历史与教育的双重构维度上，将“国家主导的内生性渐进改革”冠名于中国教育改革及其进程是源于中国教育改革自身的上下联动性，本就是在统一规划和分工协同中完成教育体制机制改革在不同层次或不同类别教育系统中的演化。

中国教育改革进程研究以马克思主义唯物史观为指导思想，以实践形式检视了教育改革进程所体现出的唯物史观主张的历史过程论、历史合力论、历史规律论、历史选择论等，在进程中不断完善推动教育改革的动力、主体、道路、方向和方式等（见图 7.2），将中国教育进程研究的史观理论与其自身演化统合起来，深入探究教育改革进程的渐进态势，形成“国家主导的内生性渐进改革”。第一，通过梳理中国教育改革进程可得出，中国教育改革进程是一个有规律的进程，它是按照教育发展的内在逻辑进行系统有效的调适举措，确保了教育发展从有序向良序转变。推进教育改革进程的关键在于按规律办教育、改教育。第二，中国教育改革进程由政府、社会、学校、校长、教师、学生等合力推进，强化了教育行政部门施政管理与基层教育组织实践的结合，体现了唯物史观的“历史合力论”。同时，以系统论、控制论和信息论重新规划教育改革进程，呈现出统一性与多样性特征。第三，中国教育改革进程体现了改革实践的“历史决定论”和人民主体的“历史选择论”的结

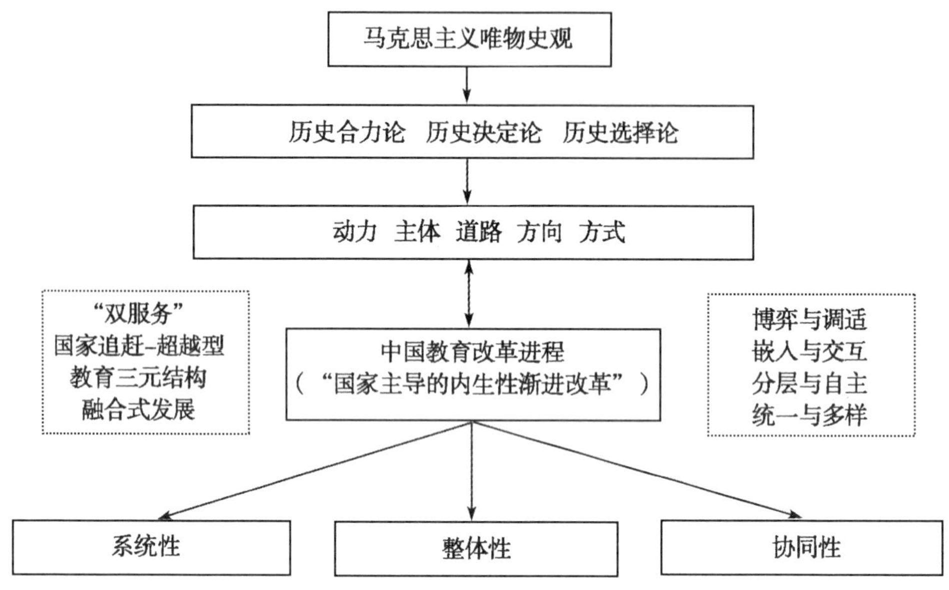

图 7.2 唯物史观视域下的中国教育改革进程研究图示

合，从马克思主义唯物史观辩证地看待上层建筑对教育改革的助力和制约作用。它是由客观实际决定而不由人的意志为转移，即中国教育改革进程的历史规律。第四，从马克思主义唯物史观看，内在与外在矛盾形成了教育改革的“矛盾动力论”，并在改革开放后，以实践塑造出“改革动力论”，进入 21 世纪后，又演绎出“创新驱动论”和“科学发展论”。中国教育改革是中国改革的重要组成部分，它在内在需要与外在压力所形成的张力中产生动力，在体制机制中激发活力，从而优化了对生产力和生产关系、经济基础和上层建筑之间匹配关系在教育改革进程中的效能发挥。进入新时代，中国教育改革进程所体现的不是单一动力论，而是全面深化教育改革所需的“动力体系”，将人民主体教育思想注入“历史合力论”中，并以群众史观检视中国教育改革进程及其研究。在马克思主义唯物史观指导下，“国家主导”“内生性”与“渐进改革”共同合成了中国教育改革进程的鲜明特征。基于此，我们可将“国家主导的内生性渐进改革”界定为在中国共产党领导的人民政府的主导下，从国情和教情的内生需要出发，构建具有包容性的政策、法律等制度体系，以顶层设计与基层探索相结合的方式进行由点到面的渐进改革，提升国家教育能力，并在稳定的良序结构中解决教育问题，推进教育现代化进程。

“国家主导的内生性渐进改革”这一概念能在实践、理论和政策三个层面都得到证实。“国家主导”是总前提，起着管总的作用，为教育改革赋权增能；从国家发展、教育进步和人民教育需求的“内生交互”中产生教育改革的内生力，这种“内生性动力”是教育改革及其进程的根源性动力，向内求索中国教育改革路径符合中国国情和教情，也符合“四个时期八个阶段”的历史逻辑、实践逻辑和理论逻辑；“渐进改革”是在上下协调、交互作用前提下对呈现出的具体改革特征的概括，不同于激进变革，它指中国教育改革进程的总体形态为稳中求进。

“国家主导的内生性渐进改革”不仅是整体性概括，且涉及教育本体与嵌套在其中的社会子系统之间的交互作用，成为阐释中国教育改革及其进程的一种新视域，应和了整体与部分之间的复杂性对应关系。中国教育改革是分层分类推进的，而教育改革与发展过程中的部分结构包含着整体教育关于制度、理念、政策和实践等方面的知识与信息，而这些都是在国家主导下开展的。那么，“国家主导的内生性渐进改革”是基于本国制度和教育实际将整个教育改革规划植入不同层次和不同类别的教育改革中，也会将教育体制机制的原信息体拓印到不同层级和类别的教育改革中。这种改革是内生性的，带有特色鲜明的中国印记。正是国家主导的内生性渐进改革符合中国国情和教情，使得其更具改革的普遍有效性和完全传递性。简言之，国家主导的内生性渐进改革是体现在整体的中国教育改革进程与部分运行的教育改革进程的内在制度体系、组织体系等演化过程中，意味着中国教育改革不仅需要厘清和解决整体域所涵盖的管总问题，也要看到教育改革整体与部分之间的紧密关联。

中国教育改革是在中国共产党领导下的人民政府制定统一的教育改革与发展规划，作出制度设计、政策决议和改革实践试点等，继而将这些总体规划贯彻到各级各类教育中，并以实践形式推演进化。从教育改革所承载的信息元来看，分两个方向推演进化：一是从高到低的系统控制、全程参与和多元转化；二是从低到高的次序进行体系构建，由需求倒逼供给。知识转型对制度、技术和文化有着形塑影响，从而加速教育改革进程或升级教育改革内涵。自1978年以来，历次重要决议明面上是对政治经济等方面的回应，实质上还是科技革命带动的生产力提升的缘故，使得生产关系重新调整，注入符合时代发展的知识、制度、技术和文化等内核要素。通过国家主导进行教育体制机制改革，将体制机制改革的总原则复刻于不同层级、不同类别的教育改革中，实现“由面制点”“由点带面”的教育改革推进方式。国家主导的内生性渐进改革在不同的历史时期占据教育改革制高点，由此协同其他教育子系统或者社会子系统推进教育改革进程，在保证统一性的基础上作出多样性设计。“国家主导的内生性渐进改革”是一种整体到部分贯彻，再由部分向整体反馈的互联，将推进中国教育改革进程的合力论、系统论、控制论、交互论等融入改革的每个部分和环节，恰如其分地诠释了中国特色教育改革的动态演化，统中有分，分中有合。内在逻辑或规律的一致性为国家主导提供了必要性和可行性。国家主导的内生性渐进改革将“规制、赋能”代入各级各类教育改革中，将“渐进、分合”代入各项改革进程中，因为它们是整体的性质，也是部分的性质。

中国教育改革进程研究应体现出“系统性”“整体性”和“协同性”，与教育改革本身保持同一性，才能客观地看待教育改革进程，更加深入剖析“国家主导的内生性渐进改革”这一关于总体特征的结论。中国教育改革是一项整体性工程，教育改革及其进程研究要串联教育改革的过去、现在与未来，并在党的领导和政府主导的双重强化下优化渐进式改革模式。系统性指的是教育改革研究要有历史感，基于系统的历史研究总结经验，更好地按规律办事，从系统论的角度对教育改革进行宏观研究。因为中国教育改革的宏观理论研究并未真正完成或者说成熟，不能仅有微观探索，还需要从经验论上升至知识论，进行专业化的教育改革宏观研究，夯实改革理论基石。整体性即教育改革或教育改革研究要有全局观念，从整体教育改革中实现整体规划是实施路径，立足中国大地为当代中国教育改革进程研究“号脉”，从大改革观中定位教育改革的地位和作用，加快城乡一体化教育改革，确保各级各类教育改革和组织机构形成整体效应。协同性指的是作为系统工程样态的教育改革需要有一套设计合理、执行高效的协同控制系统。正是因为教育改革是一项整体行动，那就要分层次分类别进行实践探索，且在历史进程中保证党、政府、学校之间的权能分合有度，并对不同层级、不同类别的教育改革进行模块化管理和研究，促进各部分、各组织协同推进。我们应立足于现时的改革进程，将系统性、整体性和协同性注入中国教育改革进程研究，精准定位教育改革方向。

第二节　当代中国教育改革进程的未来展望

1978 年以来，我国教育改革取得了历史性成就，教育改革与发展正在被市场机制和国家干预双重渗透所激活。教育行政管理活动因其对象的专业性和复杂性，要求教育管理或教育治理必须走向专业化、科学化。大体上，我国教育行政管理体制主要集中于两点：一是中央教育管理权力集中统一，地方教育权力过少，自上而下形成单向性结构，虽然权责划分在改革开放中进一步明确，但由于制度的滞后性造成教育改革主体关系失常、教育结构失常、教育效能不高等现象；二是教育行政管理权的行使主体分散，各级政府关于教育行政权力的具体落实部门不明确，一些其他行政部门承担了教育行政管理职能，导致一时无法做到统筹规划，难以确保教育事业的协调与发展。但随着教育改革进程的推进，这两种表征中的负面影响正在减弱，教育改革的良性化运行得到巩固，教育信息化、教育法治化、教育人学化等动态变化加速了教育改革的科学性、合理性，维持了正义价值和秩序价值。尤其是党的十八大以来，关于教育改革的管总性会议、决策、组织、职能等逐步清晰明确，教育现代化、教育强国、教育治理同教育改革共同构成中国特色社会主义教育道路，这是中国共产党领导中国人民探索出的具有“中国特色”和“民本取向”的教育之路。继往开来，未来推进中国教育改革进程应总结过去四十多年的经验。面向未来，教育改革会存在如下趋势。

一、人本化：教育改革的基本目标

展望未来，中国式教育现代化将以《中国教育现代化 2035》为宏伟蓝图，深入贯彻党的二十大精神，矢志不渝地迈向教育强国的行列，其核心任务与目标聚焦于实现人的全面发展。中国式教育现代化是对教育方针的深度贯彻与践行。它必须坚定地为社会主义现代化建设服务，为人民谋福祉，与生产劳动和社会实践紧密相连，共同塑造德智体美劳全面发展的社会主义建设者和接班人。这一过程中，教育不仅传授知识，更培养品德、锻炼体魄、熏陶美感、弘扬劳动精神，力求在每一个学生身上都绽放出全面发展的光芒。2017 年的《关于深化教育体制机制改革的意见》再次明确提出要“坚持以人民为中心，着眼促进教育公平、提高教育质量”。这些政策指向的是教育均衡发展，彰显出人文关怀，最终体现为人的自由而全面的发展。教育的本真意涵是为了人的存在，未来教育所要关注的也是人本身，人的全面发展应是教育改革所要遵循的基本原则。以人民群众的内生性需要作为教育改革的内生性动力，符合教育改革程序、教育规律关于人本性的诉求。因此，在为国家现代化培养合格人才的同时，我们也不能忽视人的现代性增长，就是要实现人的自由而全面的发展，要在教育体制机制制定过程中重视人的尊严与生命理性，即教育改革及其继承中要有“人”。推进教育改革进程不可避免地会出现制度不均衡，四十多年的教育改革实践清晰地表明了这种情况的存在，即使是在当下也正在发生这种状况，有些教育制度不均衡会由于私人和社会在收益、费用之间有分歧而继续存在下去，即制度良性与否需要在一个较长的时间段中才能展现出来。那么，教育改革就是要有效地激励个人的创造性，使教育制度变迁朝着个人与国家、社会之间权益最大化的方向推进，搭建起教育制度、教育组织、教育主体、教育活动等形成目标清晰而行动有效的整体行动体系，并在体制机制中完善个体的教育需求，坚守教育的人本色彩。

当代中国教育改革是“国家主导的内生性渐进改革”，以教育获得感为突破口，办好人民教育。中国共产党作为执政党，其宗旨是全心全意为人民服务，那么其教育改革的显性特征是办好人民满意的教育。所以，人本化应当且必须成为未来推进教育改革所应坚持和深化的方向。自党的十八大以来，“人民群众获得感”成为衡量改革成效的底线标准。未来中国将走公平而有质量的优质教育路线，提升人民群众的教育获得感可能成为教育改革的方向。办好人民满意的教育说到底就是要提升人民的获得感，以此反推和强化以人为本的人民教育思想，融于制度，见于政策，切切实实达成教育为民的目标。如果教育改革不能提升人的发展，就失去了教育本质，也就失去了教育持续发展的动力，无益于人的成长和国家人才需求。人民教育需要体现人民中心地位，关注和帮扶弱势群体的受教育问题，优化进城务工人员子女就学的服务体系。如此将价值理性与工具理性整合于教育改革全过程，巩固教育公正和教育美善，凸显人本理念。总之，自中共十八大以来，关于教育改革的内在取向逐渐回归到人的教育和有质量的教育，办好人民满意的教育。

二、多样化：教育改革的形势所需

从近代以来至新中国成立初期，中国教育改革多是一种应变方式，是一种被动选择和主动建构的过程，且持续了一百多年。传统教育走向现代教育经历了技术层面的学制改革、学术层面的专业改革和制度层面的体制改革，今后这三种类型改革将会在教育改革进程中持续存在，继续完善中国教育改革的学制、专业和体制三层结构。“教育改革是改革惯习与场域文化的集体行动。一切教育改革都需从个体惯习找到突破口，并上升到场域文化的变化。”① 其实质还是对中国特色社会主义教育体系的健全和完善，实现教育教学与国家发展所需、个人成长要求的共存。中国式教育改革应推动教育改革的思维转型，尤其是加快教育体制机制从单一走向多样。当代教育改革进程所呈现出的由单一到多样的趋势，主要体现在办学体制的多样化，人才培养模式的多样化，课程设置的多样化，教育评价标准的多样化，教育经费来源的多样化，等等。例如，从四十多年的教育改革进程中我们可以看到，教育管理体制、办学体制、考试招生体制等教育体制机制由中央政府统一规划部署，但在基层组织实施过程中留有自主探索余地，不是“一刀切”。在办学体制方面，公办学校与民办学校从以公办一枝独秀变为公办民办双姝并蒂。公办民办并举是中国教育改革的基本现实和未来长期发展方向，既符合多样化的教育需求，也适应市场经济的大环境要求，最大化地激活学校教育的活力，扩大教育普惠率，满足更多人民群众的教育需求。若只是单一的公办教育体制，则就不系统、不完整、不协同，无法真正满足教育多样化需求。从考试制度看，中考与高考的考试体制、人才的分流体制不再是单一的，而是多途

---

① 周作宇：《教育改革的逻辑：主体意图与行动路线》，《北京师范大学学报（社会科学版）》2020 年第 1 期，第 5 页。

径、多层次的结构体系。从教学目标看，教学的三维目标取代了“双基”目标，多样化的目标有利于人的全面发展的实现，重塑了以人为本的教育价值理念。从教学与学习形式上看，传统的班级授课受到信息技术变革的影响，出现了新的教学方式，如网络课程、翻转课堂、慕课等；学生的学习不再仅限于课堂或针对于文本，也不再只是师生之间的交互，在信息技术的支撑下，新的学习方式出现，比如移动学习、在线学习、混合式学习等。这些多样形式的出现强化了教育体制机制改革的多样化趋势，最终纳入教育制度体系中，更加包容，更加开放，使中国教育改革能够不断适应新环境、新发展的调整。

推进教育改革进程不仅要循序实施，更要有及时、有效的反馈评价机制。这就涉及教育评价体制改革，要根据组织、社会、家庭、个人等不同群体的实际情况作出评价，既要保证教育战略方向，集中力量实现某一方面的改革目标，又要通过多样化的评价体制反馈及时有效的改革动态，以此调整教育改革策略以提升教育治理能力。深化新时代教育评价改革，应构建符合中国实际、具有世界水平的评价体系。从管理转向治理的教育改革重在力求多元共治，由教育治理行为主体的单一化向多元化转变，让社会、教师、学生、家长共同参与到学校治理中，凸显民主治理。从客观实际的角度说，我们要尽可能地走出模式崇拜的迷雾，回归教育育人的本真追求，“要合理定位教育改革目标，有序推进教育改革进程，客观评价教育改革成果”①，进一步完善和巩固从“片面人”转向“全面人”的制度设计和基层探索双元实践结构，最大化调动各方主体的治理积极性，形成政府促动、家校互动、师生联动、社会带动的整体动力机制，并由此形成多样化的教育改革评价体制；在改革前预设、改革中判断、改革后评估三个阶段，要以客观、合理、切实的态度作出总结，从而形成自我规范和规约的内部管理体制和外部共建和赋能的监督制约机制，使教育管理主体、办学主体等从“外塑”走向“内治”，从宏观、中观、微观三个层面提升教育治理体系和教育治理能力。总之，我们要在“确立改革目标→探寻多种路径→实现多样评价”的评价过程中增加教育

---

① 王佳佳、高若瑜：《教育改革中的模式崇拜及其超越》，《高等教育研究》2018年第12期，第18—24页。

改革活力，维持教育改革进程的可持续推进，以动力与活力为教育质量加码。

三、综合化：教育改革的推进方式

中共十八大以来，党中央高度重视教育工作，召开全国教育大会，印发《中国教育现代化 2035》，推进教育领域综合改革，强化了教育改革的系统性、整体性和协同性，使教育面貌正在发生格局性变化。当代中国教育改革已形成综合服务导向的综合化存在，以体制机制为核心的教育改革构筑起强有力的综合教育管理能力和治理能力，继而激发其有效的教育组织能力；继续体现创新、协调、绿色、开放、共享的新发展理念，以满足人的全面发展为目标构建体系化的教育保障机制；继续扩大对教育改革的人、财、物的支持。教育改革是建立在雄厚的人、财、物基础之上，改革不是纸上画饼，需要切切实实的物质基础。在教育改革所涉及的权力运行方面，“放管服”与“管办评”还会持续进行下去，立足于实际分析权力分配和运用问题，有针对性地开展教育问题发现、问题分析和问题解决，综合运用多种教育体制机制进行改革，保证教育公正和美善，维护教育公平，破除教育体制机制中的难题，增强教育治理能力。同时，以交互式综合行动实现教育服务目标，建立健全和完善教育保障机制，具体包括教育组织领导保障机制、教育经费投入保障机制、教师队伍保障机制、教育法律保障机制、教育质量保障机制。五大保障机制是对人、财、物的制度化规定，具有强制性和常规性。教育改革进程的快慢离不开保障机制的切实确立和落实，从而确保教育改革从战略部署到任务落实的及时性和执行力，以系统性、整体性和协同性的内在体制改革内涵真正做到改革任务和责任的落实落细。总之，综合化的教育改革依赖于系统化的保障机制，从结构上看，教育保障机制要形成优质的教育内外结构体系，使教育组织架构运行通畅，有条不紊地实施教育战略；从时间上看，教育保障机制要贯穿教育强国建设的各个时期，形成良性循环的教育生态系统；从过程上看，各类保障机制要在规范中建设、在服务中规制、在约束中赋能、在改革中进步，逐渐从零散走向综合服务体系。

当代中国教育改革在顶层设计、制度安排、政策颁布、机制运行等方面积累了不少可操作的经验，形成了一些宏观教育改革模式和微观教学实验模式。从经验论的角度看，四十多年的教育改革经验被加以系统化、知识化和专业化，逐渐形成教育改革的知识体系，通过对知识的学习、理解、应用，加深对教育改革的认识和理解，综合形成了教育改革的理念、制度、政策和模式。21 世纪以来，关于教育改革的研究在数量和质量上都有所提升，教育改革与教育现代化、教育政策、教育治理、教育智库等之间的关系日益密切，彼此交错，共同架构起教育宏观体系。从教育改革的主体力量上看，国家主导的内生性渐进改革在政府层面会进一步加强，并会以政府为主导，积极同市场结合，利用好无形之手与有形之手，将社会、学校、家庭整合起来，形成大教育改革共同体，综合推进教育改革进程。

四、民主化：教育改革的必由之路

当代中国教育改革是由国家主导、多主体参与的过程，以教育改革科学化为目标，充分发挥教育改革的民主性，广泛听取不同群体的意见和建议，遵循教育发展规律，按照民主程序实施教育体制机制改革举措，确保改革过程的和谐民主。进入新时代后，中国教育改革将朝着促进教育治理能力和治理体系现代化的方向推进，追求“善治”，这就要求各方利益相关主体协商、对话、相互博弈后达成符合各方利益诉求的契约过程，必须保证教育相关主体的合法权益，保证他们都能有效参与到教育改革中，征求和听取他们的观点和建议，使其意见能在教育政策或立法方面得到必要的回应、讨论或论证。保证教育生态系统的平衡发展，需要在教育实践中“不断地创造教育民主化的条件”[①]。一方面，要为各方主体削弱层级的束缚感，尽可能解放思想、释放活力；另一方面，在教育实践中要为各方教育主体提供更多可以选择的机会。在面向教育现代化 2035 的中国教育改革进程中，民主化被赋予更多期待，如此才有了各种教育智库生存的空间，促进了自上而下的理性设计与自下而上的基层探索的联结。

从管理与教学层面上看，教育改革的民主化强调教育要具有平等、民主、

---

① 徐祖胜：《试析推进教育民主化》，《中国教育学刊》2011 年第 11 期，第 20—22 页。

合作等特点，包括教育机会均等、教育管理民主化、教学民主化，以平等、参与、自主、包容为原则推进教育改革进程。不同地域、种族、性别，不同的社会、经济、政治地位的个体都有着同样的受教育机会，包括入学机会、教学机会、学业成功机会的均等；教育管理民主化主要表现在教育管理活动中，教育政策制定、教育法律法规制定、教育制度确立等要讲民主。从学校管理和班级管理看，需要在微观管理层面采取民主评议制度、制定有效的监督机构和规章制度，确保广大师生的权益和行使民主的权利，积极吸引师生参与到管理活动中；从基层教学层面上说，要在教学过程中建立民主平等的关系，使得教学过程建立在师生合作的基础上，通过师生的互动交流，充分开发学生学习潜能，确保教师有足够的教学空间，因材施教，从而实现教师和学生素质的全面发展。综上所述，未来教育改革的民主化不仅强调教育决策的制定、教育目的的贯彻、教育政策的落实、教育教学的实施，更要充分考虑到教育对象的需求，做到将社会发展的需要与个人发展的诉求有机结合在一起，争取在最大程度上保障教育主体的权益。

五、法治化：教育改革的重要路径

改革开放以来，教育改革与发展过程中的法律问题日渐复杂，教育法制建设成为教育改革与发展的重要组成部分，在各项规划和政策决议中被屡屡提及。教育法治化贯穿于教育改革的过去、现在和未来，始终蕴含在教育改革与发展的目标体系中。“教育法治建设之根本，在于坚持中国共产党对教育事业的全面领导，满足人民群众对享有高质量教育的愿望，以人民群众终身学习的受教育权为核心，强化国家、学校、社会、家庭的教育主体责任。”①教育改革的法治作为一种秩序保障，在实现教育发展秩序性、正义性目标方面具有无可替代的作用。教育改革从“管理”转变为“治理”，也包含着教育改革从政策思维转向法治思维。当代中国教育改革进程伴随着一部部法律出台，使依法治教成为改革的助力和基本保障。教育现代化进程的推进需要法

① 周洪宇，方晶：《加强法治建设，为建设教育强国、科技强国、人才强国筑牢基石》，《现代教育管理》2024 年第 5 期。

律来保驾护航，依法治教，规范教育管理活动和教育行为，维护学校和师生的合法权益，并规定其相应的义务，逐步使教育走上法治化、规范化轨道，促进教育事业稳步健康发展。改革开放以来，党和国家一贯重视教育法制建设。自 1982 年中共中央、国务院在《关于普及小学教育若干问题的决定》中提出“要搞好教育立法”，到 2017 年印发的《关于深化教育体制机制改革的意见》强调要“要完善教育立法和实施机制，提升教育法治化水平”，我国教育法制建设所取得的成就是有目共睹的，教育法律法规的制定与贯彻确保了教育现代化进程的稳步推进。现代法治不再只是静态意义上的一套法律制度，就其深层次来说，是要按照民主集中制原则把国家事务制度化、法律化，并严格依法办事的一种治国方式。它不仅是教育改革进程的现代形态，也是衡量教育形态是否实现现代化的重要尺度。

法治化是教育治理现代化的重要路径，是推进教育改革进程的重要方式。四十多年的教育改革进程展现了教育法治化的必要性和重要性，但也折射出我国教育法治建设仍有漏洞，因此建立健全教育法制仍是教育法治化的首要任务。法治化已成为教育改革的既定趋势，不论何时何地，法律始终是生活世界必须遵循的底线，推进教育改革进程离不开法律的保驾护航。未来将会继续建立健全教育法律体系，修订已有法律，弥补法律空白，走依法治教、依法施教、依法治校的中国教育法治道路。当代中国教育改革从客观实际和未来导向来说，法治化依然任重道远。

六、信息化：教育改革的技术赋能

当代中国教育改革进程在新工业革命中获得了技术赋能。信息技术与互联网技术日臻成熟，为教育管理带来了新信息技术与教育发展的深度融合。教育信息技术的发展打破了教育的时空限制，给传统教育带来了机遇和挑战。“教育的数字化转型要从整体优化的视角考察技术在教育中的角色与定位，不只是对教育或技术某一单一要素的关注，而是强调从系统整体的层次出发，从促进与维护整个信息生态系统平衡的角度，对人、教育实践及技术环境三大要素之间的关系进行合理规划、布局和调控，实现和谐共生。”[①] 人与人之间的互动是教育存在的真实性要求，简单的“人与技术”不是教育，“人与人”才是最终归宿。线上线下的结合是未来教育发展的趋势。如何让信息技术媒介所营造的场景有真实互动的存在，这是教育信息技术所要解决的问题。近年来，智能手机、平板电脑等便携化的学习工具的普及，人机交互技术的发展、“5G”技术的开发与应用、大数据的新建、人工智能的开发，使得教育信息化出现了智能化发展。教育智能化发展源于智能信息技术，又需要超越技术本身，是未来教育信息技术不可忽视的领域。“互联网＋教育”是信息技术与教育深度融合的大背景，将更加注重学习的个性化和碎片化，在教育网络化（educational networking）上打开新局面。面向2035的教育现代化离不开教育信息化，要多层面、多视角认识并最大化实践教育信息化，如教学方法的创新、多种学习模式的应用以及对学习资源的调配等。

教育改革的组织机构和制度变迁形式将会随着信息智能时代的到来而迎来新的转型。教育现代化致力于采用现代化的教育手段和方法，在传承与弘扬中华优秀传统文化的同时，积极引入现代科技手段，推动教育改革的创新实践。“教育信息化被视为促进教育公平的重要举措，实现合理配置教育资源、以信息化为手段扩大优质教育资源覆盖面被视为逐步缩小区域、城乡数字差距，大力促进教育公平的有效机制。”[②] 通过运用互联网、大数据、人工智能等现代科技手段，提升教育效率和质量，为学生提供更加便捷、高效的学习体验，进而促进学生的全面发展。“信息技术正在并仍将对教育领域产生深刻影响。这种影响将会通过对教育内外部公平土壤的塑造、公平正义观念的传播、优质课堂资源的复制、优秀教师资源的弥补、学生个性化学习需求的满足等多种方式，推动教育公平的发展。”[③] 教育行政管理体制行使着教育管理权，管理和组织效率的提升直接影响教育改革政策落实的效率。大数据、

---

① 余胜泉：《教育数字化转型的层次》，《中国电化教育》2023年第2期。

② 韩世梅：《我国教育信息化促进教育公平的政策演进、问题分析和发展建议》，《中国远程教育》2021年第12期。

③ 金久仁：《信息技术促进教育公平的耦合可能与限度约束》，《现代远程教育研究》2022年第4期。

区块链等新的信息技术和理念会在教育领域中开枝散叶，融入教育教学中，促成教育信息化与教育现代化的同向共进。

数智时代的新型数字信息网络技术正在加速教育转型的步伐，进一步引领着教育向智能化、数字化的新型信息化方向升级，影响中国教育改革的组织结构模式。自上而下的教育改革要通过组织来实现，而教育组织则是教育管理体制的核心所在。有效的教育组织能力是教育改革稳步推进的基石，这一经验是教育改革开放四十多年来所积累的宝贵财富。“人、结构、技术和环境四个因素对组织行为会产生影响”①，教育组织能力也同样受到这四个因素的影响。数字信息技术的加持为教育组织能力带来了显著提升。教育数字化不仅激发了教育的管理力、团队力、绩效力、设计力、文化力、行动力等多方面的潜能，还使得教育改革能够在共同目标的引领下，确保整体行动的一致性。展望未来，传统就业机会可能会逐步被新科技支持下的专业技能所取代，社会分工也将随之发生深刻变革，进而带动学习内容和方式的转变。因此，教育工作者需要紧跟未来学习的需求，积极改进教育，避免陈旧的教育体制限制学习者习得促进个体进步的技能，以适应人工智能时代下的全新教育需求。同时，还应充分利用教育技术理念的升级换代，倒逼教育作出代际转型，全面优化教育改革的硬设施和软系统，从而帮助学生掌握应对未来工作和社会的关键技能。

七、本土化：教育改革的基本立场

当代中国教育改革自 1978 年以来，在积极向外求取教育改革经验智慧的同时，更多地是将中国大地作为教育改革基本依据，即从中国教育问题出发，实事求是地立足中国大地办教育、改教育。传统教育的“文化基因”在当代中国教育中依然占有很大比重。注重对本民族优秀传统文化的继承和改造，增强文化自信和教育自信，是中国教育改革的独特之处。国家主导的内生性渐进改革形成了中国特色社会主义教育道路，那么，哪些因素是中国教育独

---

① ［美］约翰·W·纽斯特罗姆、基斯·戴维斯著，陈兴珠等译：《组织行为学——工作中的人类行为》，经济科学出版社 2000 年版，第 5—6 页。

有的？中国的教育道路对世界教育的发展是否有普遍意义？这就需要对中国教育改革的特殊性和普遍性关系作出回答。中国教育改革在本质上不同于西方教育改革，体现为中国共产党的领导、政府主导、公有制经济、政府通过二次分配实现公平正义、人民的主体性，等等。相比于西方国家而言，这些是中国教育改革本就存在的特殊性，但从中国内部发展来看，这是教育发展的必然选择。国家主导的内生性渐进改革的关键在于稳定的政治秩序，而改革之初所确定的四项基本原则是中国改革开放的基本底色。“中国政治发展有着两大主题词，‘积极稳妥’和‘绝不照搬’，而这两大关键词都是在四项基本原则直接影响下形成的，也分别构成了中国政治发展的基本特征。”[①] 中国教育改革自始至终是在四项基本原则的前提下，根据现实情况作出适当调整，保证了稳定的政治局面，使得教育制度、权力和政策的制定与贯彻有了基本的一致性和连续性，避免了教育改革的断裂和动荡。党对教育事业的全面领导是经过历史检验且正确的制度选择，并逐渐成为中国特色社会主义最大的制度优势，是教育改革过去、现在、未来的根本保证。此外，现代政党制度的完善和优化，确立了以人为本的底色，彰显正义与公平。中国共产党代表着广大人民群众的根本利益，其教育的制度、政策、行动等对接的是群众所关切的民生问题，既有现实感、实践感，也有超前性、方向性。以上是当代中国教育改革的客观依存条件，也是中国特色教育改革焕发生机的根源所在。总之，推进教育改革要遵循中国实际作出合乎理性的决策。

未来推进中国教育改革进程还要直面中国国情。我国存在区域教育改革与发展不均衡、城乡二元结构的分离、教育发展速度与效益的失衡等教育问题。当前中国教育改革所面临的问题是“人民日益增长的美好生活需要和不平衡不充分的发展之间的矛盾”，这是中国教育改革最大的本土化问题，决定了教育改革的基本态势。从具体教育领域看，乡村教育依然是中国教育改革的短板。如何可持续地推进“乡村教育振兴计划”，需要深入中国广大农村地区调研，因地制宜地展开教育改革。同时，处于高速发展期的中国教育，需

---

① 刘山鹰、祝捷：《四项基本原则入宪和中国政治发展》，《探索》2010 年第 3 期，第 149 页。

要立足国家、社会、个人发展诉求适应创新教育，制定相应的教育改革方案和政策，以中心城市为坐标建立多个教育中心。未来中国教育改革需要立足于解释中国教育问题的话语体系，以中国人民能够理解的概念来诠释中国教育改革及其进程。

八、开放化：教育改革的整体进路

当代中国教育改革包含着“开放”的一面。自改革伊始，我们就将对外开放作为一项国策。中共十九大报告提出，构建人类命运共同体。在全球化浪潮中，我们要将人类命运共同体建设与教育改革联结起来，以治理思维引导其未来走向。面对欧美保守主义的“逆全球化”思潮，我国积极参与全球教育治理，提出中国教育方案，坚定地维护全球化，更加开放、包容。身在全球化浪潮中，且全球产业链已形成，没有哪个国家和地区能够独善其身。一个更加紧密、包容、和谐、高效的人类社会需要通过教育加持尽快形成，加速教育改革的开放化（包括全球化和国际化）。中国应在教育改革中对未来学习技能、师资队伍以及学校与学习之间的联结作出回应，参与全球教育治理，提升教育改革效率，继续面向现代化、面向世界、面向未来。面向教育治理现代化的中国教育改革将更具开放性，需要国际化的策略和视野，要海纳百川，借鉴发达国家优秀教育改革经验，不断推动我国教育现代化和教育治理水平迈向新台阶。开放也意味着包容，我们要以开放的姿态吸纳一切能促进自身教育发展的要素，构建更具包容性的教育制度体系。

在全球化加速、全球产业链形成的新时代，不管愿不愿意，全球化已成为不可逆转的形势。世界面临着百年未有之大变局，紧密的联系加深了国与国之间的联系，但也带来了诸多挑战。进入新时代，教育改革朝着现代化教育治理体系推进。我们应对标全球教育治理发展水平和发展趋势，不断提高国际化和全球化水平。对此，中国已经开始明确构建相互关联的教育结构，以国家视野考察教育改革的演进与趋势，向世界展示一个真实、立体、全面的中国教育。未来中国将继续借“一带一路”加强同其他国家的教育合作，扩大教育服务贸易、展开多边教育合作、加强教育国际援助。目前，我国与“一带一路”共建国家所进行的高等教育合作与交流有着经济、政治、文化方面的基础，且各方拥有不同的文化和教育资源，为高等教育资源的“异质重组”提供了可能。① 教育改革要继续加强同其他国家协商学历互认、合作办学、留学教育等。未来教育改革会进一步朝着内涵式的高质量方向发展，倡导优质教育和优质学习，以提升国家教育能力。为适应全球化发展要求，我们应继续加大教育对外开放，充分利用和积极引进国外优质教育资源；基于全球教育治理扩大教育影响力，实现对内与对外的双向突破。在经济全球化时代，不可能关起门来办教育、改教育，封闭式的教育绝不是未来中国教育改革的环境。只有开放了，才有视野的开阔、观念的更新以及资源和人才的引进。我们要从开放化要求考量未来教育教学的转型，将创新创造力（innovation and creativity skills）、个性化与自主化学习（personalized and self-paced learning）、基于问题与协作学习（problem-based and collaborative learning）、终身学习与学生驱动型学习（lifelong and student-driven learning）等纳入全球化教育改革中，革新课程、教学和学习的模式。

① 周洪宇、胡佳新：《近年有关“一带一路”主题的高等教育研究回顾与展望》，《大学教育科学》2018 年第 5 期，第 69 页。

结　语

自晚清至新中国成立，中国进行了现代教育体系构建的初步探索，且在新中国成立后进一步深入。1949 年 12 月第一次全国教育工作会议的召开主要解决的是教育工作的恢复和教育体系的继续补充完善，实施面向工农的教育政策。新中国从百废待兴中成立，教育也是在一穷二白的境地开展，恢复教育工作，改造教育目标，这是新民主主义这一过渡阶段的主要任务。1953 年中央政府提出了以“一化三改造”为核心任务的过渡时期的总路线，1954 年召开的第一届全国人民代表大会第一次明确提出要实现“四个现代化”（工业、农业、交通运输业、国防），1964 年底至 1965 年初第三届全国人民代表大会第一次会议提出了“四个现代化”的宏伟目标，将其上升至战略层面。“四个现代化”的实现离不开教育现代化的支撑，教育现代化是力量源泉。虽然“教育现代化”在这一时期没有明确被提出来，但是教育现代化的步伐未有停止。由于历史原因，自 20 世纪 60 年代中后期至 70 年代中后期，以教育现代化为主题的教育改革进程缓慢，整个教育秩序处于混乱之中。直到 1977 年 8 月科学和教育工作座谈会的召开，为教育秩序恢复与教育体制机制作了定调之奏。紧接着，同年 10 月恢复高考制度，预示着教育恢复与重建工作的正式启动。1983 年 10 月 1 日，“教育要面向现代化，面向世界，面向未来”

这一总体教育改革目标横空出世，成为新时期中国教育改革的“全过程目标”。教育现代化被正式提出来，从幕后走向台前，从模糊走向明确，并引入“高质量教育体系”。经过四十多年的教育改革，尤其是党的十八大以来，“十三五”时期教育有了从规模到质量上的提升，“十三五”规划目标顺利完成，教育普及水平稳居世界中上收入国家行列，教育事业为社会主义现代化建设开发了人力资源。但是，我国的教育发展和教育资源配置不均衡，城乡教育差距需要更大力度加以缩小，人才培养模式的改革要适应经济社会的转型速度，教育创新与服务潜力尚未更好释放，与符合人民满意的高质量教育体系还有距离。站在历史的拐点，我们需要准确把握“十四五”规划和2035年远景目标的教育改革发展宏观形势，以高质量发展为追求，谋划建设高质量教育体系。回到教育改革的历史进程，四十多年的教育改革进程总体可概括为“国家主导的内生性渐进改革”。这一过程显示出分合之态，既有整体上的综合规划，也有具体改革的分工协同，以一种交互式形式推进。

经过四十多年的奋斗，中国教育改革取得了历史性成效，增强了中国教育的国际竞争力，为中国乃至世界培养出一批批优秀人才，并呈现为“国家主导的内生性渐进改革”。我们还应直面存在的问题，继续释放力量推进教育改革进程，应对教育的不确定性和复杂性。未来中国教育改革的前景与综合国力息息相关，从教育治理、教育智库走向全球教育治理和教育智库，需要更加开放和包容。教育改革与教育现代化是一体两面的关系，两者有着内在的统一性。经过四十年的教育改革探索与实践，我们明晰了要从管理思维转向治理思维，涵盖政治导向、经济导向、社会导向和服务导向，逐渐构建起服务型改革，继而实现教育治理改革；要以政府为主导，联结社会、学校、家庭等构建适应未来教育发展所需的新型关系，成为新时代教育改革的中心任务——“深入推进管办评分离，扩大省级政府教育统筹权和学校办学自主权，完善学校内部治理结构。”① 从唯物史观的角度看，良序的教育改革促成了历史必然性与主体选择性的辩证统一。研究者不仅要将教育改革进程归咎

① 人民出版社编：《中共中央关于全面深化改革若干重大问题的决定》，人民出版社2013年版，第44页。

于理性主体或科技生产等历史因素，还应当将教育问题的本然之态锚定在现代教育本身及其体制机制方面，寻良序之法、良序之规、良序之策。当代中国教育改革已走上以质图强之路，即建设高质量教育体系。公平与公正本就是优质发展的应有之义。教育公平和公正都源于“正义”，“人类历史上的各种正义理论大都可从差异性正义原则与同一性正义原则两个方面进行归纳和理解，这两种正义原则之间的张力成为推动人类文明不断发展的内在动力”。[①] 这种差异与同一终归是人、自然、社会三者交互的结果。中国教育改革是在国家主导下进行渐进式改革，在博弈与调适的过程中历经从“斗”到“和”、从“合”到“分”、从“无序”到“有序”、从“有序”到“良序”的存在，而正义在任何一项改革中都是主导性力量，无正义的改革是寸步难行或功亏一篑的。

近年来，教育改革研究日益受到重视，教育学者与非教育学者对此进行了深入的多维度研究，涵盖宏观、中观和微观层面。他们对接国家战略部署和社会人才需求，全面分析和研究教育改革的历史、现状及理论，并将其与教育现代化、教育治理、教育智库等领域相结合，尝试性地开辟和构建具有中国特色的教育改革研究领域。教育改革与教育现代化、教育治理等彼此有着内在一致性，而非相互独立的个体存在。教育改革史作为一个历久弥新的领域，在政策文本解读基础上，从学术角度提升教育改革的专业性和知识性，倡导学术与政策相结合，提升教育改革研究的学术性和理论性，从当代中国教育进程中得出“国家主导的内生性渐进改革”的总体结论，并以此构建出具有中国特色的教育改革学术话语体系，从政策丛林走向世界教育改革前沿，总结出可供世界其他国家学习借鉴的研究成果，发出中国教育改革之声。这是中国教育工作者和教育学者的研究使命。

一、当代中国教育改革实践的具体论断

在教育研究领域，特别是教育改革方面，中外学者常通过回顾历史上的重要教育改革举措（如法案颁布、政策文件出台等）来进行研究。自改革开

---

① 易小明：《分配正义的两个基本原则》，《中国社会科学》2015 年第 3 期，第 4 页。

放之初的十一届三中全会以来，1985 年和 1993 年中国教育改革分别伴随着重要决议和政策文件拓展开来。到 2020 年，中国教育改革的目标是实现 2010 年规划纲要的部署，并将在 2020 年至 2035 年的十五年内加速推进教育现代化，走向教育强国。在四十多年的教育改革历史中，教育改革成为教育发展的动力，囊括了推进教育现代化、攻克建设教育强国的难题和办好人民满意的教育。本研究以中共十九大、全国教育大会（2018 年）、中共十九届四中全会精神为指导，反推当代中国教育改革的筚路蓝缕之程，以教育体制机制为考察中心，对当代教育改革进程进行历史回溯、归因分析、多维透视和经验总结，初步得出如下具体论断。

第一，中国的教育改革有其历史延续性和使命性。从 1906 年清政府首次提出教育宗旨，到 1929 年国民党以三民主义为内核形塑教育宗旨，再到 20 世纪二三十年代兴起的新教育运动——这是一场典型的政府主导、社会参与、上下联动的教育改革运动，取得了良好的实践效果，尝试性地从社会改革和民间教育层面推动教育改革，且多是一些课程与教学层面的改革，总体而言仍是在当时大政方针指导下的改革；新教育运动类似于今天的教育领域的各类教育实验，折射出教育改革的历史必然性与延续性——近代以来的教育改革还需加强研究和总结，对过去的经验、制度等进行梳理，结合当下教育问题，从中找出根源性问题。基于长时段来看教育改革的关键节点，近代教育改革多是从农业教育转向工业教育，且在清末、民国不断建立健全教育体系，从无到有。在生产力与生产关系交互作用的过程中，纵观整个 20 世纪，中国教育界始终将教育方针作为改革的风向标。教育方针变迁的背后折射的是教育历史演变的实然逻辑，潜在影响着教育制度的安排，从宏观、中观、微观三个层面影响着教育改革的广度与深度。而教育方针所属的时代背景与人类社会一直是其背后的两个既断裂又连续的统一体。教育制度是政治制度与社会制度糅合而生的，这是教育现代化的历史规律，体现着“历史决定论”与“历史选择论”的统合。

第二，改革与开放是一体双面的关系，教育改革离不开教育开放。在此过程中，继续以实践探索的方式完善处理古今、中外、理论与实践、社会与个体等之间的关系。21 世纪以来，学会认知、学会做事、学会共同生活、学会生存依旧是教育发展有待解决的问题，这些问题是微观的个人成长所必备的素养，渗透在教育的方方面面，最终指向人的成长。随着第一次工业革命的发展，人类社会在科学理性的道路上越走越宽，也越走越深，具有生命活力的科学知识代替了传统知识体系。我们在猛烈批评传统知识教育对人的束缚和对社会生产力解放的微弱作用外，还应认识到以知识为核心的教育改革承受了各种力量的改造，科学知识或者说实证知识被视为真正可靠的知识，被赋予为教育教学的定制内容，并在近代以来影响了中国教育改革的方向，即从农业文明向工业文明转变。“科学”“民主”等作为舶来品被奉为座上宾，留学教育兴起，新式人才在洋务运动、清末新政、民国教育等历史时期得以培养，教育在嬗变与构建、规制与良序、割裂与融合、变革与延续的过程中脱胎换骨。

第三，制度是国家发展的重要保障和有力支撑。中国教育制度与教育治理现代化在政治制度日臻完善下，其制度优势越发明显，顶层设计与分层落实相匹配，上下左右协调推进教育改革，集众人之智慧发现教育问题，行有效之方法落实教育政策。中国的教育制度有利于办成制度化的“大教育”，解决教育受惠面的问题。如何使教育制度优势转化成教育治理效能则是办成“强教育”的关键。规模与质量并存是建成教育强国的双重目标。我们要以广度、速度、深度、力度来考量教育改革，放大教育的制度优势和领导力量，“全面发力、多点突破、蹄疾步稳、纵深推进”，增强教育治理效能。教育改革要有系统论思想，以制度分析理论和复杂适应系统理论作为学理基础，将理论与实践相结合；在“博弈与调适”中，稳健推进教育改革，保证教育改革的实效。高度的制度自信不是因为体制本身永久不变，而是源自制度的自我完善和自我发展的可预期性和可控性，从而形成制度优势。经过 20 世纪 90 年代到 21 世纪最初十年的摸索与实践，中国教育改革从机制层面逐渐深入展开，由点到面、从实践到理论、从规模到结构，教育各个要素都有了进化。教育改革的过程亦是教育现代化进程，两者在新中国教育改革过程中高度重合。教育改革的方向或主题是对接教育现代化，而教育现代化建设又反过来助力推进教育改革。就义务教育来说，改革开放之初，重在普及率，解决文盲问题，现在已聚焦于巩固率。1977 年，恢复高考制度不能算作改革，而是一个教育秩序恢复行动，让教育重新驶入正常轨道，成为改革开放的“第一枝报春花”。中国教育领域的体制机制改革是从 20 世纪 80 年代启动的，1985 年《关于教育体制改革的决定》的出台，拉开了教育改革的大幕，打破“包得过多，管得太死”的僵化管理格局。1993 年的《中国教育改革和发展纲要》提出“两基”“两全”任务，将教育体制机制改革和教育内部改革统合在教育改革的框架中。1985 年至 1993 年，中国改革经历了支持与怀疑两种声音的反复博弈，催生了 1992 年邓小平同志的南方谈话，再次吹响改革的号角。2010 年教育部确定了未来十年中国教育改革的目标，基本拟定所要构建的教育体系以及厘定了教育现代化的阶段性任务。2020 年中共十九届五中全会确立了高质量教育体系建设的规划目标和远景目标。

第四，中国教育改革受中国政治改革影响，也是中国教育特色之根源，既有历史原因，也有现实需要。改革开放之初，为了加速经济发展并保持政治稳定，中国人民走上了改革之路，目的在于从思想上解放人们的枷锁，解放生产力和发展生产力，恢复教育秩序，重构现代教育，使教育向人的本质回归。教育制度的性质是由政治制度的性质决定的，不过，教育制度又是要激发教育的育人功能，使得教育具有一定的独立性，不是完全依附于政治。从长远的宏观视野看，中国政治制度及其体制机制是历史演变之结果，是依据中国国情而形成的特色发展之路。中国共产党作为执政党，决定了其在国家教育治理中居于统摄地位，是中国教育改革的领导者，从教育改革领导组织到制定体制机制有了核心的领导力量。当代中国教育改革进程与中国共产党的领导密不可分，作为执政党，它真正将人民主体教育理念放置于教育改革中，以制度、政策来规制教育改革进程，并赋能于教育行政组织和学校管理部门，以党的执政理念来切实强化教育改革的必要性和可行性。中国教育改革离不开科学、合理、有效的现代性政党制度体系，也建立在完备的中国特色社会主义法治体系基础上。

第五，中国教育改革进程呈现是渐进式样态和分合有度的过程。“渐进”是中国四十多年教育改革进程的总体样态，即呈现出“整体上行的马鞍形”曲线，代表着教育改革前进方向的坚定性和探索过程的曲折性；“分合”是指教育改革进程中的集权与分权、统一规划与分工协同以及各种教育工作的调整也是在围绕“分”与“合”来进行的。经过四十多年的实践探索，我国早已从一个教育弱国逐步发展成一个教育大国，并继续向教育强国迈进。四十年的教育改革经历了苏联、欧美教育等不同教育改革模式的洗礼，从照搬引进到立足中国国情加以改造吸收，从教育的器物层到制度层，再到人的现代化，并继续朝着教育治理现代化迈进。未来教育改革与创新的目标是实现教育现代化 2035，继而迈向教育强国。我们应利用信息化、网络化、数字化、智能化的技术支撑和知识谱系，继续建设具有中国特色、世界水平的现代教育，继续实现人的现代化与国家现代化。反思此前一些反现代化的教育改革方式，我们应认识到，不管是制度还是政策，都不能忽视“人”的存在。教育是“育人”的活动，是培养人的正确价值观念、健康人格与必备品格的活动，而不能仅仅视为培养关键能力的活动。同时，教育改革要有格局意识，这在进入 21 世纪后越来越清晰。大改革要有大格局，大格局需要大战略，以此衍生出一个体系、一套制度、一批举措。一国之教育可以从技术、制度、文化等角度进行阐释。教育改革进程能够顺利推进的影响因素很多，而最终折射出来的是一种教育自信。自信的教育能够催生富有民族文化特色和现代教育理念的双重变奏，深化教育领域对内改革与对外开放的双向行动。在此过程中，渐进与分合是对中国教育改革进程的总体表述和动态阐释，在质量互变中推进教育改革进程，以升级进化来提升教育质量，糅合教育制度、政策、组织等主体，形成“合力”。

第六，推进中国教育改革进程取决于内在因素，并积极回应外在因素，愈发契合内外交互式改革。改革开放后，教育方针经过多次争论，逐渐从“教育为无产阶级政治服务”转为“教育为社会主义现代化建设服务”，实质上是对国家工作重心由阶级斗争转移到经济建设这一决定的教育回应。诸多因素影响着教育制度的安排，教育改革的每个时期都与其时代背景和社会发展需要相关联，总体来说，关乎政治、经济和社会等需求，充斥着多元复杂的因素。传统社会中隐匿的“人治”还实实在在地存在着，很大程度上影响教育改革的观念、制度、行动和情感的稳固性；传统社会中所形成的“超稳定结构”是优势，但这种植根于文化深层的结构很难轻易被打破。如此就存在教育改革追求突破与超越的模式和坚守传统社会中的历史延展与文化承继之间的矛盾，这就构建出不同于其他国家的教育改革之路，形成中国特色的教育改革行动框架和路径依赖，从而去解释中国教育改革和把握中国教育改革在世界教育改革中的应有位置和影响力。另外，政府、市场、社会、国际等外部因素会影响教育改革的进退，校长、教师、学校管理等内部因素也会加速或延缓教育制度、教育政策的落实，继而影响改革成效的高低。综上所述，教育改革的影响因素可归结为不同群体的利益博弈，教育改革是基于教育矛盾冲突的调适，以期达成利益平衡，力求教育发展从有序升级为良序，保持教育改革及其进程的统一性和多样性。教育改革协同公平与质量的价值冲突、不同主体的利益博弈所产生的价值因素也会影响教育总体改革进程的快慢。在历史的拐点处，我们需要在历史梳理的基础上，进行因素分析和总结价值导向。

第七，政治环境稳定是中国教育改革的首要前提，有效的教育行政管理体制保证了教育改革的政通令和。党的领导和政府主导的双重结构确保了教育改革政策指令的统一性，有明确的领导组织、有统一的行动计划和目标，这就为集中力量解决教育问题提供了基础，且是中国式教育改革的特色之处。中国教育改革自始至终是在四项基本原则的基础上推进开来，根据现实情况作出适当调整，保证了稳定的政治局面，使得教育制度、权力和政策的制定与贯彻有了基本的一致性和连续性，避免了教育改革的断裂和动荡。简言之，教育改革需要一套有效且公正的国家机器能够运行，教育有赖于政治稳固，但又有自身的独立性，两者有机结合，不能割裂开来，否则教育也处处掣肘，得不到生存空间。“从政党治理的内在规律来看，全面从严治党的基本出发点是增强政党认同，内在要求是巩固政党权威，外在要求是树立政党形象”①，将党的领导与政府主导的双重权威渗透于教育改革进程中，利用制度优势把教育制度建设和教育治理能力深入教育改革的方方面面，强化“国家主导”的中国特色，提升教育自信。

第八，中国教育改革既可被视为一个整体，也可被看作一个组合体。在

---

① 吴桂韩：《政党治理与全面从严治党思考》，《中国特色社会主义研究》2015 年第 2 期，第 107—112 页。

中国这样一个幅员辽阔、地域差异显著且又处在大变革大转型时期的国家，没有永恒不变的改革模式或发展方式，教育随着内外环境与需求的变化而作出调整。从横向看，城乡之间、东西部之间的教育改革与发展在规模、速度与质量上都存在不小的差异，教育实际情况也各有不同；从纵向看，全国乃至各个地区的教育发展模式和改革策略都在动态调整中。一般而言，教育改革是在政府一级延展开来，更多的是基层政府的教育改革实践。不论纵向和横向，促进中国教育改革进程的体制设计和战略行动都是自上而下展开的，不同层次和类别的教育改革过程可以相互镜像或全息切换。国家的教育战略、各级地方政府的教育改革方案以及各级学校的教育体制机制，共同构成了整个国家教育发展和改革的交响曲。改革开放后，中国才真正开始了教育现代化建设，大量同现代社会和市场经济相适应的制度体系尚未系统地建立起来；作为一个超大规模的社会共同体，中国还面临相对其他国家来说更多的变数和风险因素，而且这些变数和风险因素之间存在交织和叠加的情形，对中国社会产生广泛而复杂的影响。①

第九，建设教育强国必须在国家主导下全面推进教育综合改革。自党的十八大以来，中国教育改革渐入深水区，教育改革所揭露的矛盾和问题越来越多，包括教育权力调整、关系协调和利益调适等不是单一化的改革能够实现的。教育改革的基本原则是公平公正，重点和难点还是化解冲突、协调矛盾，在内外双重需求下，提高教育质量，增强人民的教育获得感，并在国际竞争中增强教育影响力和竞争力。基于教育现代化 2035 的任务目标，中国教育改革应继续加强建设包容性制度体系，强化治理-改革的双重目标，把增进公平、提高质量、增添活力、唤醒美善作为教育改革的着力点，争取总体实现教育基本公共服务均等化，显著提升教育创新能力和劳动力人口基本素质，加速“管办评”分离和“放管服”结合的治理体系，扎根中国大地，凸显中国特色，力争达到世界先进水平的现代教育。党的十八大后，中国改革开放有了新的政策文件导向，即 2013 年 11 月 15 日颁布的《中共中央关于全面深化改革若干重大问题的决定》，该文件为教育综合改革再次确定了方向，具有

---

① 吴忠民：《社会公正与中国现代化》，《社会学研究》2019 年第 5 期，第 1—2 页。

承前启后式的改革效用。

第十，教育改革必是理论创新与实践创新的结合。从教育大国到教育强国、从义务教育普及到高等教育大众化等实现教育改革目标创新；从扩大规模到提升质量，实现教育改革方式的创新；从资源扩张到资源优化，实现教育改革的资源配置方式创新；从学历教育走向终身学习，实现教育学制改革的模式创新。教育改革以体制机制为核心展开，包括教育管理体制、办学体制、考试招生体制、政府教育职能、现代学校制度等。体制机制改革关乎教育改革的秩序与保障问题，塑形于现代化教育。未来世界教育竞争很大程度上是利用制度优势转化为治理能力的效率，预计到2035年，中国与世界发达国家在教育与人力资源开发水平方面的差距呈现的是一种历史差距，而不是发展速度的差距。面向教育现代化2035的教育改革，在“循序”中“渐进”，更为强调通过制度保障来强化教育改革。我们应加快“管办评”与“放管服”糅合式改革，保证学校在教育中的主体地位和主体权利，推动学校自主办学；转变政府教育职能，积极采用第三方评估，明晰教育集权与放权的时机与场域，加强政府对教育改革的宏观调控，力求科学、客观、公正和公平的教育改革过程与结果，以“历史合力论”形塑教育改革与发展新格局，落实各项政策，提升人民群众的教育获得感。

教育改革最关键的是人才培养模式。在经济转型中如何进行教育改革？就是要破除“人”从低附加值的产业不断地向高附加值的产业转移的瓶颈。因此，人力资源的改革，一是要和教育制度改革统筹起来，尤其是高等教育和职业教育改革。二是要改革劳动力市场，比如减少普通技能认定，减少行政门槛，统一技能标准，加强区域间互认，这样人就能更好地流动。三是要鼓励一些技能型的人才多点执业。未来教育改革将会朝着人本化、多样化、综合化的方向推进，我们要在教育改革的先行基础上，以人民本位为教育思想基调，继续坚持和践行把教育放在优先发展的战略地位。要把握形势以抓住教育发展实际，立足中国，放眼世界；要调整公共教育经费投入比例，只有进一步加大教育经费投入，教育改革才能走得更深更远；要优化教育公共资源配置机制，秉持公正和美善的原则，合理调配各级各类教育资源。从教育改革的方向上看，党和国家的教育方针是一如既往的方向引领，需要始终贯彻。从教育改革的内容上看，教育体制机制依旧是核心，应以教育体制改革为突破口，进行义务教育、中等教育、高等教育、职业教育、特殊教育等各级各类教育改革，还包括技术层面的学制改革、结构层面的专业改革和制度层面的体制改革，这是一个纵横交错的教育体系。从教育改革方式上看，公平、效率、协调、可持续等应成为改革方式选择的标准，依据内容和需要来选择方式，凡利于增强教育改革效益的都应纳入，以综合化方式达成教育改革的系统性、整体性和协同性。

中国教育改革走过了四十多年的历程。从政治层面的顶层设计，到社会主体结构下的社会生产生活，再到学校日常生活，教育改革进程有赖于通过具体改革举措解决具体问题而推进。当前，我国正处于“两个一百年”奋斗目标的历史交汇期，站在历史的拐点，中共十九届五中全会胜利召开，审议通过了《中共中央关于制定国民经济和社会发展第十四个五年规划和二〇三五年远景目标的建议》，第一次明确提出“建设高质量教育体系”，这是新时代教育发展的新主题、新方向、新目标、新任务。“‘高质量教育体系’指向能够满足人民群众日益增长的更高质量、更加公平、更加满足多样需求、更可持续发展、更为安全可靠的教育体系，是体现创新、协调、绿色、开放、共享发展理念的教育体系。”① 建设高质量教育体系与建设教育强国、推进教育现代化都是教育改革的应有之义，有着内在一致性。

怎样理解和解释教育改革进程，所牵涉的面太广，影响因素太多，不能事无巨细地加以梳理，从总体上把握教育改革历程的空间很大，且可能存在把握不准或是失去本真意涵之虞，但这是不得不做的。四十多年的教育改革历程需要总结经验，积淀理论，为教育现代化、国家教育治理体系、国家教育治理能力的认识与改造作出制度抉择和学理支撑。自 20 世纪 60 年代中期到 70 年代中期，教育改革处于断裂期，改革开放后，教育改革之路在恢复的基础上重新延续，激活了教育改革时空逻辑。在开放的时空中，教育才能从理念转变为制度，从制度下移至生活。教育通过人才培养、科学研究服务于

① 周洪宇：《建设高质量教育体系　迈向教育发展新征程》，《中国教育报》2020 年 11 月 12 日第 6 版。

国家发展，国家通过各项制度政策和保障措施服务于教育改革，两者形成“双服务”，同时政府依据教育改革的结构性、阶段性、时代性作出调整，实现教育改革的优化升级。

二、推进教育改革进程的宏观政策建议

基于对当代中国教育改革进程的历史梳理和全面总结，以马克思主义唯物史观为指导，在“国家主导”下从内外因素、价值取向和内在逻辑等方面，我们可对未来中国教育改革如何按照治理高效能和人民教育主体的思路进行制度设计和基层探索，提出一些宏观建议。

第一，加强党对教育改革的全面领导，优化教育管理体制，结合“互动式治理”“互补嵌入”等方式，完成从管理到治理的转变。四十多年的教育改革是“国家主导的内生性渐进改革”，既存在“管理思维”，又衍生出“治理思维”，使体制机制改革从单一性走向多样性。“互动式治理的特征是高度重视行政、市场和社群机制的互补嵌入性。”① 这种治理方式加强了国家、市场和社会之间的联系，强化了“国家主导”。教育去行政化是一个历久弥新的课题，教育领域的去行政化一直存在于改革过程中，且是重要改革议题，具有复杂性和长期性，从“管办评”分离到“放管服”结合，都可归为优化教育行政管理的行为。从现有的国体和政体来看，“行政”体现着一套行为准则和秩序，也体现着政府存在的事实要求，有其存在的必然性、合理性。教育行政优化更多的是去除教育领域存在的负面因素，避免运动式改革，以期提升教育改革效率，利用基层自治，确保教育体系上下互联互通，增强教育治理能力。而教育治理归属于社会治理，教育与政府、市场、社会等之间的关系是一种互补嵌入，不能单独割裂开来。教育改革本身是一种综合结果，这就要以整体性观点审视教育改革，反思和总结教育经验和不足，促成改革的良性循环。

第二，持续完善中国特色社会主义教育体制机制，构建更具包容性的制

① 顾昕：《走向互动式治理：国家治理体系创新中“国家-市场-社会关系”的变革》，《学术月刊》2019 年第 1 期，第 77 页。

度体系，凸显教育改革的多样化和综合化。中国教育改革及其进程是国家主导且是渐进式的，要服务于国家发展战略，综合考量社会发展需求。从教育管理体制、办学体制、考试招生体制、现代学校制度、政府教育职能、教育对外开放等体制机制向外拓展，建立次第有序的教育制度体系。教育制度体系内含各级各类教育机构和规范，包括从学前至大学的学校教育、职业教育、特殊教育以及终身教育等公立和民营教育机构，从制度政策上将教育改革的“原则”规制或赋能至各级各类教育，同时，完善党的领导体制和领导方式，以现代型政党的组织建设和制度改革来推进“五位一体”改革进程，充分发挥组织力和执行力，优化教育改革秩序。如何优化教育体制机制，可从如下方面开展：首先，要将中国教育体制与世界教育体系适当对标，明确中国教育改革的现状，即教育已从规模增长转向高质量发展，巩固创新驱动的国家发展理念，以“双服务”为目标，在服务国家发展的同时，思索如何推进教育进步，创新人才培养模式。其次，着力将中国建设成为世界教育中心区域，主要以城市为主导形成“教育中心带”，根据城市发展水平和影响力作出圈层划分，比如，以省会城市、市县城市等，辐射不同群体的教育改革需求，尤其是乡村教育，打通以点带面的教育改革路径。再次，积极建成学习型社会和学习型社区，立足于长远的时代发展需要，让学会学习和终身学习成为未来教育内在的素养要求，这既是塑造国家人才竞争力之需要，也是个人成长之要求。最后，体制机制改革依然是教育改革的核心，完善教育体系离不开制度规范的保驾护航，体制机制是规范教育和赋能权利的前提。

第三，以教育改革联合驱动机制共促教育综合改革的系统性、整体性和协同性。教育改革在制度优势加持下，通过体制机制的健全与完善来搭建国家教育治理体系和提升国家教育治理能力。教育改革是一项整体性活动，从中央政府到地方政府，再到学校，需要政策指导；从宏观制度构建到中观学校管理，再到微观课程教学，需要权力下移。在国家主导下，中国教育改革能够集中力量朝向一个目标前进，政府、市场、学校共同构成教育改革共同体，由此衍生出协同合作机制、资源整合机制和动能激励机制，并通过规范、奖惩和考核的方式加以规制和赋能（见图 8.1）。中共十八大以来，教育改革确立要促进内涵式发展，既要在理论层面完成制度构建，又要在实践层面形成保障体系，继续全面深化教育改革，统合价值理性与工具理性，兼顾效率和公平，确保教育“以质图强”。基于教育改革与发展所需要的保障机制，教育组织和教师群体要协力完善教育资源整合与协同合作的制度规范，物尽其力、人尽其才。要尽可能从政府、市场、学校、教师等方面激发各方主体参与教育改革的主体效能感，通过教育政策研究和教育智库研究培养专业人才，搭建教育改革研究的专业团队，提升教育改革的专业性、科学性和合理性；从治理思维出发，将政治型教育改革、经济型教育改革含括于服务型教育改革中，提升教育为国家发展服务、国家为教育进步服务的“双服务”能力。

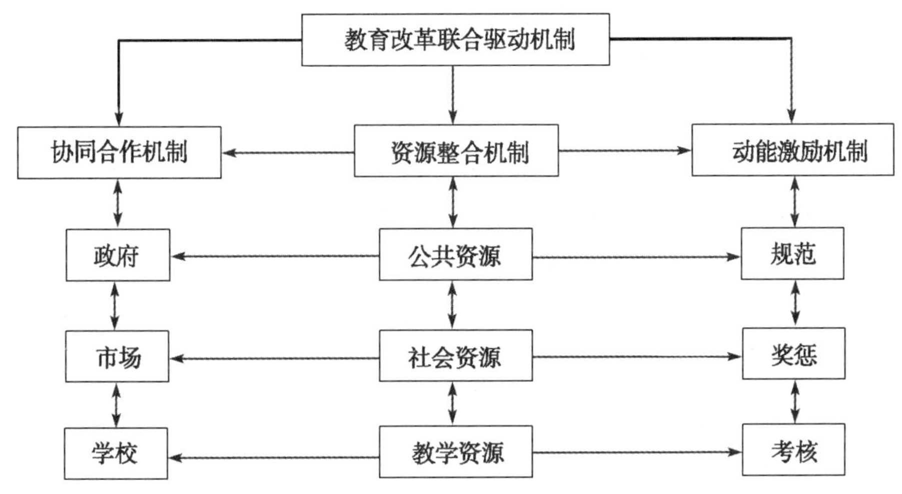

图 8.1 未来教育改革联合驱动机制

第四，继续推进区域教育发展均衡，提升教育服务区域发展战略水平。教育公平一直是中国教育改革的主旋律和元问题，四十多年的教育改革与发展所取得的成绩都在诠释和完善“公平与质量”。教育制度与政策源于实践又重新回到实践，以教育治理为导向，提升公共教育服务水平，一方面，继续以人民主体思想为指导，确保人民群众享有平等接受教育的权利和机会；另一方面，更大力度地将教育政策和优惠举措向弱势群体倾斜，尤其是倾力深化农村教育改革，补齐农村教育的短板，继续弥合城乡二元结构造成的教育实在性差距。从中央到地方，都在继续增加财政性教育经费，提高教育效益，因地制宜地利用有限资源办教育；坚持城市与农村帮扶互助、权责到位的行动方略，以协调发展的理念推进城乡教育协同发展，为农村教育赋能，盘活现有农村教育存量，并创新思维方式提升增量，继而达到城乡整体相对优质均衡的教改局面。此外，以高科技为支撑的产业革命带来知识转型和升级，相应的教育模式也会随之改变。考虑到中国区域差异性的存在，我们应尽可能根据国家战略需要，推进区域性教育改革，保证相对平衡，协调部分与整体之间的利益关系，发挥出区域教育协同创新优势，搭建平台以提升教育服务区域经济发展的潜能、全面深化教育脱贫与人力资源开发的关系、加速推进区域教育实现跨越式发展，在区域内实现相对公平，并在全国范围内缩小东中西之间的教育差距。总之，优质的教育改革需要高质量的标准体系作为引导，我们应加快完善教育质量标准体系，加快形成点线面结合、东中西呼应的教育发展空间格局。

第五，持续增加教育财政性投入，多渠道筹措教育经费，优化教育资源分配制度。政府财政性教育投入是教育改革的重要支撑，是顺利推进教育改革进程的关键要素。中国教育改革四十多年的进程基本形成了以政府投入为主、多渠道筹集经费为辅的教育经费体制。我们应在国家主导下形成“投入于人就是投资于质量”的新质量观。根据未来经济发展形势，在条件允许的情况下，我们可基于经济增长和社会发展以及教育需求，适当增加教育财政性投入。同时，可鼓励社会资本流入教育领域，放宽社会资本进入教育领域的政策限制，通过多主体、多方式兴办教育，分担公立教育压力，改革办学体制，形成公办教育与民办教育双管齐下的办学体制格局；并继续通过政府财政和社会资本的结合来建设和运营教育，在此过程中正确引导社会资本的运行全过程。完善教育资源分配制度，应秉持公平正义原则，根据办学条件、教学基本要求和社会经济发展水平制定科学合理的经费标准，建立从幼儿园到大学的完整经费标准体系，通过合理分配教育资源以弥补教育投入差距，完善非义务教育的成本机制。教育管理部门和学校机构还应建立更为健全且合理的资助体系，保证教育资源分配的相对均衡。

第六，完善教育法治建设，加快推进教育立法进程，优化教育法律保障体系。“国家主导的内生性渐进改革”凸显了国家（党的领导和政府主导）的作用，它所形成的根本制度也是教育制度的根源。推进教育改革进程需要法治保障，尤其是健全的法律体系、过硬的执法能力，以形成强教育法治能力。

首先，要遵循和强化全国人大及其常委会在教育立法方面的主导作用，建立教育立法与修法的全国人大主导制。关于教育改革及其进程的法律保障体系，应由全国人大常委会及其专业委员会牵头，从合力论的角度出发协调各方利益，发挥政府主导作用。其次，在遇到有关教育法律难以确立的情况，优先解决教育立法的标准和程序问题，应由教育部统筹协调，与相关立法部门定期磋商。切实推进有关教育考试法、家庭教育、学校安全等法律法规的立法进程，明确各方的权利和义务的问题，为学生的生活、学习营造安全且有保障的法治环境，更为解决有关教育问题提供法律依据；从社会发展和法治要求出发，加快已有法律法规的修订进度，以此改善中国教育立法的治理体系，提高教育法治能力，保护好教育主体。最后，在教育法律拟定、修改等程序工作上，应采取公众听证制度、公众参与制度和专家顾问制度，增加教育法律的科学性与合理性。

第七，大力建设世界一流的现代化师资队伍。中国教育改革最终落实于教育教学中，靠的是教师队伍，他们是实施教育改革战略和举措的践行者，处于一线战斗位置。基于此，我们可在国家主导下建设具有世界领先水平的现代化师资队伍，大力实施教育振兴计划。从现代学习论的角度看，教师教育的关键在于使教师成为终身学习者，“学而优则教”，从学识、技艺和品德三个方面提升教师自身实力。新技术革命变革着原有的认知体系，信息或知识不再是教师的独占资源，网络化、数字化的现代社会将这些资源下移到每个人身边，知识的扁平化愈发明显，但这并非说明学校教育中教师专业的弱化，相反地，教师需要根据教学内容，在网络信息中搜集整理出合理有效的教育资源，辨别信息与重构知识，成为学生学习的辅导者和引领者。“教师也更多地被寄予这样的厚望：建立学习共同体，创建知识社会，培养创新能力，发展灵活性，承担变革的责任。”① 那么，建设教师队伍从国家和地方看，它属于一项群体性行为，需要整个教师队伍的专业能力和素养都有所提升。总体可以从三方面着手：一是全面实施“卓越教师培养计划”，培训教师在知情

① ［美］安迪·哈格里夫斯著，熊建辉、陈德云、赵立芹译：《知识社会中的教学》，华东师范大学出版社 2007 年版，第 9 页。

意行方面的素养提升，保证教师拥有有质量和尊严的教育生活；二是切实提升乡村教师专业能力，落实落细乡村教师振兴计划的权责划分，将目光聚焦于乡村教师生存和发展上，提高乡村教师待遇，为其提供强有力的政策保障和福利支撑，确保乡村教师留得住、守得住乡村学校教育；三是积极学习世界教育强国的师资队伍建设经验，提升师资队伍的国际化水准，用先进的理念和可行的举措加以落实现代化师资队伍建设，用理性和情感涵养教师品格。另外，师资队伍建设离不开培训项目的开展，需要进一步完善教师培训体系，总结优秀教师的教育教学经验以供教师学员学习和借鉴，通过学校体系来支撑教师培训中心的建立与运行，引入有效教学和深度教学理念，确保教师培训的目标、内容、过程的有效性。

第八，加快教育信息化发展步伐，加强教育大数据建设，利用“互联网＋”“5G”等新技术开发教育新模式。在国家主导下联合企事业单位等建立数字教育资源公共服务体系，扩大优质教育资源覆盖面，消弭教育数字鸿沟。当前的教育信息化基础建设仍有很大提升空间，“互联网＋”“5G”等技术有待进一步与教育教学相融合，深度教学和主动式学习需要进一步加强。人工智能打开了教育改革与创新的新窗口，带来了机遇和挑战。我们应科学进行教育信息化布局，建立教育业务管理信息系统，并加快形成关涉整个教育过程的教育管理和监控系统；优化信息技术用于教育创新的政策环境，建立数字化教育资源质量标准和监测体制；进一步利用市场机制做好教育资源分配，整合线上和线下教育资源，创新有关教育服务供给的体制机制，借此优化教育公共服务体系；改良教育评估和管理方法，从仅注重成果转移的单一结果导向转换为多维评估；建立满足信息化要求的学校建设标准和面向未来的智能学习环境，让任何人都可以在任何地方学习。

第九，积极参与全球教育治理和教育智库研究，探寻中国与世界的双向教育治理渠道。经过四十多年自上而下的理性设计，中国形成了“五位一体”的格局，中国教育事业整体上从封闭走向了开放，教育国际化水准提高，一定程度上拉近了与世界教育的距离，增加了中国的教育影响力。未来中国应继续扩大跟其他国家官方之间的学历互认和学分互认，加强教育合作交流，通过“一带一路”战略加强区域教育中心建设，参与区域和全球教育治理，扩大教育文化输出，打开教育开放新局面，在提升中国教育质量的同时，积极参与世界性教育质量评估和世界性教育测试（如 PISA 测试等），在世界教育平台上检测中国教育质量，继而以之完善和调整教育制度与政策，加快教育国际化进程。优质学校是教育改革的前沿阵地，我们可以政府为主导，以市场为调适，实现国内外教育的合作。经过“引进—借鉴—吸收—再创造—输出”的过程，中国从单向的教育服务引进国转为教育服务的引进-输出国。一个国家提供给世界公共教育服务的能力也是国家教育治理能力高低的表现之一。中国随着经济地位的提升，开始有能力承担相应的国际教育责任，为其他国家提供能力范围内的教育服务，比如教育政策方案、教育资源等。科技革命的升级将教育改革带入了一个新阶段，中国教育改革需要融入全球教育体系研究中，中国学者应提供中国智慧和中国方案，从参与教育治理走向制定教育政策。例如，中国义务教育普及和扫盲成功的经验，可为发展中国家提供可鉴方案。通过教育智库与高校科研机构加大区域教育治理和全球教育治理研究，以打通优质教育资源互通共享的渠道。从制度设计到实践落实都在证明，实现国富民强的教育之路不仅仅是西方教育模式这一条道路，中国已初步探索出一条适合本国国情和教情的教育现代化之路。我们应增强国家教育开放能力，面向世界展现更具包容性的教育开放格局。

第十，以多样化改革评价体制激活教育改革活力，深化教育评价体制改革，健全和完善各级各类教育改革与发展的质量标准，将定性与定量结合起来。对教育改革的评价目的在于纠偏，在动态评价中确保方向的正确性，克服“五唯”等不合理的评价机制，建构多元评价体系。我们可在总体上将定性与定量相结合，打通宏观、中观和微观三个层面教育改革——宏观上解决方向性问题，中观上解决人才评价问题，微观上打破对课程与教学的束缚。同时，充分发挥教育学术机构和教育智库的作用，及时考量专业人士的建议。首先，要建立和完善具有代表性的国家教育改革研究机构或智库，为其赋能，形成政策咨询智囊团，给予咨政议政的权利；其次，形成教育专业人员的研究共识，基于一线调查撰写优质教育改革报告和提供适切建议，以供教育决策者参考制定相关教育政策；最后，加强新型智库建设和研究，为国家制定教育改革与发展的质量标准建言献策，实现自上而下的设计与自下而上的自主探索的双向互动对接，走中国特色教育发展道路。

综上所述，国家主导的内生性渐进改革中，党和政府起着核心领导和组织作用，不变的是要贯彻四项基本原则，保持有机统一的党政制度，巩固现代党政建设，确保教育改革的政治稳定和秩序合理，明确教育改革与教育现代化、教育治理和教育强国的共存关系。当下中国教育改革在“百年未有之大变局”中面临新的且更为复杂的环境，问题、任务、目标、挑战和机遇并存。未来教育领域的“十四五”“十五五”将沿着高质量的内涵式发展路线制定和实施，加速深化教育现代化进程：在基础教育到高等教育的体系中升级优化，保证教育改革的正当性，凸显教育美善；依靠强有力的教育领导组织凝聚行动力，用切实的行动去落实教育改革；注重内涵式发展，将优质和公平作为内容和形式上的标杆，并在改革进程中力求规模与质量的有机统一；注重历史承继与创新，承接着过往的教育改革经验，并创新体制机制，基于历史制度主义和中国国情进行教育转型，更加注重确保教育质量、更加重视教育公平、更具中国教育特色、更加重视教育可持续发展；注重公平与正义，葆有中国教育改革及其进程不可丢失的底色，“公正的标准就是以权利为基点的一系列关于权利的界定和分配的原则体系”①，使公正成为中国教育改革自上而下竭力维护的伦理价值取向。

此外，当代教育改革实践经验与理论探究需要教育学者加以梳理和总结，沉淀为中国教育改革的智慧成果，所以，我们需要开辟出专门的教育改革研究领域。当代教育改革史研究是教育史研究的重要领域，它所要澄清的问题是教育改革在过去、现在和未来中的演化问题，其本体是要建构出教育改革的历史事实、历史认知和教育改革话语体系。从学术研究和学科建设的角度上看，我们应构建教育改革的历史疏导与叙述形态相融合的话语体系，推进教育改革史研究领域的学术自觉，明确研究者应具备的历史哲学立场和历史研究范式。马克思在对历史演变发展及历史各个构成部分的关系作了全面考察的基础上构建了一个制度演变的基本框架。基于这一认识研究中国教育改革进程，我们可大体勾勒出推进教育改革进程的动力论、主体论、道路论、

---

① 施惠玲：《制度伦理研究论纲》，北京师范大学出版社 2003 年版，第 196 页。

方向论和方式论等，形成了以马克思主义唯物史观为指导思想的教育改革进程研究领域。“历史合力论”“历史决定论”和“历史选择论”都是马克思主义唯物史观的观点，也符合中国教育改革实践进程。那么，未来中国教育改革会深化以治理为思维、以政府为主导的理念，积极吸纳社会、社区、家庭等力量参与其中，既有自上而下的教育改革政令，也会有自下而上的教育改革建议与反馈，上下实现联动，形成互联互通的整体结构，一方面充分发挥制度优势在教育改革中的规制、赋能、协调、整合与评价等积极功能；另一方面继续完善市场调节机制，尽可能与政府宏观调控相衔接，发挥制度伦理在教育改革中的规范作用。既然教育改革进程是“合力”之结果，那就存在着不同的改革主体、组织机构、学校团体等之间的交互合作。

教育现代化作为中国式现代化的重要支撑，其发展是一个持续“行动着”的概念。教育现代化在传承与弘扬中华优秀传统文化的基础上，形成了独特的发展路径和理念。其中，人民主体性作为核心理念，贯穿于中国教育改革的全过程。“是否以人民为中心是衡量各国现代化道路的根本尺度。现代化进程是否有更广泛的人民参与，现代化成果是否能为更多人民共享，决定着现代化道路的成败。”[①] 现代化教育改革的人民主体性是对“培养什么人、怎样培养人、为谁培养人”的再追问，是中国教育改革在时代变迁中的特质定位和行动哲学。在马克思人学看来，“人是整体性的、具体的、创造性的现实存在，教育是人不断生成、不断实践的育人活动，教育的本质是‘生成’、是‘绽放’，是展现人丰富多彩的生命本性的实践活动”。[②] 在新时代背景下，有必要从人民主体性的视角出发，对中国式教育现代化进行深入诠释，明确其特质定位的具体表征，积极探索其行动导向，以期推动中国式教育现代化不断取得新的成就。

从整体上看，当代中国教育改革进程展现出一种“国家主导的内生性渐进改革”特征，其核心聚焦于教育体制机制改革。各方面教育体制机制经历

---

① 杨雪冬、黄小钫：《人民主体性与中国式现代化道路》，《光明日报》2022 年 2 月 21 日第 12 版。

② 张杨乐：《教育本质的马克思人学解读》，《学术探索》2022 年第 11 期，第 129 页。

了从无到有、从有到优的阶段，并继续处于深化改革阶段。一系列政策围绕教育战略和方针制定，侧面反映了教育改革的基本式样或所谓的规律性总结（即教育改革内外要素构成的必然联系），阐释了教育由谁来改、为什么要改、改什么和如何改的问题，并基于不同历史时期的教育战略需求，动态地回应着教育基本问题——“培养什么人、怎样培养人、为谁培养人”。教育改革基本规律体现的是教育改革方方面面的可能依循规律，包括教育改革的组织机构、教育实施过程、教育改革评价、教育监督体制、教育改革的战略目标和具体任务、教育体制机制、教育思想、教育活动等。这些方面具有客观性、普遍性和必然性，既可以通过量化分析展现教育现状，又可以通过定性研究透视人的内在品质。通过历史分析与现状展现，我们可总结教育改革的历史逻辑、实践逻辑和理论逻辑，归纳其依循的原则、改革可能发展的趋势，辨析教育战略、教育方针和教育政策之间的联系与区别。中国教育改革四十多年的历程经历了“四个时期八个阶段”，不断试图解决的教育问题是“谁来改、为什么改、改什么、如何改”。穿透经验的迷雾，未来教育改革应抓住最本质的规律，遵循当代中国教育改革所形成的认知规律和实践规律，不断完善教育制度。同时，基于应然与实然的相对阈值，制定符合“以人为本、公平正义、依法治教、和谐社会”理念的教育政策与行动方案。

党的二十大报告强调，中国式现代化必须坚持以人民为中心的发展思想，维护人民利益，增进民生福祉，确保发展成果惠及全体人民。其中，“坚持人民至上”是首要原则，为中国式教育现代化指明方向，要求满足人民日益增长的教育需求。这一理念是对马克思主义唯物史观的创造性运用，总结了党的百年奋斗历程，展现了中国式现代化理论的特质，揭示了创造主体与价值主体的内在统一性。以人民为中心的发展思想需具体体现在经济社会发展的每一环节，中国式教育现代化的行动哲学在于通过改革让老百姓切实获益，体现人民主体性。“由于改革使老百姓获得实惠，改革就获得支持，由于实惠的逐步扩大，改革就会加速。改革由此具有了内生动力，并因此决定了改革推进方式不是外在推动，而是内在驱动，呈现为滚雪球式的自生长的演化过程，而有别于传统的间断性改革模式。”[①] 习近平总书记在党的二十大报告中强调，要“增进民生福祉，提高人民生活品质”。追求更美好的生活，这是一个永恒的主题，也是中国式现代化永远都在进行中的事业。

---

① 李拯：《中国的改革哲学》，中信出版社 2018 年版，第 4 页。

参考文献

一、资料汇编

（一）史料汇编类

［1］陈学恂，田正平．中国近代教育史资料汇编·留学教育［G］．上海：上海教育出版社，2006．

［2］陈元晖，陈学恂．中国近代教育史资料汇编·学制演变［G］．上海：上海教育出版社，2006．

［3］高时良．中国近代教育史资料汇编·洋务运动时期教育［G］．上海：上海教育出版社，1992．

［4］璩鑫圭、唐良炎．中国近代教育史料汇编·学制演变［G］．上海：上海教育出版社，1991．

［5］舒新城．中国近代教育史资料［G］．北京：人民教育出版社，1961．

［6］朱有瓛．中国近代教育史资料汇编·教育行政机构及其教育团体［G］．上海：上海教育出版社，1993．

（二）文献汇编类

［1］国家教育委员会政策研究室．教育体制改革文献选编［G］．北京：教育科学出版社，1985．

［2］国家教育委员会．中华人民共和国教育法规汇编（1949—1989）［G］．北京：人民教育出版社，1991．

［3］国家教育委政策法规司．中华人民共和国现行教育法规汇编

（1990—1995）［G］. 北京：人民教育出版社，1998.

［4］国家教育政策委员会法规司. 十一届三中全会以来重要教育文献选编［G］. 北京：教育科学出版社，1992.

［5］何东昌. 中华人民共和国重要教育文献（1949—1975）［G］. 海口：海南出版社，1998.

［6］何东昌. 中华人民共和国重要教育文献（1976—1990）［G］. 海口：海南出版社，1998.

［7］何东昌. 中华人民共和国重要教育文献（1991—1997）［G］. 海口：海南出版社，1998.

［8］何东昌. 中华人民共和国重要教育文献（1998—2002）［G］. 海口：海南出版社，2003.

［9］何东昌. 中华人民共和国重要教育文献（2003—2008）［G］. 北京：新世界出版社，2010.

［10］农村教育改革研究丛书编委会. 农村教育改革文献和资料选编［G］. 北京：教育科学出版社，1988.

［11］人民教育出版社. 教育改革重要文献选编［G］. 北京：人民教育出版社，1988.

［12］王晓辉. 全球教育治理：国际教育改革文献汇编［G］. 北京：教育科学出版社，2008.

［13］中共中央文献研究室. 十八大以来重要文献选编（上）［G］. 北京：中央文献出版社，2014.

［14］中共中央文献研究室. 十八大以来重要文献选编（下）［G］. 北京：中央文献出版社，2014.

［15］中共中央文献研究室. 十八大以来重要文献选编（中）［G］. 北京：中央文献出版社，2014.

［16］中共中央文献研究室. 十二大以来重要文献选编（上、中、下）［G］. 北京：人民出版社，2011.

［17］中共中央文献研究室. 十六大以来重要文献选编（上）［G］. 北京：中央文献出版社，2008.

［18］中共中央文献研究室．十六大以来重要文献选编（下）［G］．北京：中央文献出版社，2008.

［19］中共中央文献研究室．十六大以来重要文献选编（中）［G］．北京：中央文献出版社，2008.

［20］中共中央文献研究室．十七大以来重要文献选编（上）［G］．北京：中央文献出版社，2009.

［21］中共中央文献研究室．十七大以来重要文献选编（下）［G］．北京：中央文献出版社，2009.

［22］中共中央文献研究室．十七大以来重要文献选编（中）［G］．北京：中央文献出版社，2009.

［23］中共中央文献研究室．建国以来重要文献选编［G］．北京：中央文献出版社，1998.

（三）年鉴类

［1］中华人民共和国教育部．中国教育年鉴（2010）［Z］．北京：人民出版社，2011.

［2］中华人民共和国教育部．中国教育年鉴（2011）［Z］．北京：人民出版社，2012.

［3］中华人民共和国教育部．中国教育年鉴（2012）［Z］．北京：人民出版社，2013.

［4］中华人民共和国教育部．中国教育年鉴（2013）［Z］．北京：人民出版社，2014.

［5］中国教育年鉴编辑部．中国教育年鉴（1949—1981）［Z］．北京：中国大百科全书出版社，1984.

［6］中国教育年鉴编辑部．中国教育年鉴（1985—1986）［Z］．长沙：湖南教育出版社，1988.

［7］中国教育年鉴编辑部．中国教育年鉴（1988）［Z］．北京：人民教育出版社，1989.

［8］中国教育年鉴编辑部．中国教育年鉴（1990）［Z］．北京：人民教育出版社，1991.

二、著作类

［1］［法］埃德加·莫兰. 复杂性思想导论［M］. 陈一壮，译. 上海：华东师范大学出版社，2008.

［2］［荷］F. R. 安克斯密特. 历史表现［M］. 周建漳，译. 北京：北京大学出版社，2011.

［3］［加］迈克尔·富兰. 变革的力量：透视教育改革［M］. 中央教育科学研究所，加拿大多伦多国际学院，译. 北京：教育科学出版社，2000.

［4］［美］道格拉斯·C. 诺斯. 经济史上的结构和变革［M］. 厉以平，译. 北京：商务印书馆，1992.

［5］［美］道格拉斯·C. 诺斯. 制度、制度变迁与经济绩效［M］. 杭行，译. 上海：格致出版社，2008.

［6］［美］盖伊·彼得斯. 政府未来的治理模式［M］. 吴爱明，译. 北京：中国人民大学出版社，2001.

［7］［美］吉尔伯特·罗兹曼. 中国的现代化［M］. 国家社会科学基金"比较现代化"课题组，译. 南京：江苏人民出版社，2010.

［8］［美］赖特·米尔斯. 社会学的想象力［M］. 陈强，张永强，译. 上海：上海三联书店，2001.

［9］［美］约翰·霍兰. 隐秩序——适应性造就复杂性［M］. 周晓牧，韩晖，译. 上海：上海科技教育出版社，2000.

［10］［美］约翰·罗尔斯. 正义论［M］. 何怀宏，何包钢，廖申白，译. 北京：中国社会科学出版社，2001.

［11］［瑞］查尔斯·赫梅尔. 今日的教育为了明日的世界——为国际教育局写的报告［M］. 王静，赵穗生，译. 北京：中国对外翻译出版公司，1983.

［12］陈学恂，田正平. 中国教育史研究（近代分卷）［M］. 上海：华东师范大学出版社，2001.

［13］陈振明. 政策科学——公共政策分析导论［M］. 北京：中国人民大学出版社，2003.

［14］褚宏启．教育现代化的路径［M］．北京：教育科学出版社，2000．

［15］邓小平．邓小平文选（全三卷）［M］．北京：人民出版社，1994．

［16］丁钢．历史与现实之间：中国教育传统的理论探索［M］．北京：教育科学出版社，2002．

［17］董宝良，周洪宇．中国近现代教育思潮与流派［M］．北京：人民教育出版社，1997．

［18］杜成宪，丁钢．20世纪中国教育的现代化研究［M］．上海：上海教育出版社，2004．

［19］范国睿，等．从规制到赋能——教育制度变迁创新之路［M］．上海：华东师范大学出版社，2018．

［20］范国睿，等．教育政策与教育改革［M］．北京：教育科学出版社，2016．

［21］改革开放以来的教育发展历史性成就和基本经验研究课题组．改革开放30年中国教育重大理论成果［M］．北京：教育科学出版社，2008．

［22］改革开放以来的教育发展历史性成就和基本经验研究课题组．改革开放30年中国教育重大历史事件［M］．北京：教育科学出版社，2008．

［23］高书国．教育强国［M］．广州：广东高等教育出版社，2018．

［24］古楳．现代中国及其教育［M］．上海：中华书局，1934．

［25］顾明远，刘复兴．新民主主义教育到社会主义教育（1921—2012）［M］．北京：教育科学出版社，2015．

［26］顾明远，石中英．国家中长期教育改革和发展规划纲要（2010—2020年）解读［M］．北京：北京师范大学出版社，2010．

［27］顾明远．改革开放30年中国教育纪实［M］．北京：人民出版社，2008．

［28］郭秉文．中国教育制度沿革史［M］．北京：商务印书馆，2014．

［29］郭大均．中华人民共和国史（1949—1993）［M］．北京：北京师范大学出版社，1995．

［30］郭笙，王炳照．新中国教育40年［M］．长沙：湖南教育出版社，1994．

[31] 郝克明. 中国教育体制改革 20 年 [M]. 郑州：中州古籍出版社，1998.

[32] 胡卫，唐晓杰，等. 中国教育现代化进程研究 [M]. 北京：教育科学出版社，2010.

[33] 华东师范大学教育系，等. 现代西方资产阶级教育思想流派论著选 [M]. 北京：人民教育出版社，1980.

[34] 黄书光. 中国社会教化的传统与变革 [M]. 济南：山东教育出版社，2005.

[35] 蒋大椿. 历史主义与阶级观点研究 [M]. 成都：巴蜀书社，1992.

[36] 教育部. 跨世纪中国教育 [M]. 北京：高等教育出版社，2002.

[37] 教育部课题组. 深入学习习近平关于教育的重要论述 [M]. 北京：人民出版社，2019.

[38] 金观涛，刘青峰. 兴盛与危机：论中国社会超稳定结构 [M]. 北京：法律出版社，2010.

[39] 金铁宽. 中华人民共和国教育大事记（全三卷）[M]. 济南：山东教育出版社，1995.

[40] 李国钧，王炳照. 中国教育制度通史（第八卷）[M]. 济南：山东教育出版社，2000.

[41] 李玲，郑家福. 教育体制综合改革发展报告 [M]. 北京：高等教育出版社，2017.

[42] 李滔. 中华留学生教育史录：1949 年以后 [M]. 北京：高等教育出版社，2000.

[43] 联合国教科文组织. 反思教育：向"全球共同利益"的理念转变? [M]. 联合国教科文组织总部中文科，译. 北京：教育科学出版社，2015.

[44] 廖其发. 当代中国重大教育改革事件专题研究 [M]. 重庆：重庆出版社，2007.

[45] 刘海峰，等. 中国考试发展史 [M]. 武汉：华中师范大学出版社，2002.

[46] 刘英杰. 中国教育大事典（1949—1990）[M]. 杭州：浙江教育出

版社，1993.

［47］刘卓红，等. 当代中国马克思主义的历史唯物主义创新［M］. 北京：人民出版社，2019.

［48］柳新元. 利益冲突与制度变迁［M］. 武汉：武汉大学出版社，2002.

［49］吕炜. 反驳与猜想——中国改革如何才能不被曲解［M］. 北京：中国财政经济出版社，2007.

［50］马健生. 教育改革论［M］. 合肥：安徽教育出版社，2007.

［51］马维娜. 集体性知识：中国教育改革的社会学解释［M］. 桂林：广西师范大学出版社，2011.

［52］毛礼锐，沈灌群. 中国教育通史（第五卷）［M］. 济南：山东教育出版社，1988.

［53］毛礼锐，沈灌群. 中国教育通史（第六卷）［M］. 济南：山东教育出版社，1989.

［54］毛泽东. 毛泽东选集（第一卷）［M］. 北京：人民出版社，1991.

［55］彭正梅，等. 求取与反思——21世纪以来全球教育改革研究及中国教育传统的初步考察［M］. 福州：福建教育出版社，2015.

［56］蒲宇飞. 发展压力与制度弹性——改革推进机制研究［M］. 北京：经济科学出版社，2013.

［57］钱曼倩，金林祥. 中国近代学制比较研究［M］. 广州：广东教育出版社，1996.

［58］邵兴江. 中国教育战略研究［M］. 杭州：浙江教育出版社，2014.

［59］申国昌，史降云. 中国学习思想史［M］. 北京：科学出版社，2006.

［60］石中英. 知识转型与教育改革［M］. 北京：教育科学出版社，2001.

［61］宋恩荣，吕达. 当代中国教育史论［M］. 北京：人民教育出版社，2004.

［62］宋恩荣. 近代中国教育改革［M］. 北京：教育科学出版社，1994.

［63］田正平. 中外教育交流史［M］. 广州：广东教育出版社，2004.

［64］田正平. 留学生与中国教育近代化［M］. 广州：广东教育出版社，1996.

［65］王国斌. 转变的中国［M］. 李伯重，连玲玲，译. 南京：江苏人民出版社，2010.

［66］王小丁. 中美教育关系研究（1840—1927）［M］. 成都：四川大学出版社，2009.

［67］吴敬琏. 中国经济改革进程［M］. 北京：中国大百科全书出版社，2018.

［68］吴康宁. 教育改革的“中国问题”［M］. 南京：南京师范大学出版社，2015.

［69］吴式颖，任钟印. 外国教育思想通史［M］. 长沙：湖南教育出版社，2002.

［70］吴忠魁，张俊洪. 教育变革的理论模式［M］. 成都：四川教育出版社，1988.

［71］习近平. 习近平谈治国理政（第二卷）［M］. 北京：外文出版社，2017.

［72］向洪，邓洪平. 邓小平思想研究大辞典［M］. 成都：四川人民出版社，1995.

［73］肖庆华. 教育改革的人学探究［M］. 北京：中国社会科学出版社，2012.

［74］熊贤君. 中国教育管理史［M］. 武汉：华中师范大学出版社，1989.

［75］杨东平. 2020：中国教育改革方略［M］. 北京：人民出版社，2010.

［76］杨耕. 马克思主义历史观研究［M］. 北京：北京师范大学出版社，2012.

［77］杨汉麟. 外国教育实验史［M］. 北京：人民教育出版社，2005.

［78］于述胜，李兴洲，倪烈宗，李涛. 教育三十年（1978—2008）

[M]. 成都：四川教育出版社，2008.

[79] 余子侠. 民族危机下的教育应对 [M]. 武汉：华中师范大学出版社，2008.

[80] 俞可平，等. 中国的治理变迁（1978—2018）[M]. 北京：社会科学文献出版社，2018.

[81] 俞可平. 走向善治 [M]. 北京：中国文史出版社，2016.

[82] 喻本伐，熊贤君. 中国教育发展史 [M]. 武汉：华中师范大学出版社，2000.

[83] 袁振国. 教育改革论 [M]. 南京：江苏教育出版社，1993.

[84] 袁振国. 我们离教育强国有多远 [M]. 北京：高等教育出版社，2014.

[85] 张力. 教育强国战略 [M]. 海口：海南出版社，2012.

[86] 张瑞璠，王承绪. 中外教育比较史纲（现代卷）[M]. 济南：山东教育出版社，1997.

[87] 张神根，端木清华. 改革开放 30 年重大决策始末：1978—2008 [M]. 成都：四川人民出版社，2008.

[88] 张秀兰. 中国教育发展与政策 30 年（1978—2008） [M]. 北京：社会科学文献出版社，2008.

[89] 章开沅，罗福惠. 比较中的审视：中国早期现代化研究 [M]. 杭州：浙江人民出版社，1993.

[90] 赵汀阳. 天下体系：世界制度哲学导论 [M]. 北京：中国人民大学出版社，2011.

[91] 郑也夫. 代价论 [M]. 北京：中信出版社，2015.

[92] 中共中央马克思恩格斯列宁斯大林著作编译局. 马克思恩格斯文集（第八卷）[M]. 北京：人民出版社，2009.

[93] 中国高等教育学会. 改革开放 30 年中国高等教育发展经验专题研究：1978—2008 [M]. 北京：教育科学出版社，2008.

[94] 中华人民共和国教育部. 新中国教育五十年 [M]. 北京：人民教育出版社，1999.

［95］中央教育科学研究所．中国现代教育大事记［M］．北京：教育科学出版社，1988.

［96］中央教育科学研究所．中华人民共和国教育大事记（1949—1982）［M］．北京：教育科学出版社，1984.

［97］中央马克思恩格斯列宁斯大林著作编译局．马克思恩格斯全集（第十九卷）［M］．北京：人民出版社，1995.

［98］中央马克思恩格斯列宁斯大林著作编译局．马克思恩格斯全集（第二十五卷）［M］．北京：人民出版社，1995.

［99］中央马克思恩格斯列宁斯大林著作编译局．马克思恩格斯选集（第一卷）［M］．北京：人民出版社，1995.

［100］曾天山，等．中国教育改革进展报告·2012［M］．北京：教育科学出版社，2013.

［101］曾天山，等．中国教育改革进展报告·2013［M］．北京：教育科学出版社，2015.

［102］周光礼，周详．教育与未来：中国教育改革之路［M］．北京：中国人民大学出版社，2017.

［103］周洪宇，付睿．全球教育治理研究导论［M］．武汉：湖北教育出版社，2020.

［104］周洪宇，李中伟，陈新忠．中国教育治理研究［M］．武汉：湖北教育出版社，2020.

［105］周洪宇，等．第三次工业革命与中国教育变革［M］．武汉：湖北教育出版社，2014.

［106］周洪宇．中国教育活动通史（第八卷）［M］．济南：山东教育出版社，2018.

［107］周洪宇．周洪宇论第三次工业革命［M］．武汉：湖北教育出版社，2014.

［108］朱永新，等．教育改革进行时［M］．太原：山西教育出版社，2015.

［109］朱永新．中国教育改革大系·教育体制与教育财政卷［M］．武

汉：湖北教育出版社，2015.

[110] 庄泽宣. 改造中国教育之路 [M]. 上海：中华书局，1936.

[111] 邹东涛. 中国改革开放 30 年（1978—2008）[M]. 北京：社会科学文献出版社，2008.

三、学术论文类

（一）期刊论文

[1] [俄] 娜・叶・鲍列夫斯卡娅. 教育改革的体制理论：中国的经验与启示 [J]. 教育研究，2006（4）.

[2] 陈恩伦，梁剑. 高中办学体制改革中的政府悖论及消解 [J]. 教育科学，2017（3）.

[3] 陈婧，范国睿. 改革开放 40 年来我国教育对外开放政策变迁研究 [J]. 中国高教研究，2018（9）.

[4] 陈至立. 跨世纪中国教育改革与发展的战略指导方针 [J]. 中国教育学刊，1984（4）.

[5] 陈子季. 区域教育开放发展的三重逻辑 [J]. 华东师范大学学报（教育科学版），2018（1）.

[6] 程斯辉，李中伟. 从政治教育学到民生教育学——中国共产党领导教育的与时俱进 [J]. 复旦教育论坛，2011（4）.

[7] 程天君，陈南. 中国教育现代化的百年书写 [J]. 教育研究，2020（1）.

[8] 程天君. 教育改革的转型与教育政策的调整 [J]. 北京大学教育评论，2012（4）.

[9] 褚宏启. 城镇化进程中的户籍制度改革与教育机会均等 [J]. 清华大学教育研究，2015（6）.

[10] 褚宏启. 教育现代化 2.0 的中国版本 [J]. 教育研究，2018（12）.

[11] 褚宏启. 教育治理：以共治求善治 [J]. 教育研究，2014（10）.

[12] 褚宏启. 我们需要什么样的现代学校制度 [J]. 教育研究，2004（12）.

［13］邓晓芒．当代中国教育的病根［J］．社会科学论坛，2010（7）．

［14］范国睿，孙闻泽．改革开放 40 年教育体制机制改革的历史与逻辑分析［J］．教育研究，2018（7）．

［15］范国睿．教育制度变革的当下史：1978—2018——基于国家视野的教育政策与法律文本分析［J］．华东师范大学学报（教育科学版），2018（5）．

［16］范文曜，王烽．体制机制创新推进教育跨越发展——改革开放 30 年的教育体制改革［J］．复旦教育论坛，2008（6）．

［17］范涌峰，宋乃庆．从重点化到特色化：改革开放 40 年义务教育的战略走向［J］．中国教育学刊，2018（11）．

［18］冯建军，李为忠．教育发展的根本之道在于尊重教育规律——对十年扩招之路的反思［J］．探索与争鸣，2009（2）．

［19］冯建军．超越“现代性”的中国教育现代化：人的现代化视角［J］．南京社会科学，2019（9）．

［20］高书国．新时代中国教育改革内在逻辑与政策建议［J］．国家教育行政学院学报，2018（1）．

［21］葛道凯．从矛盾变化看新时代教育改革发展的基本走向［J］．教育研究，2018（12）．

［22］顾明远．公平与质量：教育改革与发展的时代主题［J］．中国教育学刊，2010（3）．

［23］顾昕．走向互动式治理：国家治理体系创新中“国家-市场-社会关系”的变革［J］．学术月刊，2019（1）．

［24］郭清扬，卢同庆．办学体制改革与义务教育均衡发展［J］．华中师范大学学报（人文社会科学版），2017（3）．

［25］郭娅．中国社会史研究的“基本建设”之作［J］．江汉论坛，2001（3）．

［26］韩东屏．制度决定国家竞争差异［J］．学习与探索，2016（8）．

［27］何传启．现代化研究的十种理论［J］．理论与现代化，2016（1）．

［28］胡卫．摆脱困境的成功尝试——公立学校“转制”个案调查［J］．

教育发展研究，1999（4）.

［29］黄建洪. 现代化进程中的政府能力发展：一般规律与中国选择［J］. 社会学科研究，2010（4）.

［30］黄晓磊，邓友超. “背景板”的转换——我国教育对外开放之路［J］. 清华大学教育研究，2019（1）.

［31］姜勇，庞丽娟，洪秀敏. 中国教育改革现实困境的思考［J］. 教育发展研究，2014（23）.

［32］康永久. 公立学校的公共性问题［J］. 学术研究，2005（9）.

［33］劳凯声. 回眸与前瞻：我国教育体制改革 30 年概观［J］. 教育学报，2015（5）.

［34］李海萍. 改革开放 40 年中国基础教育公平政策的推进策略与演进逻辑［J］. 全球教育展望，2019（7）.

［35］李继星. 现代学校制度初论［J］. 教育研究，2003（12）.

［36］李建刚. 国内教育改革的历史进程及其发展趋势［J］. 教育评论，1988（5）.

［37］李玲，黄宸，韩玉梅. 教育体制综合改革：理论、路径与评价［J］. 西南大学学报（社会科学版），2015（6）.

［38］李伟涛. 我国教育管理体制改革三十年述评［J］. 上海教育科研，2008（10）.

［39］李友梅. 当代中国社会治理转型的经验逻辑［J］. 中国社会科学，2018（11）.

［40］李政涛. 深化综合改革，“深”到哪里去？［J］. 人民教育，2015（2）.

［41］廖哲勋. 论我国招生考试制度的整体改革［J］. 课程・教材・教法，2012（3）.

［42］刘宝存，张继桥. 改革开放四十年教育对外开放政策变迁的历史考察［J］. 高校教育管理，2018（6）.

［43］刘昌亚. 加快推进教育现代化，开启建设教育强国新征程——《中国教育现代化 2035》解读［J］. 教育研究，2019（11）.

［44］刘复兴．市场条件下的教育公平：问题与制度安排［J］．北京师范大学学报（社会科学版），2005（1）．

［45］龙宝新．新中国成立70年来我国教育战略演进轨迹研究［J］．内蒙古社会科学（汉文版），2019（2）．

［46］卢乃桂，操太圣．中国改革情境中的全球化：中国高等教育市场化现象透析［J］．北京大学教育评论，2003（1）．

［47］马得勇．历史制度主义的渐进性制度变迁理论——兼论其在中国的适用性［J］．经济社会体制比较，2018（5）．

［48］马健生，蔡娟．教育改革是一项社会系统工程——顾明远教育改革观探析［J］．教育学报，2018（4）．

［49］马维娜．中国教育改革释绎的时空逻辑［J］．教育学报，2011（4）．

［50］孟繁华，张爽、王天晓．我国教育政策的范式转换［J］．教育研究，2019（3）．

［51］钱福永．从政府管制到大学自治——兼论政府教育职能的转变［J］．黑龙江高教研究，2007（4）．

［52］瞿振元．建设中国特色现代考试招生制度［J］．教育研究，2017（10）．

［53］容中逵．基础教育改革的经济逻辑［J］．湖南师范大学教育科学学报，2018（3）．

［54］申国昌，程功群．中国特色新型教育智库的角色定位及建设路径［J］．华东师范大学学报（教育科学版），2018（6）．

［55］石中英．“三个面向”与中国教育改革［J］．中国教育学刊，2013（10）．

［56］孙绵涛，王刚．我国现代学校制度建设的成就、问题与对策［J］．教育研究，2013（11）．

［57］孙绵涛．当代中国教育改革的基本经验［J］．现代教育管理，2015（4）．

［58］孙绵涛．关于体制改革与机制创新关系的探讨［J］．华中师范大学

学报（人文社会科学版），2009（4）.

［59］孙绵涛．关于中国教育改革规律问题的探讨［J］．教育研究与实验，2009（5）.

［60］孙绵涛．教育机制理论的新诠释［J］．教育研究，2006（12）.

［61］谈松华，丁杰，万作芳．《中国教育改革与发展纲要》的制定及其历史作用［J］．教育史研究，2019（2）.

［62］谈松华．教育管理制度创新与建立现代学校制度［J］．中国高等教育，2003（7）.

［63］谈松华．深化教育改革需要制度创新［J］．中国教育学刊，2009（1）.

［64］谈松华．深化教育体制改革的整体框架和推进策略［J］．国家教育行政学院学报，2012（5）.

［65］谈松华．以考试招生制度改革为契机，释放基础教育的创新活力［J］．中国教育学刊，2015（2）.

［66］谈松华．中国教育改革和发展中的若干理论和政策问题［J］．教育研究，2000（3）.

［67］田正平，李江源．教育制度变迁与中国教育现代化进程［J］．华东师范大学学报（教育科学版），2002（1）.

［68］田正平．关于中国近代教育史学科体系的几点思考［J］．华东师范大学学报（教育科学版），1989（2）.

［69］汪明．公办中小学办学体制改革问题的探讨［J］．教育研究，2005（8）.

［70］王保星．历史制度主义与我国教育政策史研究的方法论思考［J］．河南大学学报（社会科学版），2017（1）.

［71］王定华．德国基础教育质量提高问题的考察与分析［J］．中国教育学刊，2008（1）.

［72］王龚．中美教育改革的政策比较——基于重要文件的视点［J］．外国中小学教育，2013（2）.

［73］王佳佳，高若瑜．教育改革中的模式崇拜及其超越［J］．高等教育

研究，2018（12）.

［74］王建华．影响教育转型的外部因素［J］．大学教育科学，2011（2）.

［75］王乐夫，蒲蕊．教育体制改革的公共利益取向［J］．中山大学学报（社会科学版），2007（6）.

［76］王善迈，赵婧．教育经费投入体制的改革与展望［J］．教育研究，2018（8）.

［77］王善迈．社会主义市场经济下的中国教育体制改革［J］．北京师范大学学报（社会科学版），1994（6）.

［78］王晓阳．当前美国教育改革的观念与趋势［J］．教育研究，2012（3）.

［79］王一涛．民办教育分类管理需要解决好五大关系［J］．华中师范大学学报（人文社会科学版），2018（4）.

［80］王英杰．我国比较教育研究的成绩、挑战与对策［J］．比较教育研究，2011（2）.

［81］王有升．中国教育改革的社会治理体制支持［J］．教育学报，2014（4）.

［82］王长纯．和而不同：中国教育改革的文化动力（论纲）［J］．外国教育研究，2018（3）.

［83］王长乐．试论“教育体制决定教育”的局限性［J］．南京师大学报（社会科学版），2000（1）.

［84］吴德刚．中国教育的伟大变革——党的重要历史学习与思考［J］．教育研究，2019（2）.

［85］吴桂韩．政党治理与全面从严治党思考［J］．中国特色社会主义研究，2015（2）.

［86］吴康宁．中国教育改革为什么会这么难［J］．华东师范大学学报（教育科学版），2010（6）.

［87］吴忠民．论现代价值理念与发展动力的契合［J］．哲学研究，2014（8）.

[88] 项贤明. 新中国 70 年教育观变革的回顾与反思 [J]. 南京师大学报（社会科学版），2019（2）.

[89] 谢维和，陈超. 中国教育改革发展的政策走向分析——20 世纪 80 年代中期以来中国教育政策数量变化研究 [J]. 清华大学教育研究，2006（3）.

[90] 许杰. 现代学校制度建设的实践逻辑 [J]. 教育研究，2016（9）.

[91] 薛二勇. 考试招生制度改革的政策设计与机制创新——以山东省潍坊市中考改革为例 [J]. 中国教育学刊，2014（4）.

[92] 阎亚军. 教育改革：从历史的角度审视 [J]. 教育科学研究，2011（3）.

[93] 燕国材. 教育科学化——中国教育改革的正确方向 [J]. 探索与争鸣，2000（1）.

[94] 叶赋佳. 教育改革不能回避历史 [J]. 复旦教育论坛，2009（3）.

[95] 叶澜. "生命·实践"教育学派——在回归与突破中生成 [J]. 教育学报，2013（5）.

[96] 易红郡. "第三条道路"与当前英国教育改革 [J]. 外国教育研究，2003（4）.

[97] 易小明. 分配正义的两个基本原则 [J]. 中国社会科学，2015（3）.

[98] 余清臣. 当代中国教育改革的动力机制分析 [J]. 教育科学研究，2009（10）.

[99] 余子侠. 晚清社会转型的教育需求与教会教育的演变 [J]. 华中师范大学学报（哲学社会科学版），1997（3）.

[100] 郁建兴，王诗宗. 治理理论的中国适用性 [J]. 哲学研究，2010（11）.

[101] 郁建兴. 社会治理共同体及其建设路径 [J]. 公共管理评论，2019（3）.

[102] 袁振国. 教育规律与教育规律研究 [J]. 华东师范大学学报（教育科学版），2020（9）.

［103］曾天山．加快教育现代化的时代主题与路径创新［J］．中国教育学刊，2018（9）．

［104］曾天山．教育优先发展是实现现代化的根本大计［J］．教育研究，2008（11）．

［105］曾天山．义务教育体制改革的回顾与思考［J］．教育研究，1998（2）．

［106］查吉德．改革开放40年教育发展战略变迁［J］．河北师范大学学报（教育科学版），2018（3）．

［107］詹姆斯·马霍尼，凯瑟琳·西伦．渐进式制度变迁理论［J］．国外理论动态，2017（2）．

［108］张新平，李金杰．现代学校制度的认识偏差与重新定位［J］．教育研究与实验，2006（2）．

［109］章开沅．教育改革应尊重历史规律［J］．学习月刊，2004（10）．

［110］赵中建，马开剑．教育管理体制改革的基本框架［J］．教育发展研究，2004（12）．

［111］周彬．论基础教育办学体制改革中的政策选择［J］．国家教育行政学院学报，2008（3）．

［112］周川．中国高等教育管理体制改革的政策分析［J］．高等教育研究，2009（8）．

［113］周飞舟．政府行为与中国社会发展——社会学的研究发现及范式演变［J］．中国社会科学，2019（3）．

［114］周洪宇，付睿．参与全球教育治理：从教育大国走向教育强国的必由之路［J］．世界教育信息，2018（3）．

［115］周洪宇．教育公平：和谐社会的重要内容、基础和实现途径［J］．人民教育，2005（7）．

［116］周洪宇．深化教育领域“放管服”改革，加快推进教育治理现代化［J］．教育研究，2019（3）．

［117］周雪光．权威体制与有效治理：当代中国国家治理的制度逻辑［J］．开放时代，2011（10）．

［118］周雪光．寻找中国国家治理的历史线索［J］．中国社会科学，2019（1）．

［119］周雪光．中国国家治理及其模式：一个整体性视角［J］．学术月刊，2014（10）．

［120］周作宇．教育改革的逻辑：主体意图与行动路线［J］．北京师范大学学报（社会科学版），2020（1）．

［121］朱国仁．不断创新：21世纪我国教育体制面临的挑战与对策［J］．清华大学教育研究，2003（8）．

［122］朱小蔓，刘贵华．功能·环境·制度——基于生态理念的现代学校制度建设［J］．华东师范大学学报（教育科学版），2006（2）．

［123］朱新梅．论我国私立学校的兴起及政府教育职能的转化［J］．教育科学，2003（1）．

（二）学位论文

［1］刘铁．中国高等教育办学体制研究［D］．厦门大学博士学位论文，2003．

［2］潘新民．基础教育改革渐变论［D］．北京师范大学博士学位论文，2010．

［3］曲洁．义务教育改革与发展的政策工具研究［D］．复旦大学博士学位论文，2013．

［4］张彤．中国高等教育改革与可持续发展［D］．厦门大学博士学位论文，2001．

［5］郑程月．我国考试招生政策演进研究（1977—2017）——以高考、中考为例［D］．天津师范大学博士学位论文，2018．

四、外文文献

［1］Driver S，Martell L．Left，Right and the Third Way［J］．Policy & Politics，2000（2）．

［2］Fritz K Ringer．Education and Society in Modern Europe［M］．Bloomington and London：Indiana University Press，1979．

[3] Hobson J, Malderez A. Judge Mentoring and Other Threats to Realizing the Potential of School Based Mentoring in Teacher Education [J]. International Journal of Mentoring and Coaching in Education, 2013 (2).

[4] Holzinger K, Knill C, Arts B. Environmental Policy Convergence in Europe: The Impact of International Institutions and Trade [M]. Cambridge: Cambridge University Press, 2008: 144-195.

[5] Hopkins D. School Improvement for Real [M]. London: Falmer Press, 2001.

[6] Hoy W K. Foundations of Educational Administration: Traditional and Emerging Perspectives [J]. Educational Administration Quarterly, 1994, 30 (2).

[7] Kent R. Two Positions in the International Debate about Higher Education: The World Bank and UNESCO [R]. Washington, DC, 1995.

[8] Martin W A P. A Cycle of Cathay; or China, South and North , with Personal Reminiscences [J]. The American Historical Review, 1897 (4).

[9] Meyer J W, Rowan B. The Structure of Educational Organizations [C] //Meyersw (Ed.). Environments and Organizations. San Francisco, CA: Jossey-Bass, 1999.

[10] Mile M B. (Ed). Innovation in Education [M]. New York: Teachers College, Columbia University, 1964.

[11] OECD. Strong Performers and Successful Reformers in Education: Lessons from PISA for the Unite States [R]. Paris: OECD, 2011.

[12] Ozga J. Policy Research in Educational Settings [M]. Buckingham: Open University Press, 2000.

[13] Sirkka A. From an Industrial to a Post-industrial Society: Changing Conceptions of Equality in Education [J]. Educational Review, 2002 (2).

[14] The Common Core State Standards Validation Committee. Reac-

hing Higher [R]. A Report from the National Governors Association Center for Best Practices & the Council of Chief State School Officers, June, 2010.

[15] Valerie M. Obama Education Plan Earns Good Grades from Erie, National Educators [N]. Mc Clatchy-Tribune Business News. Washington. Mar 22, 2010. PA.

后　记

本书的写作是在本人博士论文《当代中国教育改革进程研究——以教育体制机制为中心》（指导教师：周洪宇教授）基础上修改而成的。长期以来，宏观层面的教育改革研究较难，所要把握的维度很多，更为复杂，但此类研究是现在教育研究不可或缺的。在我的导师周洪宇教授的指导下，本人对中国教育改革进程、教育体制机制进行了尝试性探究。导师是学术生涯最为关键的“重要他人”，在学习与生活中与自己接触非常密切，是学术与生活的直接负责人，更是风雨相伴的引路人。古人云：“经师易求，人师难得。”“经师”是能将自身精湛的专业知识教授给他人，作为经师并不难；“人师”是以渊博的学识滋养学生，并用自己的行为、品行、言语影响学生，将道德、品性涵化于学生，帮助学生学会如何成己成人，这就不是那么容易能做到的。我很幸运，在博士生涯中选择了一位既是“经师”，也是“人师”的“重要他人”，这便是我的导师周洪宇教授。洪宇老师学识渊博，视野宽广，以海纳百川的姿态书写出一部部气势恢宏的学术著作。《论语》有言：“夫子循循然善诱人，博我以文，约我以礼，欲罢不能。”洪宇老师在上课或是指导论文过程中，旁征博引，从问题的诱导提出到问题的解决思路，洪宇老师都能够娓娓道来，不绝于耳，他以深厚的学识增长我的见识，以宏大的视野引领我不断探索新的学术领域；而在日常生活和事务工作处理中，洪宇老师更是亲自为我答疑解惑，教导我怎样妥善地处理好工作。洪宇老师具有学者、官员、人大代表等多重身份，他能维持各个身份角色之间的共生，这非一般人能够做到。合理的时间管理和高效的执行能力是洪宇老师所倡导的，也是他以身作则的标准，更是洪宇老师能够完成多重身份责任的关键原因所在。在老师的影响下，我对学术孜孜以求，对工作认真以待，以老师为榜样，“虽不能至，心向往之”。在治学方面，洪宇老师不辞辛苦，每次都详细指导我如何选题、论文如何修改完善等，有时深夜时分，老师还在指导论文修改事宜。这样的情况在我的博士生涯中，已记不清有多少次了。虽然洪宇老师公务繁忙，但依然坚持为硕博研究生上课，在“教育史学理论与方法”一课上，我见闻了老师宏大的视野、渊博的学识。至今犹在耳畔的是洪宇老师在课上谆谆告诫学生：“为人应大气，处世宜中庸，做事要认真”，“做人应知足，做事应知不足，做学问应不知足”，教育研究要秉持“民众立场、建设态度、专业精神”，主张“工作研究化、研究理论化、理论实践化”。这些耳提面命的肺腑之言，我铭记于心，时刻伴我前行。本书的出版，幸赖老师的指导与帮助，顺利付梓，也是对一段学术岁月的总结。

学术研究是一场马拉松，博士论文是博士生涯的过程性结果，也是学术生涯的新开端。在撰写论文的过程中，本就是如切如磋、如琢如磨的过程，时而有欣喜若狂的所得，时而有一筹莫展的惆怅。此间的阵痛是必经的阶段，我明白，有的路注定独自前行，悠长的路延伸至漫长的夜，而再长的路也得一步步走下去。疲惫的行路人时而凝视着夜。夜，宁静如哲人般沉思，从黄昏到破晓。直到我穿过幽暗深邃的幽谷，破除了全部枷锁，如释重负。

《大学》里说“正心诚意”“格物致知”，这是读书人治学与修身的基本路径，只有脚踏实地地去体会、用心用功地去钻研，我们才会收获真正的知识，如此才有可能担当起读书人的责任。作为一名教育学人，我明白学习教育知识和研究教育问题，需要在书本和生活、理论和现实之间来回求索，在科学思维与人文思维之间穿梭游历。经过反复且充实有趣的过程洗礼，我们对于社会与自我的认识都会变得更加科学、更加深邃。

海明威说：“优于别人，并不高贵，真正的高贵应该是优于过去的自己。”相较于过去的自己，我有了很多提升，学术的视野更加宽广，研究能力有所提升，问题意识增强；在为人处世方面，逐渐形成了自己的理念和原则。通过对身边熟悉的人和事的关心，我会发现彼此之间的交流互动不是单向度的，而是双方都会给予反馈，从不断体察自己所处生活本身的丰富性和多样性出发，我们会知道作为教育学研究对象的人和社会同样是活泼的，因而也就会在对他者的所谓分析中倾注更多的理解和同感，而不至过于冷漠。实际上，生活中的点点滴滴看似与研究关系不大，却会实实在在影响到做学问的心态。

本书是在博士论文的基础上完善而来。回首那段岁月，心中唯有感恩二字。首要感谢的是我的导师周洪宇教授，感谢老师的谆谆教诲、悉心指导，在博论题目的选定、资料搜集、论文撰写和修改等方面都离不开老师的精心规划和精准指导。洪宇老师带我领略了教育历史与教育现实之间的互动，以宏大的格局观开阔了我的视野，在紧跟时代问题中追寻历史答案，打通历史与现实之间的通道，确定了今后我将前行的道路。每次论文的撰写和修改，洪宇老师总会耐心细致地为我答疑解惑，以严谨的学术态度指出论文的问题所在。除了面授指导，还会通过邮件往来、微信电话进行沟通，为我补差补缺，提供问题解决的途径。同时，还要感谢师母张云芳老师在生活上的关怀和帮助，师母尽管有诸多事务要处理，但还是尽可能抽出时间来帮我们解决一些问题，她多次为我送来老师需要交给我的书籍和材料。感谢申国昌老师的肯定、帮助和指导，尤其在学习和生活上对我的关怀；感谢余子侠老师、杨汉麟老师、喻本伐老师对论文的审阅和指导，提出了很多精准的宝贵意见，尤其是各位老师治学严谨的态度让我钦佩；感谢刘来兵老师、郑刚老师在平时学习和论文撰写过程中提出的中肯建议。感谢福建教育出版社成知幸和丁毅两位老师的支持与帮助，感谢福建教育出版社编辑老师的具体建议和细致校对。

我始终坚信“没有比脚更长的路，没有比人更高的山”，这是我不断突破自我的宣言；怀着一颗不知足且谨慎的心向书山学海继续攀登和遨游，坚守“路漫漫其修远兮，吾将上下而求索”。我怀着一颗虔诚的心等待真理的阳光来驱散认知的阴霾，且行且学且珍惜。

“人生如逆旅，我亦是行人。”人生路远，为自己写下两行心语：

厚德载物，怀揣一份清明；

上善若水，心有一片恬淡。

胡佳新

甲辰年　壬申月

于江苏大学三江楼修订